□ 教育部人文社会科学研究专项任务项目（高校思想政治工作）

□ 浙江大学高等教育研究会资助

高校稳定工作

理论与实务

任少波◎主编

ZHEJIANG UNIVERSITY PRESS

浙江大学出版社

安全,是亘古不变的人类共同追求;稳定,则是任何组织可持续发展的基础。中国古代典籍从《易经》到老庄,从某个意义上也都可以看做是关于人类安全的哲学思考,所以《周易·系辞下》说:"是故君子安而不忘危,存而不忘亡,治而不忘乱。是以身安而国家可保也。"

作为古老而又年轻的社会组织,在现代高等学校里,追求安全稳定当然是她与生俱来的需求与机能。当然,在不同的语境中,其内涵会发生一定的变化,但其于大学组织的内生性和普适性,则应该是毋庸置疑的。然而,时下的高校安全稳定工作,虽然让人耳熟能详,且不断提升到十分重要的高度,却又在许多场合被误解为因时局而生的概念。反本溯源,本书各位著者及课题组力图回到大学组织的本源上,探讨高校安全稳定的理论与工作机理。

我们认为,安全稳定工作是现代大学制度当然和重要的组成部分,而不是办学的权宜之计。为师生提供安全的保障和稳定的环境,或者说一张"平静的书桌",大学管理者责无旁贷。古今中外,概莫能外。因此,我们试图从安全稳定机制在大学组织中的长期性、结构性和制度性出发,分析主体和组织、内部和外部、务实和机制的各个层面,构建加强高校安全稳定工作的思路,为实践提供一个系统的视角。

更进一步地探究,安全问题还不仅仅是大学制度所关切的,安全观念的本质是对生命及其价值的尊重和保护。安全观高扬的是生命的意义，与此相联系，生命意义教育与安全观教育也是现代高等教育的必要内涵。在我们的高等教育中，不仅要在管理架构中体现这一点，在行为主体的实践活动中体现这一点，在通识教育中也要体现这一点，在本书中我们倡议通过大学文化建设来引导这一方向。

　　如果拓展我们的视野，我们还从社会互动的角度进行了思考。高校的安全稳定与社会安全稳定互相影响，甚至互为条件。作为教育工作者，虽然置身安静祥和的大学校园，但仍能时刻感受到国际国内的变化浪潮对学校的影响，感受到网络时代日趋扁平的人际关联和信息交换正深刻改变着师生的生活方式和思维模式。高校稳定工作的环境、对象、领域、机制都在不断发生变化，必须以时不我待的责任感和紧迫感加强对新时期安全稳定工作规律的把握，并勇于创新、推动实践。

　　按上述理念，本书旨在以全局视野分析高校稳定工作的内涵和趋势，在比较研究、案例研究基础上构建高校稳定工作的基本理论框架，并针对具体工作领域和机制提出可供借鉴的创新举措。全书的内容编排是基于课题组对高校稳定工作体系的认识：第一篇主要回答什么是高校稳定，从内涵与特点、形势与挑战、体系与功能等三个方面，揭示了当前高校稳定工作的阶段特征，同时为后续分析提供了基本依据；第二篇主要回答高校稳定工作有哪些对象和领域，通过系统分析师生稳定、综合治理、涉外稳定等三个重点领域的创新实践，为做好新时期高校稳定提出了许多可操作性的思路和举措；第三篇主要回答高校稳定工作的方式和手段，专题研究了信访、网络维稳、心理干预、应急处置等四个方面的工作机制；第四篇主要回答高校稳定工作的环境保障，分析了文化和制度两个引领性的要素，力争从源头上提供有益洞见和基础保障。

　　本书的研究和撰写，集中体现了浙江大学近年来在安全稳定工作方面的创新实践，体现了我们对新形势下高校稳定观的理性思考。整个研究和撰写历时四年多时间,期间不断修改完善,每一次修改都是重新思考和认识的过程。我长期工作在高校管理一线,近年来协助学校主要领导分管学校的稳定工作,通过组织开展这项研究工作,我感到自己在思想上的收获很大,对高校稳定工作的感触也在不断具体、深化。我们及时将一些代表性的观点和共识体现到了研究成果中,例如:首次提出了高校稳定的内部表征是办学行为规范有序、办学环境安全可控、办学主体思想稳定;认真分析了高校稳定与社会稳定的互动模式,提出了镜像效应、放大效应、缓释效应、共振效应等四种关系;系统分析了影响高校稳定的内外部因素,对未来高校稳定作出了"重点对象多元化、敏感时点常态化、意识形态斗争长期化、网络管理专业化、应急处置社会化"的趋势研判;我们认为维护安全稳定是一项系统工程,是事前指导、事中干预、事后处置的有机统一,不能忽视改革发展孤立地看待稳定工作,必须牢固树立发展维稳、文化维稳、法治维稳的思想,从源头上化解矛盾,从根本上实现稳定,真正使安全稳定理念融入到师生日常工作和生活当中,并在此基础上提出了"以人为本、民主法治、文化引领、平安和谐"的高校稳定观。

本书的研究得到了 2010 年教育部人文社会科学研究专项任务项目高校思想政治工作(一类)课题、浙江大学高教研究会的专项资助。参与研究的大多是浙大管理、思政工作一线的骨干人员,基于对稳定工作重要性和紧迫性的认识,大家始终以高度的责任感参与其中。各章作者是:第一章傅方正、徐洁,第二章陈浩、陈敏,第三章徐贤春、邹安川、楼建晴、卢飞霞、孙棋,第四章,江雪梅、黄云平、陈凯旋、方磊、单珏慧、袁瑢、金芳芳,第五章李凤旺、杨扬,第六章李凤旺、袁清、孙方娇、叶文,第七章傅慧俊、陈妙峰,第八章袁利民,第九章俞林鑫、陈庆,第十章李磊、赵传贤,第十一章李凤旺、傅方正,第十二章江雪梅、黄云平。张丽娜、陈浩等同志参与了统稿工作。全书由我最后修改审定。浙江大学出版社为本书的编辑和出版提供了大力支持。在此,谨向同志们的辛勤付出和各方面的支持帮助表示衷心的感谢。

安全稳定工作是现代大学制度的必然内涵,其探索与完善自然永无止境。虽然我们进行了一些梳理和思考,但由于学识和写作时间有限,许多方面仅仅是开了个头,不当之处也在所难免,敬请读者批评指正。

任少波

2014 年 5 月于求是园

目 录
Contents

第一篇

高校稳定工作的理论探析

安全稳定是世界各国共同关注的重大课题,重视安全稳定不仅仅是中国特色社会主义事业的重要特征,也是世界各国改革发展谋求的重要目标。在国际国内形势发生深刻变化的今天,我们不断面临着经济转轨、社会转型的重大挑战。经济可能失调、社会可能失序、心理可能失衡、行为可能失范等社会风险对安全稳定提出了许多亟待解决的新课题。

从世界各国的经验看,高校稳定是社会稳定的基础。高校作为社会系统的重要组成部分,思想相对开放,价值观念冲击更加明显;人员层次复杂,是各种力量都在争夺的思想阵地;社会联系密切,各种不稳定因素容易集聚。

长期以来,党和政府高度重视高校稳定,在事关政治稳定、社会稳定的重大历史节点上,高校稳定做好了,就会推动全社会的稳定,发挥"稳压器"和"缓冲阀"的作用,为改革开放和现代化建设作出了巨大贡献。

当前,我国高等教育事业进入了持续快速发展阶段,和谐稳定的发展局面始终是建设中国特色社会主义大学的有力支撑。稳定工作日益成为高校管理的重要日常工作,与高校各个管理模块之间的互动关系十分密切,为大学有效履行职责提供政治保证。稳定工作架构已经成为现代大学制度不可或缺的组成部分,深深融入到大学精神、文化、制度建设等各个方面。

基于此,本篇主要梳理了高校稳定工作的基本概念、内涵要素,总结了高校稳定工作的历史变迁、主要特征,研究了高校稳定工作的发展趋势、战略生态,探讨了高校稳定工作体系,以期为做好新时期高校稳定工作提供理论支撑和构建战略框架,进而树立"以人为本、民主管理、文化引领、平安和谐"的高校稳定观。

第一章　高校稳定工作的内涵与特点

什么是稳定,是整个研究的逻辑起点,本章选择了三个维度看待稳定,即静态视角——概念内涵,纵向比较视角——历史演变,横向比较视角——内外特点。希望通过理论研究,建立起对高校稳定的基本认识。

第一节　高校稳定的基本概念

一、高校稳定的概念

《现代汉语词典》对"稳定"一词的解释是"稳固安定,没有变动"[①]。关于"稳定"概念的具体阐述,人们从不同角度,依据不同方法,有着不同的理解和界定。哲学意义上的稳定是指系统在受到来自外部或者内部的干扰以后能够回到原来状态,此含义是我们正确理解和把握其他意义上的稳定概念的出发点和立足点。从社会学的视角来看,稳定是指社会存在与发展的有序状态,是与社会动荡相对立的一种社会存在状态。[②] 从政治学的视角来看,稳定指的是国家政治系统具有合理调节、有效控制和妥善化解矛盾冲突的能力。[③] 经济学意义上的稳定,是指国家经济发展和经济利益不受外部和内部威胁而保持持续、稳定、协调发展这样一种经济状态。[④] 法学意义上的稳定,则是指社会矛盾能够在法治框架内得到有效解决,从而使社会保持稳定的状态。[⑤] 管理学意义上的稳定,通常是指国家或社会的管理系统在计划、组织、

[①]　中国社会科学院语言研究所词典编辑室编:《现代汉语词典》(第6版),商务印书馆2012年版,第1366页。

[②]　任红杰:《社会稳定问题前沿探索》,中国公安大学出版社2005年版,第2页。

[③]　王仲田:《政治学导论》,中央党校出版社1997年版,第247页。

[④]　王庆山,王进主编:《邓小平稳定理论研究》,贵州人民出版社2003年版,第228页。

[⑤]　马抗美主编:《新时期维护高校稳定工作体系及机制研究》,中国政法大学出版社2007年版,第12页。

领导和控制等活动过程中保持协调有序的运行状态。① 由此可见，对稳定的理解，是以哲学意义为基础，社会学、政治学、经济学、法学以及管理学上都是围绕"系统性"和"可控性"的维度来衡量的。综合以上对稳定概念不同视角的界定，我们认为"稳定"应该是以辩证法、系统论和控制论为指导的，事物处于量变过程中的一种相对平衡状态。它不等同于"静止"，不追求维持某种固定状态，而是在发展中追求持续的、能够控制的状态。

所谓高校稳定，指的是高校内部系统的秩序性、规范性、可控性，以及高校与外部社会环境的协调性，是高校办学秩序、师生情绪、校园环境的总体反映。《国家中长期教育改革和发展规划纲要（2010—2020年）》明确指出，要完善中国特色现代大学制度。而建立现代大学制度的本质，就是通过协调和规范大学组织的内外部关系，使大学在稳定有序、和谐规范的氛围中更好地履行其人才培养、科学研究、社会服务、文化传承和创新的职责。所以，稳定首先是大学治理的内在需求，更进一步而言，高校稳定也是社会稳定的重要组成部分。高校作为社会系统的子系统，其在国家经济和社会发展中具有重要地位，是社会稳定的"晴雨表"和"温度计"，也是分析和评价社会稳定的重要参数。

二、高校稳定工作的内涵

高校稳定工作是一项系统工程，它包含建立在高校行为规范被广泛认同基础上的教学、科研、学习和生活的秩序化，各种矛盾得到缓和与解决而形成的良性运行状态，以及对内和对外可能出现的不稳定因素的预见和可控状态。简言之，即高校的"政通"与"人和"。所谓"政通"，主要是指高校培养社会主义事业合格建设者和可靠接班人的根本任务得到有效开展；广大师生自觉维护安定团结的政治局面。所谓"人和"，主要是指以育人为根本目标，学校、家庭和社会三方协作，和谐进步；广大师生员工认同学校文化，思想稳定，目标一致。② 所以，我们认为高校稳定工作具有如下内涵：

---

① 马抗美主编：《新时期维护高校稳定工作体系及机制研究》，中国政法大学出版社2007年版，第25页。

② 郭孝锋、魏彤儒：《新时期"高校稳定"的内涵及其特征研究》，《华北电力大学学报》（社会科学版）2007年第2期。

1.广大师生群体是高校稳定的主体

按照社会群体的分类,高校稳定主要是指教师和学生这一群体的稳定,而非工人、农民、公务员或其他社会群体的稳定。这个群体的基本特征是具有较高的学历和学识、活跃的思想意识,具备掌握、处理和创新信息的能力,能够在社会上形成较大的影响力和号召力。一般地,只要师生群体相对情绪稳定、秩序和谐,高校内部不会产生较大规模的不稳定事件,但外部的意识潮流易引发高校内部不稳定。

2.教育教学活动是高校稳定的重要载体

高校是教书育人的主要场所,承担着人才培养的重要职能,并且通过科学合理的教学活动达到育人的目的。从高校的办学规律出发,如果一所大学不能维持正常的教育教学活动,不能使教师安心于教学、学生静心于学习,校园缺乏求知研修的氛围,那么高校的和谐稳定就无从谈起。所以,高校稳定工作必须发挥有效的护航保障作用,在维护健康有序的教育教学活动中体现工作价值。

3.校园安全和谐是高校稳定的表现形式

稳定主要体现在安全与和谐上。安全是指校园的交通、消防、食品卫生、实验室等秩序良好,师生自由和健康得到保障。和谐是指校园内外部关系良好,能够有效协调大学自治与社会需求、学术权力与行政权力、校园不同组织和群体的矛盾和冲突。

4.实现教育的社会功能是高校稳定的目标

高校并不以追求自身稳定作为稳定工作的最终目标,而是通过不断实现教育的社会功能,发挥大学作为"海上灯塔"、"社会良心"、"文化高地"的引领示范作用,为维护和促进社会稳定作出应有贡献。

综上所述,高校稳定是建立在高校行为规范被广泛认同基础上的教学、科研、社会服务、学习和生活的秩序化,是高校内部各种冲突能够得到控制、矛盾能够得到缓和解决而形成的良性运行状态。

三、高校稳定工作的功能

高校稳定的重要性是由其重要的地位和功能所决定的,高校肩负的科教兴国和人才强国的历史使命决定了高校稳定工作的重要性。高校稳定不仅关系到高校自身的发展，还关系到全面建设小康社会宏伟目标能否实现。①

　　1.促进高等教育改革发展的功能

　　改革、发展、稳定是相辅相成的关系，稳定能够为人才培养提供安定环境，确保执政党在意识形态领域的主导权，保证人才培养目标的实现；稳定能够为科学研究和文化传承创新提供支撑条件，保障学者潜心钻研，心无旁骛地献身科教事业；稳定能够为社会服务提供有效需求，使大学能够为经济社会发挥更大作用；稳定能够持续改善师生发展环境，保障师生健康，更好地促进师生人生价值的实现。所以，和谐稳定的发展环境是当前我国高校面临的共同战略机遇，必须把握时机、乘势而上。

　　2.促进社会稳定的功能

　　从政治建设层面，高校师生具有特殊政治敏感性和是非辨别能力，是一支规模比较大的政治实体。做好高校师生的思想稳定工作，保障教学科研的正常有序进行，满足师生员工的合理诉求，是促进社会稳定和发展的重要保障。从经济发展层面，高校稳定使高校能够正常开展教学科研活动，顺利完成为社会输送高级人才、为社会发展提供智力支持的任务。如果一个发展的经济体不能得到持续的合格的人力资源来补充和支持，这个经济体将出现衰退。社会经济发展水平一旦下降，极容易诱发社会动荡。② 从社会生活层面，高校稳定使得高校发生突发性事件或违法违规事件的概率降低，从而减少对社会稳定的不利影响。

第二节　高校稳定的历史演变

　　我国高校稳定是一定历史条件下形成的社会状态，不同历史时期和不同社会发展阶段，高校稳定都具有不同的内涵与外延，存在着不同类型的稳定状态。

　　① 何继龄：《高校稳定论》，《社科纵横》2004 年第 6 期。
　　② 马抗美主编：《新时期维护高校稳定工作体系及机制研究》，中国政法大学出版社 2007 年版，第 30 页。

一、从单一政治稳定向多元稳定转变(1978—1989 年)

党的十一届三中全会后,随着全党工作重点的战略转移,人们对教育的社会属性和功能认识发生了重大变化,教育方针由"为无产阶级政治服务"转变为"为社会主义现代化建设服务",教育由原来的从属地位转变为优先发展的战略地位,尤其是 1977 年我国恢复高考制度,高校迎来了崭新的发展空间。1981 年,中共中央《关于建国以来党的若干历史问题的决议》提出:"要加强和改善思想政治工作,用马克思主义世界观和共产主义道德教育人民和青年。坚持德智体全面发展,又红又专,知识分子与工人农民相结合,脑力劳动与体力劳动相结合的教育方针。"这一教育方针进一步淡化了"教育必须为无产阶级政治服务"的观念,单一纯粹的政治功能教育价值取向退出了历史舞台,"实现了从严重的为政治服务取向向以经济建设服务为中心、多元服务取向的转变,并且在国家社会与经济发展上,实现了向战略地位的转变"。[①]教育方针的转变赋予了高校稳定工作新的任务和内容,高校的稳定工作不再以单一的政治稳定为目标,而是从政治稳定向教学秩序稳定、学术发展稳定等多元稳定观念转变。

二、确立以政治稳定为核心的高校稳定观(1989—1999 年)

20 世纪 80 年代末到 90 年代初,东欧各个社会主义国家的政治经济制度发生了根本性的改变。中国高校开始越来越关注思想政治教育,邓小平同志特别强调了思想政治教育在维护安全稳定工作中的重要作用,他主张加强对人民特别是青年的思想政治教育。邓小平指出,1986 年的"学生闹事","问题在于我们思想战线上出现了一些混乱,对青年学生引导不力";[②]1989 年之所以出现动乱,"最大的失误是教育",而且主要是"思想政治教育"。[③] 1998 年 8 月《高等教育法》第 39 条确定了"国家举办的高等学校实行中国共

---

① 孙文雄:《我国的教育方针在转折时期的几点历史性转变》,《中国科技信息》2006 年第 21 期。

② 《邓小平文选》(第 2 卷),人民出版社 1994 年版,第 198 页。

③ 陈于后:《邓小平稳定思想与高校安全稳定的维护》,《西南民族大学学报》(人文社科版)2009 年第 9 期。

产党高等学校基层委员会领导下的校长负责制"。坚持党委领导下的校长负责制,其目的在于全面贯彻党的教育方针,坚持社会主义方向,确保高校政治方向的稳定。

这一时期的高校稳定工作,重点吸取了之前的经验和教训,尤其强调了高校思想政治教育工作的重要性,同时,加强了党对高校的领导。党委领导下的校长负责制,标志着这一时期以政治稳定为核心的高校稳定观的确立。

三、以立德树人为根本的和谐校园稳定观的确立(1999年至今)

通过改革开放和现代化建设,我国取得了举世瞩目的成就。然而,随着我国国际地位的迅速提高,西方敌对势力妄图在政治、经济和文化领域对我国进行渗透,西化的阴谋无处不在。胡锦涛同志曾指出:"我们必须清醒地看到,国际敌对势力正在加紧对我国实施西化、分化战略图谋,思想文化领域是他们进行长期渗透的重点领域。"高校作为意识形态斗争的重要阵地,是国际敌对势力进行思想渗透的重点领域之一,高校稳定工作在新的历史时期面临新的挑战。2004年中共中央、国务院颁发了《关于进一步加强和改进大学生思想政治教育的意见》(中发〔2004〕16号,以下简称中央16号文件),进一步强化了培养社会主义事业合格建设者和可靠接班人这个根本任务,也抓住了思想政治稳定这个关键。通过发挥思想政治教育的优势,完善思想政治教育功能的机制,探索加强和改进思想政治教育的途径,以实现高校的长期稳定。中央16号文件是新时期加强和改进大学生思想政治教育的纲领性文件,也是指导这一时期高校稳定工作的重要依据来源。党的十七大进一步提出了构建社会主义和谐社会这一重大战略决策,和谐校园建设成为维护高校安全稳定的重要抓手。党的十八大报告进一步指出,"加强和创新社会管理,推动社会主义和谐社会建设"。近年来,以习近平同志为总书记的新一届中央领导集体,就维护国家安全和社会稳定作出了一系列重大部署,2013年全国宣传思想工作会议上,习总书记指出,"意识形态工作是党的一项极端重要的工作,高校要把马克思主义作为必修课,成为马克思主义学习、研究、宣传的重要阵地"。2014年习近平总书记与北大师生座谈时强调,青年学子要自觉践行社会主义核心价值观。这都为指导新时期高校意识形态和稳定工作提出了明确要求。和谐的根本是以人为本,与立德树人的根本任务相辅相成。和谐的校园环境是人才培养的有力支撑,师生思想政治稳定是校园和谐稳定的重要前提。和谐校园不仅仅以安全稳定为基本特征,还包括制度、文化、内部治理、公共关系等方方面面的协调,为维护高校稳定提供了更为开放、系统、包容的视角。

第三节　高校稳定的主要特点

一、高校稳定的宏观特性

1. 全球性和全局性

安全稳定是确保人类能够享有发展成果、实现可持续发展的前提,已经成为世界共同关注的重大课题。在经济全球化、世界多极化的时代背景下,以经济安全、生态安全、信息安全、恐怖主义、文化安全等为代表的非传统安全问题正在严重威胁人类的生存与发展。近年来西方国家校园枪击案件频发,从一个侧面反映出各类社会矛盾的尖锐性和复杂性,也反映出维护高校稳定的重要性和普适性,在世界范围加强安全稳定刻不容缓。重视和加强维稳工作,不仅仅是中国特色社会主义事业的重要特征,也是世界各国改革发展谋求的重要目标。从各国的经验看,高校稳定在社会稳定中居于十分重要而敏感的地位,一些高校涉稳事件直接关系到国家的长治久安,历来为执政者所重视,必须站在全球性和全局性的高度加以审视和关注。

2. 整体性和系统性

高校稳定是高校在其发展过程中存在的一种和谐的、发展的动态平衡状态,这种和谐稳定的状态有赖于高校内外因素的相互依存和耦合互动。这些因素涵盖了校内外的政治、经济、文化、管理等方方面面,必须系统地加以认识和解决。以高校稳定的主要内容为例,传统的高校稳定工作强调单纯的政治安定,而新时期高校稳定工作更强调要从政治稳定、教学秩序稳定、治安稳定、心理稳定等多元、全方位的视角来认识。因此要解决某一稳定问题,需协调高校各个系统(如学生系统、保卫系统、教学系统、行政系统、服务系统等),有时还需要协调校外部门。

3.复杂性和长期性

国际国内复杂多变的形势决定了维护高校稳定是一项长期而艰巨的任务。一方面,当今世界正处在大发展、大变革、大调整时期,全球思想文化交流、交融、交锋,不稳定、不确定因素增多。我国社会也处在矛盾凸显期,高等教育改革正处在关键时期,高校作为意识形态领域的重要组成部分,其所面临的内外环境都十分复杂。另一方面,我国科教兴国战略的实施、和谐社会的构建,将是一个长期的过程,需要高校培养大量的高素质人才,提供长久的智力支持。因此,高校必须具备长期稳定的环境才能完成历史赋予的重任。

4.交流性和开放性

高等教育是世界性的,不仅在本国具有开放性,在世界范围内也是一个开放的系统。高校作为高等教育的承担机构,在国家对外开放的新格局中也必须坚持开放。由于高校稳定在新时期受国际政治经济多方面因素的影响越来越大,高校在保持对外开放姿态的同时,必将在维护稳定工作方面与国际保持更深、更宽的对话、交流与合作。高校作为社会子系统的一部分,也必须以开放和交流的状态迎接社会改革,只有这样,高校稳定才具有实现的可能性。

二、高校稳定的内部表征

从高校内部出发,高校稳定包括以高校为社区的区域稳定、高校师生与社会人员和谐共处的社会稳定、高校内部各元素协调运转的事业稳定。我们认为,高校稳定的内部表征主要有以下几点。

1.办学行为规范有序

高校稳定的基本标志是办学行为的规范有序。主要表现为:教学秩序稳定,在高校自身制定的教学计划和规章制度指导安排下,教师的"教"和学生的"学"正常进行;科研秩序稳定,在国家和高校制定的科研规则和学术规范的指导下,高校教师和学生的科研工作规范协调,包括科研资金的合理分配和流动、科研成果的产出和转化的规范管理、科研过程符合保密规定和学术规范等;社会服务稳定,主要包括学校以及附属机构对外提供的各种社会服务秩序稳定,例如有效保证参与社会服务和各种社会实践、支教、挂职师生的安全,防止法律纠纷,妥善解决附属医院医患矛盾等;生活秩序稳定,在法律、道德和风俗习惯以及高校规章制度的指导下,教职工和学生日常生活、公共活动有序进行,也就是师生安心工作、学习和生活的状态,其中包括教师、管理者和学生之间关系的有序平衡状态。[①]

2.办学环境安全可控

办学环境的安全可控,是指校园内部环境稳定且高校与周边环境处于良性互动的运行之中,周边环境秩序对高校自身的发展和教学生活等各项工作的发展起着有效促进作用的状态。主要表现为,综合治理环境优良,校园交通、消防、食品、实验室、卫生、治安等得到有效保障,师生普遍具有安全感;公共关系良好,学校师生与社区居民融洽相处,学校管理部门与社区管理部门有效协同,校园有效抵御各种敌对势力和不良思想的渗透;网络管理和引导健康有序,学校能够及时了解网络舆情动态,并有针对性地开展引导工作,有效避免群体事件的发生。

3.办学主体思想稳定

从某种意义上说,一切外在的不稳定都源于个体内部思想和心态的不稳定。高校的办学主体是指大学生群体和教职工群体,高校稳定的核心是这两个群体的思想稳定。思想稳定表现为人们对占主导地位的社会意识形态的普遍信奉和支持,集体成员之间因资源或利益分配的公正而形成的一种和谐共处的心理状态。主要表现为:学校能够牢牢把握党在意识形态领域的主导权,师生对社会主义道路和社会主义事业充满信心;师生心理健康、情绪平稳,非正常伤亡事件较少,信访事件能够得到妥善处置;师生对学校的归属感、荣誉感较强,能够立足本职岗位潜心工作;师生员工内部相互之间没有重大利益冲突,相互关系融洽。师生思想的稳定既取决于政策执行的合理性,又取决于及时有效的思想政治工作。良好的民主氛围和文化环境以及令师生满意的物质和精神生活保障,是师生心态和情绪稳定的基础。

三、高校稳定与社会稳定的互动模式

高校是维护社会稳定的重要力量和重要环节,高校稳定往往受制于社会方面的各种因素,而高校的稳定状况又会反过来影响社会稳定。高校稳定与

---

① 张立慧:《高校稳定的类型初探》,《管理观察》2008 年第 12 期。

社会稳定的这种互为因果、息息相关的互动关系,大致可以表述为以下几种不同的情形。

1.镜像效应:社会问题在高校得到直接反映

镜像效应是指社会转型、秩序解体与重构引发的社会矛盾传播和扩散到高校,使高校成为社会稳定的"晴雨表"。目前,由于经济成分的多元化和分配方式的多样化,社会各阶层的利益格局正在进行调整,整个社会进入转型时期,社会阶层化已经成为社会发展的一种基本现象。社会阶层化必然导致原来的利益格局被打破,原有的社会秩序逐渐解体,并不可避免地出现财富的积聚、价值观的分野、身份的确认和资源的调配等方面的问题。在社会分层的过程中,不仅仅是主体在整个社会格局中的上下迁移,而且还伴随着观念领域、信仰体系、利益关系和分配格局的重新调整。在有些人分享发展成果的同时,有些人却背负经济社会地位下滑而带来的心理失衡。社会转型过程中不可避免地出现了各种负面现象,如贫富差距拉大、社会成员行为失范等。高校作为社会的子系统,这些矛盾和冲突不可避免地传导和映射到高校里来,势必对高校的稳定和发展产生深刻的影响。

高校师生对社会问题关注,不仅出于社会责任感和民族忧患意识,更重要的是社会转型牵涉大学生的切身利益。特别是就业、医疗、教育、住房、福利、治安等一系列民生方面的突出问题,直接关乎千家万户及其所联结的数以百万计的大学生,成为影响高校稳定的不利因素。

2.放大效应:高校问题借助社会手段被放大

放大效应是指高校内部源发的稳定问题通过与社会的联结被放大,从而影响整个社会的稳定。现实当中,社会公众对高校的期望值较高,对高校道德失范的容忍度较低,例如学术不端、高校腐败等很容易成为社会关注的焦点,并且迅速借助网络和媒体扩散,在较短时间内被放大为一起公共事件。一旦高校不稳定,比如学生上街游行、静坐、请愿、串联等,就会影响社会,形成"蝴蝶效应",进而危及整个社会的稳定。放大效应的存在对高校应急处理的能力提出了新的更高的要求。

3.缓释效应:高校作为一种社会稳定因素存在

缓释效应是指社会的不稳定因素经过高校内部稳定因素的调控后,高校能够起到维护社会稳定的作用。例如,2012年日本制造钓鱼岛事端,引起了中国人民的激愤情绪。国外媒体借此机会煽动对华敌对情绪，国际政治局势紧张。当时各高校采用统一步调稳定学生情绪，通过各种途径疏导学生，并从国家利益、个人安全、国际政治局势和国际对华势力等多个方面引导学生要理性抒发爱国情绪、理性控制爱国行为。在这次突发危机事件应对工作中，高校通过维护自身稳定有效地消解了社会不稳定因素，维护了整个国家的稳定大局。

4.共振效应：高校与社会不稳定因素相互震荡

共振效应是指社会的不稳定因素与高校内部的一些不稳定因素相互作用，产生"共振"。如果失控，高校本身很可能作为一个不稳定因素进一步影响社会稳定。这种共振往往与意识形态潮流和社会转型发展有着深层次的联系，是社会阶层利益失衡、价值失范的集中表现。例如，在高校规模快速扩大的过程中遇到的征地拆迁问题、毕业生就业压力问题，与社会经济发展中的结构性失衡息息相关，并非高校所独有，也非高校自身所能解决；高校后勤社会化改革将学校后勤推向社会，经营主体的变革及操作和运行中的失范，再与意识形态冲突、社会物价上涨、食品安全等因素杂糅在一起，也使高校的安定和稳定面临来自社会的压力；一些高校因特殊的地理位置和校园环境，承受了额外的社会管理成本，以往作为社会管理范畴的交通安全、征地拆迁、平稳物价、保障就业等社会民生问题，也逐渐成为维护高校稳定工作的预警范围。此外，高校与政府、高校与教师、高校与学生之间关系的重新调适，将直指诸如高校的办学自主权、高校依法管理、民主办学等深层次的问题。由此引发的涉及高等教育办学体制、经费筹措体制等方面的改革又将触动社会的神经，不仅对高校自身，也对社会稳定产生影响。

以上分析给出了一个非常清晰的视角，初步显示高校稳定对于社会政治稳定所具有的独特作用，以及高校对社会政治稳定所承担的责任。高校能够培育和巩固稳定的积极因素，化解不利于稳定的消极因素，强化对稳定因素的整合和对不稳定因素的调控。所以说，高校稳定是社会政治稳定的能动组成部分，大致就体现在高校本身所具有的"培育"积极因素，"化解"消极因素，以及"强化"调控的功能和机制上。

综上，高校稳定既是可持续发展内在的需求，又是一个动态的、历史的过程，随着高校在我国社会主义现代化建设过程中重要作用的日益发挥，高校与社会的互动必将更加密切和频繁,高校稳定与社会稳定的相关性大大增强。高校稳定工作不仅是学校的局部工作,也是学校的全局工作;不仅涉及学校内部问题,也涉及学校与外部社会环境的关系;不仅需要加强宏观稳定体系的架构,更需要维护切实可行的微观机制的运行,是一项需要从组织、思想、制度等各方面给予保障的系统性工程。

第二章　高校稳定工作的形势与挑战

研究影响高校稳定的因素,是维护高校以及社会稳定的基础和前提。开展因素分析,必须以系统的、联系的、发展的视角看待高校稳定工作。高校作为一个开放的系统,其稳定主要是指其内部系统的秩序性、规范性、可控性以及高校与外部社会环境的协调性。① 所以,本章旨在提供分析高校稳定系统的理论框架,并深入剖析影响系统稳定的内外部因素及其演变趋势,进一步深化对新时期高校维稳工作规律性的认识。

第一节　高校稳定工作的战略生态

从宏观层面来看,当前高等学校安全稳定工作形势面临着来自高等教育国际化、高等教育大众化,以及高等教育市场化、社会变迁分化带来的多维度的新挑战。

一、高等教育国际化

在经济全球化影响下,高等教育作为一种社会服务,其国际化特征日益显现。世界各国高等学校在招生、人员交流、教育与教学等各个方面的政府间合作以及校际交流互动频繁。如何面对教育开放和教育主权的辩证关系,如何处理文化交融与文化交锋的相互关系,都给高等学校的稳定工作带来了新的机遇与挑战。

1. 教育开放与教育主权

教育开放是我国实施对外开放基本国策的内容之一。《国家教育事业发展第十二个五年规划》指出,要"实施教育对外开放战略,坚持以开放促改革、促发展,提高我国教育的国际化水平"。高等教育的开放是高等教育国际化

---

① 宋富军:《当前高校稳定的影响因素及应对》,《思想教育研究》2011 年第 5 期。

的前提,也是提升高等学校办学质量和水平的必由之路。尤其是我国加入世界贸易组织(WTO)后,包括高等教育在内的教育服务贸易的开放力度进一步加大。

在教育开放的现实下,我们必须深入思考这种开放对我们的教育主权是否会产生影响? 对高等学校的稳定会带来怎样的挑战?

教育主权(educational sovereignty)是指一国固有的处理其国内教育事务和在国际上保持教育独立自主的最高权力,是一国处理教育方面国际事务的最高原则,同时应不违背国际法的基本原则(即相互尊重主权和主权平等的原则)。① 在 WTO 背景下,教育主权观念呈现出弱化与强化、融合与冲突、本土性与实现形式多样性并存不悖的趋势和特征。② 主权国家,尤其是教育质量和水平相对落后的发展中国家,必然对教育相对开放背景下的教育主权问题更为重视。在影响教育主权的显性和隐性两大因素中,资金的过度依赖、高端人才的流失、部分管理职权的丧失以及西方意识形态与文化的渗透,无不对当前高校稳定形势带来挑战与影响。③

近年来,随着高等教育国际化进程的加快,许多国外著名大学都与国内开展了多种形式的合作办学,如宁波诺丁汉大学、上海纽约大学等。我们必须清醒地认识到,在引进和利用国外优质的教育资源,以弥补我们在资金、人才、管理模式上的不足的同时,更应该时刻保持清醒的稳定认知。首先,充足而稳定的资金来源是高等学校办学的基础,过度依赖他方资金是危及高校办学稳定的潜在风险,一旦他方撤资或大幅度削减资金,学校可能难以为继。其次,高水平的人才是高等学校办学的根本,由于境外一些著名大学优质教育资源和相对良好的学术环境的吸引,不少优质的师资不断被"挖走",直接影响到国内高校的办学质量,进而影响到学校的稳定大局。再者,高等学校的办学管理职能是实现办学目标的重要保障,尤其是在合作办学的形式中,更要强调中方代表在董事会(理事会)机制中的领导角色,确保办学方向和办学目的的实现,确保学校的稳定大局。最后,在高等教育日益开放的现实下,

① 国家教育发展研究中心专题组:《关于 WTO 教育服务贸易的背景资料》,《中国教育报》2002 年 5 月。
② 徐广宇:《论 WTO 背景下教育主权的发展》,《教育评论》2002 年第 3 期。
③ 王建香:《如何在开放市场中维护我国的教育主权》,《江苏高教》2002 年第 5 期。

西方意识形态和思潮不断通过各种途径向高校进行渗透,影响师生的思想状态和价值观,是潜在的危及高等学校稳定的因素。必须以高度的政治敏锐感和责任感加以重视,坚定社会主义核心价值体系和理想信念教育,创新思想政治教育模式,营造和谐学校氛围。

2.文化交融与文化交锋

"文化是人类为了不断满足他们的需要而创造出来的所有社会的和精神的、物质的和技术的价值的精华","它是体现出一个社会或一个社会群体特点的那些精神的、物质的、理智的和感情的特征的完整复合体。文化不仅包括艺术和文学,而且包括生活方式、基本人权、价值体系、传统和信仰……"①自从人类文明产生以来,文化就呈现出多样性的特征。联合国教科文组织在研究报告中将全球文化的多样性概括为欧洲文化、北美洲文化、拉美文化与加勒比地区的"解放文化"、阿拉伯文化、俄罗斯和东欧文化、印度和南亚文化、中国和东亚文化等八大文化圈。每一种文化都有其自身稳定的属性和特征,并与其他文化发生对话。

文化交融是当今世界文化发展的必然趋势,高等教育作为文化传承与创新的重要载体的功能也日益明显。在高等教育国际化和信息技术革命的背景下,知识的迅速更新及其在国际范围内的传播,使得各种文化间出现了前所未有的交融,不论这种文化交融是主动的还是被动的,都已经是确定的事实。文化融合的过程,是一种文化对另一种文化本质内涵的理解、对话与接受,不同文化间的对话与融合具有十分重要的积极意义。

文化交融的过程中必然存在不同特质文化间的交锋,这是文化间不同属性的倾向性所决定的。例如,"现代西方文化一直倾向于集中力量通过从自然力中解放出来实现自我,利用现代科学的发现来达到这个目的;非西方文化则比较经常地试图使人处于自然王国并尽量适应它的各种力和实体"②,一个是诉诸自然力的发现和利用,一个是诉诸人自身的反省和升华。即使面对同一个问题,处于不同文化背景下人们的理解及所处的立场和行为也大相径庭。很多表面上看来是政治性、经济性的冲突,其实正是

①② [美]欧文・拉兹洛编著:《联合国教科文组织国际专家研究报告:多种文化的星球》,社会科学文献出版社 2004 年版,第 216 页。

反映了各种文化的不同倾向和深刻分歧。

对于高等学校来说,面对国际化的客观事实,应该以开放的心态尊重、促进文化的多样性及不同文化的积极融合,正确理解、处理文化交流过程中出现的文化交锋,力求做到互相尊重、对话合作、求同存异,杜绝把文化差异扩大化、对立化,从而避免影响高校稳定的事件发生。

二、高等教育大众化

1.多元目标与有限资源

高校办学的多元目标与有限的办学资源之间的矛盾,成为影响高校稳定的潜在因素。高等教育大众化客观上使高校增加了大量的生源,使得办学活力进一步增强,但优质教育资源毕竟有限,这在客观上加速了不同高校间的竞争。为了在竞争中占据优势,许多高校办学目标日益多元,甚至有不少原来很有特色的行业大学或高职类学校放弃了自身优势,片面追求所谓的"综合化"。而"综合化"的结果是,相对于之前,学校要增加成倍的工作量,短时间内需要投入大量的人力、物力和财力,而学校总的办学资源在一定时间内是相对稳定和有限的,这给学校发展带来了很大的压力和挑战,由此产生的一些后果成为影响高校稳定的潜在因素。

例如,有的高校为了实现综合性大学做大做强的发展目标,大举向银行借贷办学,致使学校财务出现严重危机,给学校发展带来严重不利影响。再比如,在有限的人力、物力、财力资源分配过程中,难免出现利益相关者之间的冲突,如果这种利益冲突得不到管理者很好地调和和化解,很可能会影响学校的安全稳定大局。

2.扩大规模与提高质量

高等教育在进入大众化阶段后,办学规模势必随着毛入学率的增加而扩大。高等学校为了实现做大做强的目标,无论是在学生规模、办学投入还是在其他指标上,都不同程度地有计划地扩大办学规模。规模的扩张并不一定引起质量的必然下降,但如果学校的师资、空间设施以及实验平台等办学软硬件设施没有有效跟进,学校的办学质量就有一定滑坡的风险。而高等教育质量的下降无疑是影响学校长远稳定和发展的最大因素。

因此,必须在规模适度增加的同时,高度重视高等学校办学质量的进一步提高,尤其是重视教育教学水平和质量的提升。

3.校区与社区

高等教育进入大众化阶段以后,进一步拉近了高校与周边社区的互动和联系。作为学校办学场所的校区与作为社会活动的社区之间的磨合和互动,也给高校稳定工作带来了新的挑战与要求。

传统封闭式的办学,对于高校稳定工作的压力主要是来自学校内部自身,办学和管理受外在干预较少。进入高等教育大众化阶段后,高校与外部社区的互动更加紧密深入。一方面,高校师生以志愿活动、社会服务等形式融入所在社区。另一方面,高校校区也被划入当地的行政区域,一些管理事务纳入所在地管理。

校区与社区始终保持千丝万缕的联系,而且校区周边地带也是师生与社会人员互动频繁的区域。随着开放办学进程的加快,校区与社区的边界逐渐模糊,校园安全稳定工作受到来自校外的压力不断增加。

三、高等教育市场化

经济合作与发展组织(OECD)1998 年在《重整高等教育》报告中指出,高等教育市场化是"把市场机制引入高等教育中,使高等教育运营至少具有如下一个显著的市场特征:竞争、选择、价格、分散决策、金钱刺激等,它排除绝对的传统公有化和绝对私有化"[①]。市场化机制引入以后,高等学校的稳定工作面临新的形势。

1.教育与经济

高等教育的市场化,把高等教育与经济发展更加紧密地联系到了一起,经济价值导向在一定程度上会扭曲办学行为。例如,高校更多关注科研经费、继续教育等与市场紧密关联的创收领域,容易导致对教育教学的弱化。对微观个体而言,经济利益成为主要导向,会进一步加速师资和生源的流动。浮躁的风气会降低高校教职工立足本职工作的责任感,容易造成安全稳定工作的疏忽与漏洞。学生在高校的中心地位也会因此而削弱,造成利益冲突和心理失衡等问题。

---

① 李盛冰:《高等教育市场化:欧洲观点》,《高等教育研究》2000 年第 4 期。

2.效率与公平

效率和公平是高等教育追求的两个重要目标。在高等教育市场化过程中,对于高效率的追求有可能会与公平诉求产生一定的矛盾,这是高等学校稳定工作必须面对的一个重要课题。近年来,随着高等教育竞争的日趋激烈,各个高校逐渐采取更加实际的考核激励机制,各项改革都指向了效率,容易忽视公平,拉大个体差异,形成"马太效应"。这样状况的持续存在,将对高校的信访工作和维稳形势造成压力。

3.功利与道德

市场机制的引入在给当代高等学校发展带来生机与活力的同时,也带来了一系列的问题,最为明显的影响就是功利主义导致道德失范。例如,近年来一些教师和学生很难潜心教书和学习,过度追求一些外在的(如职称、奖学金等)指标,甚至为了获取职称或高绩点,不惜突破道德底线,出现学术造假或考试作弊,给学校声誉及发展带来严重影响。

社会不稳定因素会传导到高校,高校不稳定因素也会触动社会。伴随着经济全球化的深入和改革开放的推进,高校已经不再是孤立的"象牙塔",而会充分融入到社会生活中,承受着外部要素和内生因素的双重影响,肩负着维护社会稳定的重要使命。对此,我们必须准确把握高校所处的历史方位,着眼于对全球化背景的外部性影响和高等教育改革发展的体制性因素分析,准确定位高校改革、发展、稳定的关系。

四、社会变迁分化

改革的过程是利益分配关系重新调整的过程,也是社会结构转型变迁的过程。通过体制改革和对外开放,我国实现了经济总量、国际地位和人民生活水平的历史性发展,经济、社会面貌取得了根本性的改变,但这场变革背后的社会矛盾也前所未有地摆在了面前,社会稳定面临严峻形势。这也给高校的安全稳定带来了新问题。

1.利益格局多样化进一步凸现,社会分配失调

邓小平同志指出,改革是中国发展生产力的必由之路。改革打破了平均主义的桎梏,促进了物质财富的增长和物质条件的改善,形成了多种社会利益关系,推动了社会的进步和发展。但在多元利益格局形成过程中,人们的

原初平衡被打破,贫富差距扩大,不同利益群体的诉求表达不一致,有效的社会分配机制没有建立,在人民内部滋长各种隐性矛盾。因此,一方面,人们有了更多释放才能、独立选择、出人头地的机会和路径;另一方面,人们也面临体制不全、保障不足、竞争不利的风险和危机,从中产生的社会利益冲突更为激烈,要保持社会稳定的难度必将加大。

2.社会发展差异化进一步加大,社会预期失衡

社会经济的发展促使社会成员的期望和要求也在不断增长,特别是在涉及住房、医疗、教育、就业等切身利益相关的具体问题上。一方面,生产力不断发展,人民群众创造的物质财富逐步增加,人民内部要求分享改革成果的预期很高;另一方面,旧的体制弊端还没有完全消除,特权阶层、腐败集团一定范围的存在,造成了社会发展成果的共享不足。社会分配不公,社会关系日益紧张,甚至在局部出现社会动荡。这种社会预期如果处理不好,很容易造成社会各阶层平衡的丧失,引发社会不稳定事端。

3.社会认同淡化进一步加剧,社会机制失序

在经济快速发展的同时,人们的社会生活发生了广泛而深刻的变化,传统的同质社会被多元的异质社会取代,多种经济成分、各种组织形式、不同利益关系和多样分配机制同时存在。不同的社会背景、不同的利益诉求,使社会整体利益难以确定,社会共识难以达成,对国家和社会的责任逐步淡化。同时,政治体制改革的相对滞后,上层建筑跟不上经济发展的速度,新的社会运行机制未能完全建立,容易引起部分群众对政府执政能力和执政立场的怀疑、否定和对抗,进而产生社会的不稳定。

所以,当前高校稳定工作的外部环境和内部条件都发生了巨大改变,工作的环境更加复杂,工作的对象更加多元,工作的方式更加多样,涉及面和影响力更加广泛,这促使我们要进一步转变工作理念,调整工作思路,完善工作对策,优化工作机制。正如胡锦涛同志在庆祝中国共产党成立九十周年大会上指出的,"我们及时总结改革的实践经验,对的就坚持,不对的赶快改,新问题出来抓紧研究解决。同时,我们深刻认识到,发展是硬道理,稳定是硬任务;没有稳定,什么事情也办不成,已经取得的成果也会失去"。

第二节　影响高校稳定的主要因素

高校是一个开放的群体，影响其稳定的因素既有内因又有外因，既有显性因素又有隐性因素，涵盖了政治、经济、文化、管理等各个方面，必须系统地进行认识并加以解决。

一、外部因素：思想、信息、人员、资源

自我意识成熟的大学与外界交往的基本策略是利用自身的优势以影响与外界共享价值观的形成，自觉维持与外界组织的交换关系，主动争取外部的支持，以维持自身的生存和发展。[①] 在和谐社会的视野下，高校作为社会的组成部分，与社会的对接是不容回避的，社会生活的触角早已深入到高校内部。新形势下，高校与外部环境互动的新态势既促进了高校自身的迅速发展，同时也给高校稳定带来了挑战。

1. 思想交锋日趋激烈

当今世界正处在大发展、大变革、大调整时期，全球思想文化交流、交融、交锋，呈现出新的特点。世界范围内社会主义与资本主义的对立与共存，对当代高校师生思想的冲击难以避免。西方势力实施"西化"、"分化"的图谋也构成了对高校稳定的隐患。

经济全球化对高校师生的思想稳定产生了深刻影响。经济全球化催生并推动了西方社会学术思潮的再次兴起，所谓的"第三条道路"、"人权高于主权论"、"主权过时论"、"主权有限论"、义务论、威胁论、危机论等新观点此起彼伏。经济全球化对政治的挑战丝毫不亚于经济本身面临的挑战，一是西方意识形态对国家主流意识形态的冲击和侵蚀前所未有；二是经济全球化条件下，西方民主价值观和民主模式的传播有蔓延的趋势；三是国家主权和领土完整面临新的威胁。可以说，遏制与反遏制、渗透与反渗透、分化与反分化的斗争从未间断，境外宗教势力对我国高校的渗透活动从未停止。并且可以确信，随着我国在更大范围和更深程度上参与国际事务，思想交锋将愈加激烈，

---

① 荣光宗：《大学自我维持研究》，湖南师范大学出版社 2006 年版，第 177 页。

信息网络化则在客观上起到了推波助澜的作用。

2. 信息交换日趋扁平

互联网在全球范围内的广泛使用，颠覆了传统的信息传播方式，造成了革命性的重大技术转变。互联网的超时空界限、海量信息传输、强大开放互动功能，成为人们生产、生活和学习中必不可少的工具，极大地改变了人们的生活方式和思想意识。但是，信息技术的制高点和大众传播工具却被西方国家支配，全球信息的发布权和控制权被少数全球性传媒公司垄断，大量虚假、错误和异端信息在网络中流动渗透，信息不平等和信息不对称将长期存在。

在信息化时代，信息的交互非常容易实现，文化信息传输结构正在发生深刻变化，并对高校的稳定产生影响。传统社会中，文化传输主要依靠纸质平面媒体或者声音信号，这两种传递模式存在着统一、易于控制等特征，可以有针对性地对学生进行人生观和世界观教育。但这两种模式也存在信息被动接受、单向性等特点，不利于主流媒体同社会受众之间的沟通和交流，无法及时反映社会大众的想法。与传统的文化传输模式相比，现代文化传输模式发生了巨大的变化：信息传输的双向性——信息的接受者同时也是信息的发布者；信息渠道的多元性——广播、电视、报纸等传统渠道虽仍发挥传递信息的作用，但网络正成为一种主要的信息传输渠道。

2011 年以来，在中东、北非的政治动荡中，推特、脸谱等社交网络发挥了推波助澜的重要作用，这生动地说明虚拟空间的数字信息已经能直接转化成影响现实社会的实质性力量，甚至成为国家政治外交的新武器。当前，通信和互联网技术已经成为高校师生获取和传播各种信息的重要载体，在给工作、学习和生活带来极大便利的同时，也深刻地影响着师生的思想动态。网络信息和网上舆论对大学生思想认识和情绪变化有着极大的引导作用，而网络的虚拟性又为有害信息传播提供了快捷而隐蔽的渠道，容易造成师生思想波动，成为突发事件的发酵温床。

3. 人员互动日趋频繁

现如今，大学与社会的围墙早已不复存在。在后勤社会化、就业形势严峻等背景下，后勤人员、校漂族①等与高校中原有的特殊群体（如留学生、民族生、国防生等）叠加在一起，高校人员构成日益复杂，而这些群体都有其自身特殊的需求与身份特征。例如，随着高校的扩招和西部地区的开发，越来越多的少数民族学生进入大学学习，由于来自不同的地区，少数民族学生的生活习惯、教育环境以及思维方式都同汉族学生有着差异，加上少数民族有自己的民族风俗，可能有些风俗同汉族还是相冲突的，稍有不慎就会引起民族敏感问题；而校漂群体则具有工作不固定、收入不稳定、人际关系单一、易对社会不满等特征。一旦不稳定事件与这些特殊群体的特殊情绪杂糅在一起，则极有可能使事态的蔓延超出预想的范围。所以高校要维持自身的稳定，必须分类管理校内外人员，充分认识"泛高校力量"的影响。

　　另一个不可忽视的现象是，近几年在个别高校还出现了一些学生非正式组织。高校内的学生非正式组织多是学生社团之外的，学生自发联系，以地域、民族、兴趣爱好、宗教等为纽带而结成的松散组织，主要表现为老乡会、民族宗教组织等。这些组织的目的一般比较单纯，但在一些突发事件面前有时容易迷失方向，发生因内部成员个人利益受损等而诱发的民族问题、宗教问题以及一些不同籍贯老乡会的打架斗殴事件。另外，在个别高校还出现了一些因违反校规校纪受到学校处罚或教师批评、对专业不满意等学生组成的反抗型组织的苗头，这些现象对大学生的健康成长都将产生不利的影响，也会对校园及社会的稳定构成一定的威胁。此外，大学生网络虚拟型的非正式组织也在兴起，这类组织是伴随着互联网而发展起来的新型组织。其组织成员大多活动在某网络社区、网络聊天工具群或网络游戏组织等，彼此可能熟悉或不熟悉，但存在着心理互动和情感交流。近年来，网络虚拟型的大学生非正式组织流行网友聚会，使这种网络虚拟组织向实体发展，从网上交流发展到网下活动。这类组织具有规模发展快、成员范围广、成员信息传播快等特点，很容易引起集群行为。②

---

　　① 校漂族是指大学毕业后因各种原因仍然滞留在学校周围的人群。他们生活在曾经熟悉的环境中，不愿踏入社会，就漂流在原来就读的校园周边，以期达到自己理想的目标。（引自百度百科）

　　② 崔海英：《大学生非正式组织影响力研究》，中国经济出版社 2009 年版，第 93 页。

4.资源依存日趋增强

高校要得到发展必须充分获取外部资源的支持,在教育资源的配置方面充分利用社会上的资金、技术和劳动力,以及政策的相应支持。当今,资源的获取对高校的生存和发展正产生着越来越重要的影响。利益相关者不仅可以为大学提供人、财、物等有形资源,还可以向大学提供政策和制度、各学科知识、地理与人文环境、经营理念、管理技能、情感投入与校园文化、信息等无形资源。[①] 高校与外部的教育合作日益广泛,政府、企业、基金会及其他非政府组织等不同主体都成为高校的利益相关者。

有资源的输出就会有利益的需求,就有对高校施加各种影响的可能。一部分资源提供者可能仅仅追求直接的、短期的经济利益,另一部分可能追求长期的社会效应和声誉,而还有一些可能追求的是某种价值观的输出。如果不保持清醒头脑,很可能埋下影响高校自身稳定和社会稳定的隐患。高校在与利益相关者频繁的互动中,在获取大量发展资源的同时,也在承担风险。必须清醒地分析各种主体的利益需求,警惕经济利益背后隐藏的不合法需求,尤其是在国际合作的开展过程中不能唯经济利益,要坚决对别有用心的资源提供者说"不"。

二、内部因素:体制、变革、文化、个性

1.体制日益多元

办学体制多元化是高等教育体制改革的重要趋势,经过改革开放以来的实践,我国办学体制改革逐步走上了以政府办学为主体、社会各界共同参与、公办学校和民办学校相互促进的多元化发展道路,并取得了较大的成就。随着教育国际化程度的不断提高,中外合作办学、境外高校分校也登上了历史舞台。在办学体制改革不断深化的过程中,也产生了新的影响高校稳定的因素。

首先,欧美等高等教育发达且资源过剩的国家,纷纷利用 WTO 规则,要求中国更大程度地开放教育市场,甚至连周边的小语种国家如泰国、韩国、马

---

① 聂锐,张嶷等:《高校与利益相关者互动发展的组织创新与行为调适研究》,中国经济出版社 2011 年版,第 13 页。

来西亚等也纷纷加入中国高等教育市场。教育作为一种准公共产品,带有一定的意识形态属性。中外合作办学使得西方思想价值观念和多元文化对我国大学生的意识形态的挑战更加直接,成为影响学生思想稳定的不可忽视的因素,高校对学生加强非传统安全教育就显得尤为重要。

其次,这几年我国民办高等教育取得长足发展,但由于一些民办高校在招生、管理、党团建设、思政工作等方面仍存在一些薄弱环节,由此带来的不稳定事件值得引起高度重视。

2. 变革步伐加快

这些年随着高校规模的不断扩大,我国高等教育取得了长足的发展,已经进入国际公认的大众化阶段,我们在短短几年走完了发达国家几十年的路程。改革步伐的加快不可避免地带来制度选择和制定上的不完善,成为影响高校稳定的诱因。

我们在满足广大人民群众对接受高等教育的需求的同时,专业设置和人才培养数量还不能与社会需求很好地对接,结果导致学生就业的结构性失衡。高校后勤社会化改革将学校后勤推向社会,经营主体的变革、操作和运行中的失范、服务质量问题和饭菜价格上涨等,不仅容易引发供需双方的矛盾,而且也容易引发群体性事件。随着高校自身的发展,在高校合并以及新校区的建设过程中,一校多区的现象越来越多,因校区之间距离远而给师生带来的学习、生活的不便,新校区地理位置偏僻而带来的交通、安全隐患等问题也逐渐暴露。此外,教学制度的改革所导致的政策的不连续,以及由此带来的教学秩序的紊乱,因其受众面广,且涉及学生的切身利益,最容易引起他们的不满和冲动,也是影响高校稳定的因素之一。

3. 文化尚待完善

大学的文化和精神是大学的灵魂。在高等教育进入新阶段之后,结合学校的历史、传统、风格和特色,认真总结、精心培育、积极宣传并身体力行一种大学精神,对于寄情励志、调整心态和规范行为,对于增强学校的向心力、凝聚力和竞争力,都具有重大而深远的影响,也是维护学校有序稳定、持续发展的一种强大而持久的力量。

在大学文化建设中以人为本是最高价值取向,民主管理是现代大学制度现代大学制度的必然要求。只有实现学校管理和决策的民主化、科学化和法制化,才能充分调动广大师生员工的主动性、积极性和创造性,实现高校教学、科研和其他工作的顺利开展,从而维持高校的稳定。但我国很多高校都处在建立现代大学制度的探索过程中,相关管理制度还不健全,充分发挥师生员工共同维护学校稳定的主动性、积极性和创造性的民主参与机制有待完善,触发师生不满情绪的事件仍时有发生,这是影响高校稳定的内在深层次原因。

4.个体压力增大

当代大学生生活在一个多元文化碰撞的信息时代,社会对年轻人采取了更为宽容开放的态度,给了他们更多的选择机会,但同时也使他们产生了选择的迷茫,带来了更大的压力。

首先,大学生心理问题出现新情况。20世纪90年代后出生的大学生基本是独生子女,他们中的一些人以自我为中心的思想比较严重,往往以自我的价值判断作为衡量事物是非的标准。一些心理问题的出现比较普遍,主要表现在:一定程度的适应性障碍、情感比较脆弱、心理压力调适能力不足、耐挫能力差,以及在自我意识方面存在一定的障碍。特别是来自农村和城市低收入群体中的部分大学生,心态容易失衡。而目前部分高校缺乏完善的心理咨询机制,导致大学生的心理问题和心理疾病无法得到及时解决。大学生心理问题、心理障碍、心理疾病带来的心态和情绪的不稳定,已成为校园安全稳定的重要隐患。

其次,毕业生就业和贫困生问题也是影响高校稳定的诱发因素。近年来,大学生就业难成为高校学生及其家长共同的心理压力,也成为社会关注的热点问题。临近毕业的部分学生一方面对就业前景感到忧心忡忡,另一方面对就业过程中的不公平现象等问题非常不满。同时,高校中贫困学生占相当比例,他们承受着比一般大学生更大的经济压力和身心压力,少数贫困生会出现人格与心理健康的负面改变,出现自卑、抑郁、冷漠和嫉妒心理,部分学生甚至可能产生对党的改革开放政策怀疑、对"官"与"富"的嫉妒和仇视、对社会现实不满的态度。这些问题将是相当一段时间内影响高校稳定的因素。

最后,随着高等教育的普及化,各高校之间竞争的激烈化,学校内部各项制度,特别是人事和分配制度改革的深入化,使得高校教师的任务越来越重、压力越来越大。众多调研显示,在多方面压力的迫使下,高校教师尤其是中青年教师在心理健康等方面出现了较大问题。从对 30～45 岁的 310 名青年教师进行的调查结果来看,青年教师心理疾患检出率为 45.3%,其中具有强迫症状的高达 70.5%,抑郁和妄想症的也分别达到了 55.7% 和 57.9%。[①]高校教师群体的压力问题已成为高校稳定工作不可忽视的因素。

第三节　高校稳定工作的趋势研判

通过对高校稳定工作的战略分析,我们应该着眼于未来,对今后高校稳定工作的趋势作出一定的研判,以期能够认清形势,掌握主动权。总的来看,今后高校稳定工作逐渐呈现出重点对象多元化、敏感时点常态化、意识形态斗争长期化、网络管理专业化、应急处置社会化等特点。

一、重点对象多元化

新时期高校稳定工作的形势日益复杂,维稳工作的对象也有日益多元化的趋势。来自外部社会环境的压力与校内压力交错在一起,甚至在同一时期来自校内外的压力同时呈现。

1.外部压力大于内部压力

包括师生思想动态、办学秩序等传统的来自高校内部的压力,往往还是比较容易处于可控状态。但近年来,来自高校外部的压力往往因为其不可预测性或不确定性给高校带来更大的安全稳定方面的挑战,甚至远远大于来自内部的压力。例如,发生在非传统安全领域的 2003 年的"非典"、2009 年的"甲型 H1N1 流感",高校纷纷采取"零报告"制度和"一日一报"制度,启动最高级别预案,甚至不少高校采取"封校"措施,可见其对于学校稳定工作影响之大之深。还有一种形式是由于外部事件波及学校引发的,如关于中日关系的问题就曾引发过高校学生抵制日货事件的发生。

2.教师压力大于学生压力

学生和教师是高校两大主要群体。学生群体的压力主要来自学业压力、

---

① 　张俊利:《高校青年教师工作压力及其应对现状分析》,《教育时空》2009 年第 11 期。

心理情感压力和经济压力等,个人所表现出来的侧重点有所不同,甚至有的学生上述不同的压力同时存在。如果大学生的这些压力得不到适当的释放和调节,个别学生就会走向极端,做出伤害自己或者他人的行为。例如引起轰动的马加爵案就非常令人深思。每年都有大学生因为感情、学业或心理原因选择轻生,这些事件十分令人痛心。有鉴于此,高校建立了各种预防和应急措施,建立了系统的助学体系,不少学校建立了专门的心理咨询机构,希望能够有效地关心出现各种困难的学生,尽最大可能帮助他们渡过难关。而对于另一个庞大的教师队伍群体来讲,他们面临的巨大压力往往没有像学生那样引起学校的高度重视。高校教师群体往往面临着巨大的经济压力(尤其是一部分年轻教师苦于没有住房)、科研教学压力、职称职务压力、家庭压力等,还有长期高强度工作带来的身体透支问题,这些因素积累起来,使得很多高校教师出现心理问题。教师群体的压力,成为高校应该予以高度重视的新情况。

二、敏感时点常态化

对于高校的稳定工作来说,有一些敏感的时点往往需要重点关注,例如传统的敏感点、高校特有的敏感点和一些新出现的敏感点。这些特殊时期,高校应该采取什么措施开展稳定工作,已经越来越呈常态化趋势。

1.传统敏感点(各种事件纪念日)

对于高校的稳定工作来说,有一些传统的敏感点已经是常规需要关注的。每到这些时间节点的前后几日,高校都会高度重视,密切关注校内外网站师生思想动态,及时跟踪网上关于这些事件的讨论,必要的时候进一步采取措施,避免事态扩大化,避免部分师生被一些心怀叵测之徒利用。此外,对于防范突发事件,高校一般都有相应的制度及措施,规定相应的应急预案,有的还开展相应的培训,可见对于这些敏感时点的高度重视。

2.高校敏感点(毕业季、世界杯等重大赛季)

除了一些传统的敏感时刻外,一些特有的时期也进入了高校稳定工作的视野中,并且已经常态化。例如,每年的毕业季,高校都有数千名学生离校,除了进行常规的离校教育外,高校将这一阶段纳入稳定重点关注时期。许多毕业生或因正常的离校感慨、或因未找到理想工作、或因大学恋情的不确定等原因,常常会做出一些较偏激的行为。例如,学生从宿舍向楼下抛掷水瓶、灌满水的垃圾袋以及其他一些生活用品等,就是一起典型的因毕业季影响稳定工作的案例。另外,由于高校青年学生比较多,又比较活跃,对于一些重大体育比赛,例如观看晚间甚至是深夜直播的世界杯足球赛时,发生了学生酒后观赛并引发肢体冲突的事件,对学校稳定造成了非常不好的影响。一些高校敏感点的稳定工作应该实施常态化机制,以防患于未然。

3. 突发敏感点

随着新信息技术的普及,高校学生对于社会上敏感事件或话题往往会作出迅速反应,这给高校稳定工作带来一些新的突发敏感点。例如,2009 年 5 月 7 日杭州发生的飙车案,因受害人为"大学生"、肇事者被传为"富二代",此事件迅速引发舆论强烈关注和传播,进而有市民和学生上街举行游行悼念等活动。此类事件发生以后,每年到这个时间节点,就有可能形成突发敏感时点常态化。各高校一般应引起重视,及时跟进网络舆情,以便掌握情况,及时主动采取措施,避免事态扩大,给学校造成严重影响。

三、意识形态斗争长期化

高校未来发展的外部环境中,意识形态方面的斗争不但不会削弱,反而会长期存在并发生新的变化。

1. 非法传教更隐蔽

我国法律规定,公民有宗教信仰自由的权利,但禁止在校园内进行宗教活动。但现实当中,一些非法分子借助宗教外衣对高校师生进行渗透,有的甚至鼓吹邪教思想。一些非法传教分子长期居住在校园周边,采取隐蔽、流动的方式传播不良思想。

2. 政治渗透更直接

在意识形态斗争过程中,国外敌对势力的政治渗透越来越直接。通过一些讲座、交流活动借文化交流的幌子兜售敌对意识形态,宣扬西方价值观,在思想上西化、分化青年一代。诸如此类的问题必须引起高校安全稳定部门的高度重视,增强政治敏感性,在尊重学术自由的前提下严格管理有境外人员参与的讲座等活动项目。

3.经济利诱更多样

意识形态斗争过程中还有一个特征就是西方的经济利诱更加多样化,不易察觉。例如,不少外国的非政府组织打着公益性目标的幌子,在我国高校设立一些所谓的基金会、促进会之类的组织,以经济援助为外在形式,支持学校建设和国际化水平的提升,但同时这种组织往往在合作协议中带有一些鲜明的"附加条件",以期达到其不可告人的目的。这些都是需要高校引起重视的。

4.文化输出更广泛

西方的文化输出已经不局限于知识分子之间,不局限于传统的纸质媒介,新的传播内容和方式都得到了前所未有的扩充。例如,美国利用电影大片的输出,宣扬其价值和救世主的霸权心态,通过互联网的强势冲击,使得文化输出更加广泛和纵深。这种意识形态的斗争也是隐蔽而激烈的。

四、网络管理专业化

对于高校的安全稳定,网络管理的专业化越来越体现出其重要的价值和不可替代性。现代信息技术的传播已经达到日新月异的地步,在所谓的"自媒体"时代,人人都可以成为"记者"、"评论员"。人们可以把一秒钟前获悉的资讯即时发布到网络上与人们共享,可以随时随地发表自己的"意见"并且让别人看到。任何一个关于高校的负面信息,哪怕是别人杜撰或者恶意中伤的,都有可能迅速在网络上传播并形成强大的影响力,即使最终水落石出也会给学校带来不良影响。从这个意义上讲,网络舆情管理的专业化就十分有必要。

1.触网深度决定信息广度

是否善于上网,是否能在海量的信息中找到有用的资讯,不仅是当前各行各业从业人员的一项素质要求,更是维稳工作人员必须掌握的技术。高等学校相关人员应该对于网络舆论的影响及其机制作深入的研究,提出相应的具体对策。唯有如此,才能够做到知己知彼,不至于出现"发生重大事故而不明所以"的情况。

2.网络宽度决定维稳速度

高等学校应该尽力拓宽网络管理的宽度,网络宽度既指物理带宽,也指网络管理的范围,带宽越宽,网络响应速度越快,这是不言而喻的。现实当中,应研究建立具有横向及纵向交叉体系的网络舆情动态监控机制,既要关注内网,也要关注外网,避免出现死角,便于在一出现可能影响稳定局面的潜在问题时能够第一时间发现并逐级汇报,形成快速的维稳反应机制。

3.网络影响决定思政成效

网络是开展思想政治工作的前沿阵地,只有深入其中,深入到虚拟社区当中,才能准确把握师生真实的思想动态。思政工作者只有主动提高自己的"网商",增强自己在网络上的影响力,才能掌握工作的主动,不断提高思政工作成效。

五、应急处置社会化

鉴于当前和未来高等学校面临维稳工作的复杂形势,很多对于影响稳定的因素的处理单靠学校本身是难以应对的,必须多方合力联动,才能妥善处理好。

1.上下联动,与各级政府、主管部门协同开展工作

为了妥善做好高校稳定工作,高等学校自身需要主动积极地与各级政府、主管部门协同开展工作。一方面,要做好信息的汇报、沟通和共享;另一方面,要积极争取各级政府和主管部门对学校维稳工作提供必要的支持和帮助。

2.警校联动,提高校园安全执法能力

高等学校与周围各级公安司法部门构建联动机制,做好协同配合工作,也是应急处置社会化趋势的一个方面。因为很多涉及高校稳定方面的问题,已经不单单是一个简单的事件,甚至已经成为个体或群体性治安事件,有的比较严重的甚至涉及刑事犯罪范畴,高校已经无权处置,必须由相应的公安司法部门介入。例如,近几年常见诸报端的校园凶杀案件等,需多方合作,尽早破案,把事实情况公布给社会大众,才能稳定人心。建立警校联动机制,提高校园安全执法能力,是重要的趋势和发展方向之一。

3.家校联动,发挥学生家庭的作用

高校学生一般已经成年,是法律定义上的独立行为主体,但中国目前的教育体制和文化传统使许多家长在青年人成年后仍未摆脱监护人角色。高

校在处理涉及稳定的事件时,还必须在一定程度上发挥学生家庭的作用,建立家校联动机制。必须与家长做好及时、耐心、有效的沟通,争取家长的理解、支持和配合,最大限度地减轻工作过程中的阻力,提高工作的成效。

4.媒体联动,提升应急处危能力

校内外媒体往往能够在网络舆情及其管理中发挥极其重要的引导和导向作用,建立高校与媒体的联动机制也是网络管理应急处置社会化的重要趋势之一。媒体导向功能至关重要之处就在于,如果媒体引导不好,问题往往被引向与高校期望相反的方向,甚至起到消极的影响。而如果导向作用发挥得好,既有利于澄清客观事实,又有利于树立正面积极的高校形象,对于危机事件的应对非常有利。

总之,建立高等学校安全稳定工作一体化的联动机制是势在必然,而且也是极其重要的,各高校必须引起重视并落实到具体的措施中去。

第四节　高校稳定工作的战略选择

面对高校稳定工作的诸多挑战,必须坚持以科学发展观为指导,加强维护高校稳定工作的战略研究,探索维护高校稳定工作的有效策略,建立健全维护高校稳定工作的长效机制,进而为维护社会和谐稳定发挥积极作用。

一、高校稳定工作的战略设计(如图2.1)

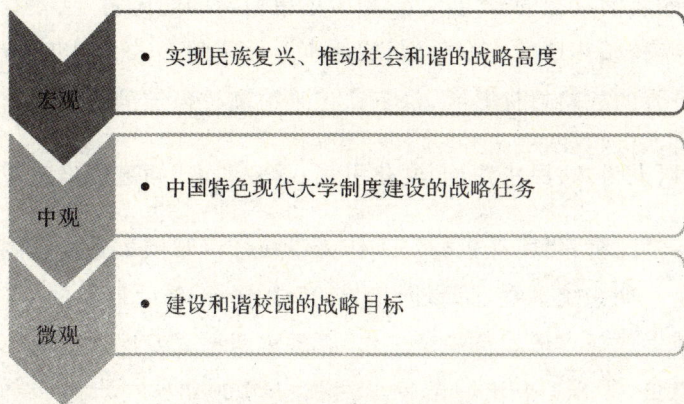

宏观　● 实现民族复兴、推动社会和谐的战略高度

中观　● 中国特色现代大学制度建设的战略任务

微观　● 建设和谐校园的战略目标

图2.1　高校稳定工作战略设计

1.宏观层面：把高校稳定工作放到实现民族复兴、推动社会和谐的战略高度上

科学技术是第一生产力，人力资源是第一资源。高校作为人才培养和科学研究的主战场，承担着民族复兴、国家强盛和社会繁荣的重任，理应作出更大的贡献。实施科教兴国、人才强国的战略，培养大批高素质创新人才，推动和谐社会建设，实现这些目标都离不开高校稳定的环境。对此，我们必须从实现社会主义现代化宏伟目标的高度，深刻认识维护高校稳定的重要性。

2.中观层面：把高校稳定工作放到中国特色现代大学制度建设的战略任务中

大学自诞生以来，就没有停止过变革发展的步伐。从古希腊早期的"学园"，到欧洲中世纪大学的兴起，到18世纪德国大学改革运动，以及近代高等教育的发展，大学始终与社会的发展变革紧密联系。特别是在社会责任的担当、文化思想的传承、创新精神的弘扬上，迫切需要完善办学理念，创新制度和改革机制，推动高校的改革发展。高校稳定是古今中外高校办学管理的内在要求，我们建设中国特色现代大学更加要深刻认识维护高校稳定的必要性，将维稳机制纳入管理组织设计内涵之中。

3.微观层面：把高校稳定工作放到建设和谐校园的战略目标中

和谐校园建设是构建社会主义和谐社会的重要组成部分，此包含学校与社会的和谐、学校之间的和谐、学校内部师生的和谐等等，体现了学校、师生和社会的动态协调、平衡发展状态。和谐校园建设的重要内容就是校园的稳定，没有校园政治氛围的安定团结、师生思想情绪的健康稳定、教育教学秩序的规范有序、校园环境的安全稳定，就谈不上校园的和谐。因此，我们必须从实现和谐校园的战略目标着手，深刻认识维护高校稳定的迫切性。

二、确立"以人为本、民主法治、文化引领、平安和谐"的高校稳定观

从现实情况看，当前高校稳定工作比以往任何时候都要复杂困难。维护安全稳定是一项系统工程，是事前指导、事中干预、事后处置的有机统一，不能忽视改革发展孤立地看待稳定工作，必须牢固树立发展维稳、文化维稳、法治维稳的思想，从源头上化解矛盾，从根本上实现稳定。对此，我们提出，高校稳定工作要从"刚性稳定"向"韧性稳定"、"集中式稳定"向"参与式稳定"、

"应急性稳定"向"常态化稳定"等方向转变,确立"以人为本、民主法治、文化引领、平安和谐"的高校稳定观,推动高校的和谐健康全面发展。

1. 突出以人为本,从"刚性稳定"向"韧性稳定"转变

马斯洛提出:"教育的一个根本目标就是帮助人成为一个人,尽他可能成为一个完全符合人性的人。"安全稳定工作的主体是人,核心是坚持以人为本。传统意义上的稳定工作强调"刚性稳定",只要能确保静态的稳定可以不惜代价,这种稳定方式往往留下后遗症,潜藏着更大的不稳定。因此,要推行"韧性稳定",突出以人为本,尊重师生的主体地位和发挥师生的主体作用,解决好师生员工的切身利益问题,消除源头性的不稳定因素,留有一定弹性的稳定空间,保持动态中的校园稳定。

2. 突出民主法治,从"集中式稳定"向"参与式稳定"转变

民主化的潮流在一定程度上影响着高等教育的政策,特别是政府管理理念的提升和法治观念的强化,为高校稳定观念的转变提供了良好的范本。过去"集中式稳定"是单向度的稳定处理方式,采用压制、分化、驱散等强制手段,缺少有效的沟通、协商,易遗留多个不稳定因素点。而"参与式稳定"强调的是多元主体的共同治理,通过民主决策、依法治校、教授治学、群众团体影响等途径,使维护高校稳定的过程成为凝聚人心、调动一切积极因素、充分发挥师生主人翁精神的过程,成为师生践行民主与法治、履行合格公民应尽责任的过程。

3. 突出文化引领,从"规则稳定"向"文化稳定"转变

稳定需要制度和规则来维系,但更需要营造良好的文化土壤。构建文化软实力(soft power),才能为形成长效的稳定态势提供有力的环境保障。日常工作中要更加突出安全稳定教育,善于运用安全稳定标识,在各类活动当中突出安全稳定宣传细节,在潜移默化中培养师生的安全稳定意识和知识,形成尊重生命、以人为本、科学有序、潜心发展的良好文化观念和氛围,从而使安全稳定的理念融入日常的教学、科研和管理活动中,使学校的各种活动都建立在坚固的安全稳定保障基础之上。

4. 突出平安和谐,从"应急性稳定"向"常态化稳定"转变

稳定与安全紧密相关,而安全又与危机相对存在。公共危机的爆发常常带有突发性、紧急性和对抗性,往往造成重大危害和一定破坏。因此,我们习

惯于用传统的"应急思维"来应对危机事件，而忽视日常的"常态化"稳定工作，导致头痛医头、脚痛医脚。"常态化稳定"的关键是强化和谐安全意识，强调非传统安全对稳定工作的影响；重视日常治校理政、教育教学中的各种和谐因素培育，通过大力弘扬主流价值，确保政治稳定；积极化解师生矛盾，保证思想稳定；着力坚持统筹兼顾，保持秩序稳定；加大综合治理力度，维护校园环境稳定。

综上，高校当前面临的安全稳定环境比过去任何时候都更加复杂和严峻，内外部影响因素相互交织，并呈现出鲜明的时代特点，必须以全局的高度、系统的思维、人本的理念、综合的举措积极应对，着力构建维护校园安全稳定的大格局。

第三章 高校稳定工作的体系与功能

以系统视角对高校稳定工作体系进行梳理是一项十分有意义的工作,便于从总体上把握各个业务类型、组织机构之间的关系,同时也能为后续研究奠定基本框架。本章旨在结合我国高校稳定工作实践,系统梳理高校稳定工作的组织、功能、机制、保障等关键要素,进一步深化对稳定工作的认识。

第一节 高校稳定工作的总体框架

高校稳定工作是一项复杂的系统工程,其构成元素主要包含组织架构、功能模块、运行机制、保障体系等,是内部工作体系与外部工作体系的有机结合。根据我国高校的维稳实践,高校稳定工作体系如图 3.1 所示。

一、组织架构

组织架构是指稳定工作的执行系统,具有体制特性。就各个高校而言,稳定工作组织架构一般分三个层次:一是校级稳定工作领导小组及其办公室。由学校党委书记、校长任双组长,全面承担维护学校稳定的政治责任。学校领导班子其他成员坚持"一岗双责",负责各自分管领域中的安全稳定工作。组建由办公室、纪委办、宣传、学(研)工、机关党委、外事(或港澳台办)、人事、计财、监察、实验室、房产、后勤、离退休、校园网络、校医院、校区派出机构、后勤产业等部门构成的执行机构,协调、组织、指挥、处置学校安全稳定事宜,分析和研判安全稳定形势。办公室一般设在学校党委和行政办公室或维稳办。二是校区稳定工作领导小组。多校区高校根据校区分散的实际情况,在各校区建立稳定工作领导小组,由相关校领导为联系人,各校区党政主要负责人任组长,办公室一般设在校区办公室。三是院(系)级单位稳定工作领导小组。各院(系)级单位建立稳定工作领导小组,由院(系)单位党政"一把手"任组长。条块结合的组织架构是确保稳定工作成效的基础。从具体的职

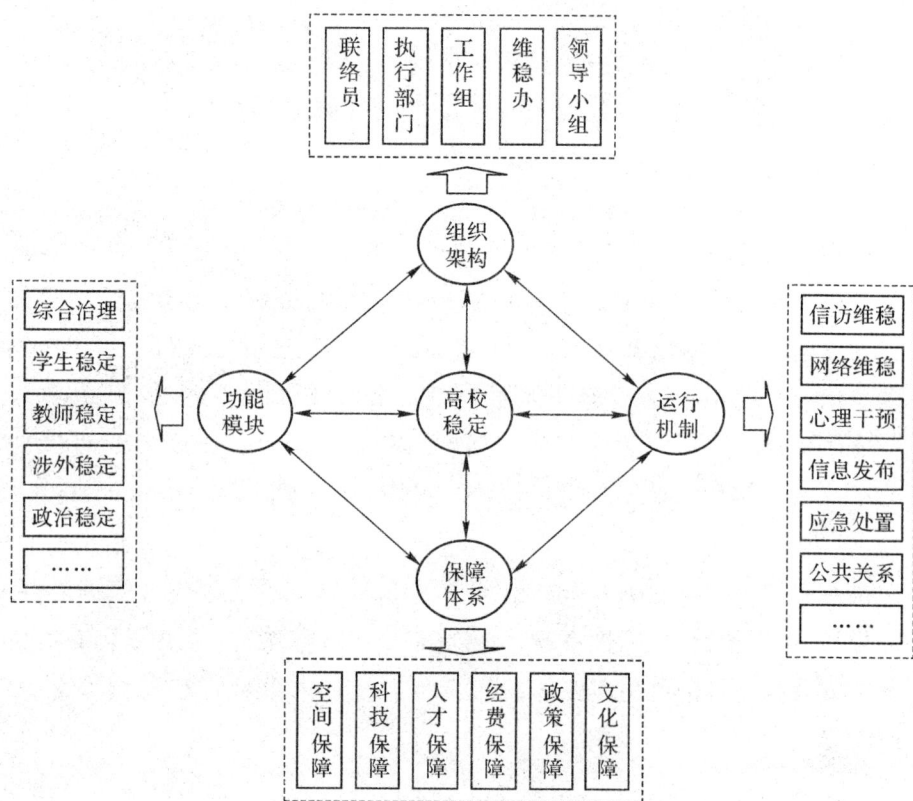

图 3.1　高校稳定工作体系

能分工看,又可分为稳定工作的领导机构,例如领导小组及维稳办;执行机构,例如具体的职能部门;监督机构,例如纪检监察部门;保障机构,例如财务和后勤服务部门等。

二、功能模块

　　功能模块是指稳定工作的对象和领域,具有专项特性。从大的方向分:一是校园综合治理,确保校园日常安全,对应安全保卫部、后勤处、实验室处、房产处等职能部门;二是学生稳定,确保学生思想稳定、健康成长,对应学生工作部、研究生工作部、团委、继续教育、宿舍管理等职能部门;三是教师稳定,确保教师思想稳定、安心工作,对应组织、人事、宣传、统战等职能部门;四是涉外稳定,确保对外交流和留学生稳定,对应外事处、国际教育学院等部门;五是政治稳定,确保国家安全和意识形态稳定,对应宣传部、安全保卫部、学生工作部、研究生工作部、外事处、人事处、本科生院、研究生院、社会科学研究院、国际教育学院、思想政治理论教学科研部等部门。

三、运行机制

运行机制是指稳定工作的方式和手段,具有综合特性。主要内容:一是信访机制,常规的维稳渠道受理来信来访工作,对应信访办;二是网络机制,通过加强网络引导和管理维护校园稳定,对应宣传部、信息中心等部门;三是心理干预机制,对师生进行心理健康教育和引导,对应学生工作部、研究生工作部、心理咨询等部门;四是信息报送和发布机制,负责稳定信息归口管理和媒体应对,对应维稳办、宣传部等部门;五是应急处置机制,制定和完善应急预案,参与应急处置,对应维稳办、学生工作部、研究生工作部、人事处以及各个院系等;六是公共关系维护机制,负责与稳定工作外部体系联络、协调,对应维稳办、安全保卫部、校区管委会等部门。此外,在日常实践当中,还有隐患排查、形势研判和责任分工等具体工作机制。

四、保障体系

保障体系是指稳定工作的支撑条件,其主要内容:一是经费保障,保证安全稳定工作的日常支出和基础条件;二是空间保障,为稳定工作提供必要场所和设备;三是科技保障,加强物防、技防设施设备,用技术手段提升稳定工作成效;四是人才队伍保障,建设一支维稳工作过硬队伍;五是制度保障,健全政策法规体系,为稳定工作提供政策依据;六是文化保障,建设有利于安全稳定的观念交流和文化环境。

第二节　高校稳定工作的功能模块

高校稳定工作的主要对象和领域近年来呈现出范围不断拓展的趋势,核心功能模块是上述提到的几个重点领域。本节对各个功能模块的工作内容和主要现状进行探讨,为后续章节的描述提供理论基础。

一、综合治理模块

综合治理从概念上讲，指综合运用法律、政治、经济、行政、教育、文化等各种手段，惩罚犯罪，维护秩序，以达到维护社会治安、保障社会主义现代化建设顺利进行的目的。对高校而言，综合治理是指运用多种手段确保办学秩序和环境的稳定。主要包括以下几个方面内容：一是校园治安，维护校园的基本公共秩序，确保道路交通安全、师生生命财产安全，此外也包括与师生相关的户籍管理等工作。二是消防安全，消除师生学习、工作、生活场所火灾隐患，提供安全可靠的校园环境。三是实验室安全，确保实验室各项工作安全有序，实验过程安全可控，实验材料安全回收，消除各种有毒有害气体或物质的泄漏。四是食品卫生安全，加强食品管理，做好疫情防控，营造健康的生活环境。五是校园周边整治，协调社会管理机构，共同做好校区和社区的管理工作。目前各高校多校区办学、校园开放、校区和家属区一体化的趋势比较明显，校园综合治理工作面临的压力不断增大，需要内外协调的工作难度也不断增大。

二、师生稳定模块

学生稳定和教师稳定从工作内容上讲，带有比较大的相似性，都是通过一定的方法使师生群体稳定，安心投入学习、工作，这里将两个模块综合论述。实践当中该模块主要内容包括：一是师生的思想政治工作，通过始业教育、课堂教育、组织关怀、交流谈话等多种方式，做好师生思想引导和教育工作，营造健康向上、和谐奋进的校园氛围。二是师生的素质发展，通过教育教学、社会实践、挂职锻炼、校园文体活动等多种方式，丰富师生成长成才载体，在发展中确保师生心理稳定。三是师生的困难帮扶，通过结对辅导、提供资助、心理疏导、信访接待等多种方式，帮助困难师生走出困境、建立自信。四是特殊师生的教育管理，主要指民族生、国防生等教育管理，加强分类教育指导，为各类学生成长成才提供有利条件。在社会急剧变化的时代背景下，师生稳定工作应当在载体创新上下更大工夫。

三、涉外稳定模块

在高等教育国际化趋势下，涉外稳定的重要性日益提高。实践当中主要有以下内容：一是外籍师生的管理，通过有效的沟通协调，减少外籍师生与高校管理人员、本土师生以及外籍师生之间的隔阂与冲突，形成兼容并蓄的国际化校园氛围。二是外事活动的管理，规范对外合作交流的程序和内容，确保外事活动合法合规。现实当中，涉外活动的人员交流、资金往来等都存在一定的稳定风险，需要专业力量加以应对。三是重大涉外事件的应急处置工作，通过有效的应急预案，确保师生思想稳定。当前，涉外工作日益复杂，对管理人员的素质要求越来越高。

四、政治稳定模块

政治稳定是坚持社会主义办学方向的必然要求，是高校服从社会稳定大局的使命。具体内容：一是做好意识形态工作，抓好中国特色社会主义理论武装工作，牢固确立党在高校意识形态的主导权。二是维护国家安全，严格保守国家机密，自觉维护国家利益，防范各种颠覆渗透活动。三是做好防范邪教等工作，确保校园政治稳定。四是加强各类论坛、讲座、科研合作的管理，加强规范性审查，确保教育教学、科学研究、社会服务等各项办学行为坚持正确的政治方向。

第三节　高校稳定工作的运行机制

高校稳定工作体制是维护高校稳定的前提和基础，高校稳定工作机制则是维护高校稳定的保证和关键，两者互为条件、相辅相成，共同影响高校稳定工作的成效。

一、信访机制

信访工作通过及时沟通师生和学校相关职能部门，化解矛盾，增进和谐。实践当中主要内容包括：一是师生表达机制，通过设立书记信箱、校长信箱，建立领导接访制度等，及时了解师生心声，收到信件后及时办理，主动回应师生关切的问题。二是矛盾纠纷排查机制，及时开展调查研究，加强稳定风险评估，做好矛盾预警。三是矛盾化解机制，通过加强督促检查、推动疑难事项终结等方式，使矛盾得到最大限度的化解。

二、网络维稳机制

为适应信息时代需要，按照"加强管理、正面引导"的原则，成立网络信息建设与管理工作协调机构，制定和落实管理规章制度，实施网络实名制，加强网络信息管理和处理，坚持每天报告网络舆情，使学校领导及时把握网络舆情动态。聘请一批专兼职网上评论员，组建以学生党员和入党积极分子为主体的学生网络信息骨干队伍，开展网络在线交流和正面引导，弘扬网络主旋律。实践证明，通过正面舆情和信息引导、分层，及时组织学生工作队伍和学生党团骨干开展工作，对于维稳工作具有重要的推进作用。

三、心理干预机制

组织专门力量加强师生的心理健康辅导，建立大学生心理问题排查和干预机制，建立系统的专家咨询队伍，开通心理咨询热线电话，积极维护学生身心健康。通过层层传达贯彻上级有关维稳工作文件精神，加大对师生员工维护稳定、增强安全意识的宣传教育力度。尤其是在敏感时期，可以编印针对性强、说服力高的宣传提纲，组织师生员工学习，引导他们成为稳定工作的实践者、促进者和维护者。

四、信息报送和发布机制

根据各类应急处置预案对信息报送的明确规定，及时、准确、全面报送和发布维稳信息。对校园稳定类事件，事发单位必须从发布预警开始到事件处置完毕都及时、准确、完整地报送有关信息，事发后应在 2 小时内报送（有人员伤亡的必须立即报送），并做好续报工作，任何单位、个人不得迟报、瞒报、漏报或误报。对外报送信息由办公室统一归口管理，负责向教育部、省委省政府、教育厅等上级机关上报信息，由有关责任部门负责向上级有关业务部门上报信息，并及时将有关信息告知宣传部，由宣传部立即对校园网络舆情进行监控、处理，宣传部及时将监控、处理情况报学校领导。信息发布工作由宣传部研拟宣传报道口径，由新闻办协调新闻、信息发布工作，任何单位、个人未经学校授权不得对外发布新闻、信息，对境内外记者申请采访涉及维稳方面的新闻、信息，按上级规定和学校有关新闻采访规定执行。落实专人负责收集报送日常稳定和校园安全情况和动态,加强重大节庆日、重大政治活动、重要敏感日期间及特殊时期的信息报送工作。进一步拓宽信息渠道,密切与外部有关职能部门的沟通,充分发挥基层党组织、思想政治工作队伍、学生骨干的作用,形成横向到边、纵向到底、渠道畅通、反应灵敏的信息网络。建立敏感时期安全稳定信息"零报告"制度,及时向上级部门和学校有关领导汇报,构建较为顺畅的信息与通信渠道。

五、应急处置机制

实践当中,在不同时期、不同阶段,高校应不定期地组织消防、爆炸、反恐、紧急疏散等应急演练,增强师生员工的应急防范能力。要建立完善应急处置预案,明确责任领导和任务分工,同时,根据工作需要,绘制直观、易操作的应急处置程序图,成立由法学、政治学、理学、工学、经济学、管理学、心理学、信息科学等学科教授参加的应急管理专家咨询组,事前进行专业指导、专业防范,事中进行专业支持、专业救援,事后进行专业鉴定、专业评估,进一步提升快速处置能力,及时组织应急响应。一旦发生重大突发事件和群体性事件,既要迅速启动预案,果断妥善处理,坚决将事态控制在初始阶段、控制在校园内部,严防引发连锁反应;又要头脑清醒、冷静观察、沉着应对,做好危机"公关",防止反应过度、举措失当。注重对网络舆情的研判、引导,确保对网上炒作苗头第一时间发声,对网上热点问题第一时间回应,对网上不实信息第一时间澄清,对网上串联煽动和制造谣言第一时间封堵处理,努力形成健康向上的网络舆论环境。

六、公共关系维护机制

实践当中,各高校一是要加强与各级政府和有关部门的联络,争取维稳工作的支持和指导。二是要加强与社区以及辖区公安机构的联系,建立维稳工作联动机制、安全教育机制、信息互通预警机制、宣传活动创新机制,由点及面,借力发力,增强师生的安全意识,提升学校参与"平安校园"建设的能力和水平。例如开展驻校警务工作站试点,在校园建立公安部门分支机构,增强对违法现象的执法力度。

七、稳定隐患排查机制

明确排查内容、方法、责任主体,建立安全隐患整改红、黄、橙分级挂牌督办制度。针对某一时期的工作特点,积极开展影响校园稳定隐患的排查工作,形成专题报告,对查出的问题及时采取措施进行整改,努力消除不稳定因素,切实维护校园稳定。每逢重要节假日、敏感时期及寒暑假前夕、新学期开学后,学校要组织由校领导带队的安全稳定工作调研和检查,及时发现问题,消除隐患,确保稳定。

八、维稳形势研判机制

每逢敏感时期、国定长假、学校寒暑假,以及上级有文件、电报下达,学校要立即召开会议,分析稳定工作形势,针对薄弱环节研究维稳工作举措,具体部署维稳任务,形成会议纪要,下发各单位、各部门执行,未雨绸缪,防患于未然。同时,建立由办公室牵头,宣传、学生工作、保卫、外事、后勤、学生宿舍管理、网络管理等部门,以及校团委和各校区负责人参加的"安全稳定工作联动网络",及时沟通情况,分析研判动向,加强组织协调,努力把安全稳定隐患消除在萌芽状态。

九、维稳工作责任机制

1.学校稳定工作责任制

将稳定工作纳入学校目标管理范畴,制定目标管理细则,逐级签订稳定工作责任书,构建学校党政统一领导、相关部门具体负责、全体师生广泛参与和支持的稳定工作格局。

2.工作考评和责任追究机制

领导小组要研究制定符合学校实际、体现维护稳定和校园安全要求、有利于推动维护稳定和校园安全的工作考核测评体系。要把领导和开展维护稳定和校园安全工作的实绩和能力,作为各院系各部门考评工作的重要内容,把考核结果作为干部选拔任用和实施奖惩的重要依据。譬如,有的高校在制定的《中层领导班子和领导干部目标责任制考核工作实施细则》中,明确将"无重大安全事故、无影响稳定事件"纳入责任考核内容;有的高校在《预防处置群体性事件领导责任制及责任追究制暂行办法》中，按照"属地管理、分级负责"和"谁主管、谁负责"的原则，对各级各类部门、单位和人员应承担的责任、责任追究内容与形式、责任追究程序等作出了进一步规定，明确规定校院（系）两级党政主要负责人为维稳工作的第一责任人，对本院（系）、本部门、本单位的维稳工作负总责，参与维稳工作的部门、单位和人员必须认真履行职责，坚决服从命令、听从指挥、坚守岗位。

3. 督促检查机制

领导小组及办公室要采取重点督查、联合检查、明察暗访等多种形式，经常性地对维护稳定和校园安全的各项工作落实情况进行督查。原则上实行"季通报、年考核"，每季度对各院系各部门维护稳定和校园安全工作情况进行一次督查，通报各方面存在的问题，督促工作再落实；结合年终工作考核，对各院系各部门维护稳定和校园安全的情况作出总结评价。

综上，支撑高校稳定的是一个动态的体制机制系统，维护安全稳定需要组织架构和运行机制的密切配合，需要加强对各大功能模块的研判，更需要良好的环境保障，必须不断根据外部环境的变化，与时俱进地完善高校稳定工作体系，为建设安全和谐的校园奠定扎实基础。

第二篇

高校稳定工作的创新实践

维护校园稳定，是高校办学的根本保障，是各项事业健康发展的重要前提。改革开放以来，中国高校经历了从精英教育向大众教育的快速发展道路，对于安定和谐的办学秩序和发展环境有着深深的期待。数十年的高等教育办学实践，几代人的艰深探索和不懈努力，使得中国高校在维稳方面形成了厚实的经验积累和被实践证明有效的工作模式，同时也为丰富高校稳定理论提供了宝贵的素材。

高校稳定工作体系，包含若干功能模块，这些模块汇集了高校维稳的重要创新实践。第二篇的内容从平安校园、以人为本、开放办学、价值多元的视角出发，对高校综合治理、师生稳定工作、涉外稳定工作等主要功能模块进行了深入研究，同时结合浙江大学稳定工作的实务，分析梳理了新时期高校稳定工作的特征、形势、理念和创新举措，希望能为推动高校稳定工作的实践创新提供更多有益洞见。

第四章　师生为本视角下的主体稳定工作

教育以育人为本,以学生为主体;办学以人才为本,以教师为主体。立德树人、师生为本是办好人民满意的高等教育的内在要求。对于高校而言,做好稳定工作是以人为本、科学发展的题中之意。做好高校稳定工作,必须跳出为稳定抓稳定,要从源头上、根本上抓稳定,把稳定工作贯穿于人才培养的全过程,落实在人的全面发展的目标上。

第一节　新时期高校学生教育管理特征分析

改革开放三十多年,在经济发生巨大变革的同时,大学生思想政治状况也呈现出明显的演进过程。在历史的不同阶段,大学生的政治思想、价值倾向、道德面貌等有着鲜明的时代特征。同时,新时期高校学生教育管理也面临着诸多的挑战。

一、改革开放以来大学生群体特征的演变

1978 年到 1985 年,在全社会拨乱反正的同时,大学生群体在主流上充满理想,但也有部分大学生在政治思想上开始出现"三信"危机,对实现共产主义失去信心、对马克思主义失去信仰、对共产党失去信任,开始走上了价值观过于以自我为中心的发展道路。在价值取向方面是复杂多样的,总体上积极向上,但也有"一切以自我为中心"的论调。在道德面貌上,总体对社会主义道德规范以及集体主义价值观表示认同。

1985 年到 1992 年,随着改革开放的深入,国内外重大变化深深影响着大学生的价值观,大学生群体进入反思和探索的新阶段。有些大学生盲目崇拜西方的价值观念,但当这一切与现实发生矛盾后,大学生的人生价值观又从盲目冲动走向挫败失落,最终酿成严重的政治风波。之后少数学生受"学潮"的影响,怀疑、背离四项基本原则的政治倾向仍较严重,对改革开放缺乏

充足信心。在价值取向上，理想主义与实用主义并存，讲实用、图实惠倾向明显。在道德面貌上，争做社会主义"四有"新人是这一时期的主旋律，讲求实际与重视自我，要求把个人、集体和国家利益结合起来，实现自我与社会的统一、贡献与索取的一致。

在1992年邓小平视察南方和党的十四大召开以后，我国的高等教育出现大众化新趋向。总体而言，大学生热爱党，热爱祖国，热爱社会主义，对国家和社会变化的关注日益增强。受市场经济发展和高校改革的影响，个人主义逐渐向新型集体主义转变，务实进取成为主流倾向，找一份好工作、追求个人事业的成功和美满幸福的生活成为许多大学生最现实的目标。在道德面貌方面，自我意识、竞争观念、法制观念和效益观念等显著增强，但不同程度存在社会责任感缺乏、艰苦奋斗精神淡化等问题。

从2004年中央颁布16号文件至今，大学生在政治思想上，坚持中国共产党的领导和社会主义制度，坚持马克思主义在我国意识形态的指导地位，高度信赖中央领导集体。在价值取向上，从单一向多元发展，个人目标选择趋于理性和务实，成才愿望迫切，但同时也在少数学生中出现了远大理想缺失、学习动力不足等问题。在道德面貌上，爱国主义与集体主义的价值得到巩固，无私奉献与艰苦奋斗精神得到重拾，诚实守信的社会交往原则得到广泛认同。

特别需要提出的是，从20世纪70年代开始倡导并在1978年实施计划生育政策以来，这一时期独生子女大学生已经成为高校教育对象的绝对主体。独生子女大学生的主要特点包括：自我成长的期望值高，道德社会化压力大；对道德新观念接受性敏感，道德作为性有待提高；道德社会化主体多样化，道德选择困惑等。

二、当前高校学生教育管理机制面临的挑战

随着社会的不断进步以及高等教育体制改革的不断深入，高校教育管理在知识经济时代面临严峻的挑战。

1.宏观上，教育管理中育人为本理念准备不足

随着高等教育改革的不断深入，高校管理工作中服务意识的重要性日益凸显，但当前高校在管理制度以及校园管理学生参与度方面还有不足。当前

高校教学管理制度过分强调管理中学生的义务,而忽视了学生应该享有的权利;过分重视管理者对学生管制和处罚的权力、地位,而忽视了他们对学生应负有的指导和服务义务。虽然很多高校已经开始倡导在高校管理中践行"公平、公开、公正"的民主模式,但学生参与学校管理的程度还是非常低。

2.微观上,学生事务管理中创新能力不够

随着近年来改革在各个领域的不断深化,我国经济社会中一些深层次的矛盾和问题日益凸显,这些复杂情况和社会舆情往往辐射到高校这一政治敏感区域,并成为大学生关注的焦点,很容易引发他们的思想混乱或行为偏激,从而影响高校的稳定。办学规模的扩大,使办学硬件、生活设施、教学管理等教育资源十分紧张,甚至是超负荷运转;双向选择的就业政策,使毕业生在获得自主就业空间的同时,也面临着巨大的心理压力;大学生自身的生理、心理发展不平衡等压力,暴露出当前学生事务管理创新能力的不足。

教育是提高国民素质的根本途径,是民族振兴、社会进步的基石。我们有必要对当前高校教育管理进行反思,逐步完善高校教育管理机制,从而使高校教育管理工作在高校发展中发挥更完善、合理的作用。

第二节　高校学生教育管理的创新实践

近年来,国内诸多高校在建设世界一流大学的大背景下,立足于和谐校园建设,着眼于学生的全面发展,在学生教育管理机制方面,进行了大量卓有成效的探索。以浙江大学为例,从稳定工作的角度出发,在思想引领机制、自我教育机制、特殊群体帮扶机制、创新激励与约束保障机制、新生教育机制等方面进行了一系列实践探索。

一、思想引领机制

高校的主要任务是培养中国特色社会主义事业的合格建设者和可靠接班人。高等教育的发展目标,要求各高校落实立德树人思想,提高学生思想教育成效,始终将培养"政治坚定、素质全面、敢于创新、勇于实践"的优秀大学生作为育人工作的中心任务,积极构建思想育人、文化育人、实践育人的工作体系,着力引导大学生树立正确的世界观、人生观和价值观,把爱国主义与社会主义结合起来，把民族精神与时代精神结合起来，把个人成就与社会责任结合起来，将理想信念教育和意识形态教育贯穿于大学生思想政治理论学习、社会实践、素质拓展等各项活动中，进一步深化思想引领理念，引导大学生不断提高能力素质，促进大学生全面发展。

浙江大学主动适应社会改革发展需要，紧紧围绕"创建世界一流大学"的中心工作，注重思想引领机制建设，满足学生全面发展要求，在思想育人、文化育人、实践育人等方面进行了有益的探索。

1. 思想育人

浙江大学高度重视思想政治理论课建设，成立了由党委书记担任组长的思想政治理论课建设领导小组，投入以百万计的专项经费，努力改善思想政治理论课的教学环境和条件。在深入调研的基础上，提出了思想政治理论课"五个一工程"建设计划，即建设一个名家课程专题讲授系列、建设一个高质量的思政教学网站和配套的现代教学实验室、建设一支高素质的教师队伍和名师群体、建设一批具有特色的课外教学实践基地、建设一组有全国影响的精品课程。还制定了《关于进一步加强学生形势与政策教育的意见》，明确将形势与政策教育纳入本科教学计划，按要求设置2个学分。根据形势与政策教育政策性、实践性和时效性的特点，狠抓规范性、课程化建设，做到教学计划、参考资料、辅导讲座、考核制度"四到位"，及时组织形势专题讲座，传达中央的方针政策，促进校园和社会的稳定。利用学校多学科和人才资源优势，组建"形势与政策教育讲师团"。

2. 文化育人

浙江大学在充分挖掘学校历史传统宝贵资源的基础上，结合学校发展战略和规划，根据学校办学思想和理念，大力弘扬求是创新精神，积极开展"高雅艺术进校园"、文化大讲堂、大学生社团文化节、大学生辩论赛、校园文学大奖赛、学生科技文化节、DMB（登攀）节、研究生体育文化节、校庆文艺演出等活动，组建公共体育与艺术部，提高学生体育与艺术教育水平，积极营造崇尚科学、严谨求实、善于创造、具有时代特征和学校特色的良好校园文化，着力提高大学生精神境界。

大力弘扬"求是创新"的校风，开展爱校荣校教育活动。加强校史、校训和学校办学理念、办学精神的宣传教育，建立校史馆和学生科技创新展馆、教师科技创新展馆等固定教育场所；开展校史校情教育，如举办"引航人生"新生入学教育系列报告会，组织全体新生参观浙大校史馆、科技创新成果展、本科生创新成果展等，组织新生校区游活动，组织开展纪念竺可桢校长诞辰主题教育活动等；在毕业生中开展"母校情、师生情、同学情"爱校荣校主题教育活动，积极组织毕业生为学校发展建言献策，组织各类联谊活动，加强毕业生与母校的感情联系；以"四大典礼"为平台，优化育人氛围，在组织新生开学典礼、优秀学生表彰大会、学位授予仪式、毕业典礼等过程中渗入"求是创新"的理念，不断进行多方面创新尝试，形成品牌，从而增强学生荣誉感和院系荣誉感，体现良好的育人氛围，起到了良好的育人效果。

3. 实践育人

知识源于实践，能力来自实践，素质更需要在实践中养成。实践教学是课程体系的重要组成部分，是人才培养过程中的重要环节，对于培养大学生创新精神和实践能力具有非常重要的作用。浙江大学十分注重学生素质教育，鼓励学生参与竞赛等实践创新活动，强化实践能力，全面推进大学生社会实践和志愿者工作，加强和完善工作管理体制，整合资源，精心组织，提高大学生的实践能力和社会责任感。

浙江大学始终将社会实践作为育人工作的重要平台，把实践育人作为全面提高人才培养质量的重要突破口，深入推进大学生社会实践活动，连续二十年获得全国大学生社会实践先进集体荣誉称号。研究生挂职锻炼作为浙江大学首创的研究生综合素质培养模式，曾获得国家教学成果二等奖。探索形成了"湖州社会主义新农村"、"西迁办学一条线"、"三农服务一张网"等富有特色的大学生社会实践基地。深入开展世情、国情、党情、民情、校情等"五情"教育，引导学生在更广阔的天地"受教育、长才干、作贡献"。

二、自我教育机制

学校的根本任务是育人。与学校的人才培养目标相一致，浙江大学积极发挥学生的主体性，引导学生自我教育、自我管理、自我服务，即以提高学生综合素质为核心，着力培养创新意识和实践能力，形成自我教育机制。

1. 学长辅导计划

浙江大学从 2005 年开始实施学长辅导计划。每年通过个人自愿报名、学校选拔的形式,为一年级新生配备一批学业优秀、素质全面、有奉献精神的优秀学长。经过统一培训,按每6～8位新生配备一名学长、每个新生小班配备3～5名学长的比例组成"学长组",对应辅导本大类的新生。学长以志愿服务的方式,通过个别谈话、团体辅导等形式,解答新生学习和生活中的困惑和问题;指导新生选课;引导新生适应学分制条件下的教学和管理;帮助新生了解校园生活常识;熟悉校园周边环境以及大学学习、生活、娱乐、体育活动、图书借阅等场所和设施,使新生更快更好地适应大类招生、大类培养背景下的学习生活环境。

"学长辅导计划"通过选拔并培训优秀的高年级学长对新生进行帮助和指导,发挥了学生自我教育、自我管理、自我服务的功能,使学生从被动的接受管理者转变为能动的管理实施者和管理反馈者,拓展新生始业教育新渠道。学长作为新生的朋辈、伙伴,是新生天然信赖的人群,具有独特的优势,能直接针对新生个体的特点和需要,给予持久深切的指导和帮助,学长的优秀品质和丰富经验也会潜移默化地影响新生群体。另外,校园里学生社团百花齐放,校园文化丰富多彩,优秀的学长往往是校园文化的主力军,他们的言传身教有利于增进新生的人际交往,帮助新生更好地适应、融入和传承校园文化。学长辅导计划自实施以来,一直广受新生的欢迎和好评,学校每年组织评选优秀学长并对之进行表彰。许多新生在成为老生之后,主动报名参加学长辅导计划,每年的学长报名人数都远远超过需求数。

2.学生权益维护

随着教育体制改革的不断推进,学生作为社会的特殊群体,除了已有的校内学生身份外,已逐渐转变成为社会日常交流的重要力量,与社会在经济、文化等方面的联系日趋紧密。学生与学生、学生与学校以及学生与社会之间的矛盾不断显现,尊重和维护学生权益成为高校一大任务,也成为维护校园稳定的基础和构建和谐校园的关键。浙江大学坚持民主管理、民主决策,积极搭建沟通交流平台,调动学生参与积极性,化解学生疑惑,充分发挥学生自我教育、自我管理和自我服务的作用。

建立学生申诉听证制度。浙江大学于2004年成立学生申诉委员会,并印发《浙江大学学生申诉处理规定》。根据规定,受处分学生对学校处理有异议,可在规定时间内向学校提出陈述或书面申辩。由学生申诉委员会据申诉人提出的申诉理由,对学校相关规定、处理依据、处理程序逐条进行评议,听取申诉人陈述和相关部门的说明,在认真分析和充分讨论的基础上,形成申诉处理意见。

学生会开展学生权益维护。浙江大学学生会成立权益服务中心,以"服务同学,维护同学权益"为宗旨,主要工作是接受、处理同学们的投诉,设立电话、网络等多种沟通渠道,配合学校相关部门对校内学生学习、生活相关的场所进行走访,并定期开展大型维权活动,以方便学生了解学校相关信息,更好地解决问题并服务学生。

3.学生骨干培养

研究生干部讲习所。浙江大学研究生干部讲习所(以下简称"研干讲习所")成立于 2003 年 10 月。研干讲习所的组织机构分为三个层次,即顾问层、管理层和执行层。执行层由研究生和研究生管理人员共同组成,研究生直接参与了讲习所组织过程;研究生通过执行层与管理层和顾问层进行协商与沟通,间接参与了讲习所组织过程。从而,研究生参与了讲习所的全部组织过程。研干讲习所旨在通过举办一系列的讲座,以及组织多种形式的实际训练,理论与实践相结合、互助学习与导师辅导相结合,发掘并提高研究生干部的综合素质,建立一支胸怀宽广、德才兼备的研究生干部队伍,充分发挥研究生干部的先锋模范作用,为社会培养高学历的优秀管理人才。

启真人才学院。浙江大学启真人才学院建于 2004 年,是学生管理部门组织成立的优秀学生骨干培养基地,旨在通过科学的教学和训练,提高学员的党政管理素质和领导能力,培养知识、能力、素质并重,具有坚定政治信念、深刻思想内涵、宽广国际视野、高度团队精神和卓越领导力的党政领导人才。浙江大学每年从本科生中选拔 30 名左右的优秀学生骨干,以"启真人才学院"为核心培训基地,围绕学员培养目标,通过理论课程、实践项目、对外交流和素质拓展等多种方式,培养学生的领导素质,发挥骨干学生的带头作用,提高学生干部的综合素质。2010 年开始举办"市长(书记)论坛",旨在促成各地市的党政领导参与到浙江大学优秀学生骨干的教育培养环节中来,从而增强学生骨干的政治素质、行政素养和领导力。

青年马克思主义者培养学院。浙江大学于 2007 年 9 月启动"青年马克思主义者培养工程",率先在浙江省成立了第一个青年马克思主义者培养学院，是学校培养具有国际视野的未来领导者、高素质创新人才以及党的事业可靠接班人和合格建设者的摇篮。学院以"政治坚定、德才兼备、素质全面、模范表率、堪当重任"为培养目标，由校党委副书记任院长，成立了由学校党委组织部、党委宣传部、党委学工部、党委研工部及外事处、就业指导与服务中心、团委等部门负责人组成的学院工作指导委员会，对学院的相关重要工作进行指导，团委负责学院日常事务。学院下设培养规划工作组、理论培训工作组、实践锻炼工作组、活动创办工作组、对外交流工作组、课题研究指导组、网站和 CIS 工作组等七个工作组，负责对学生骨干成长进行具体的规划和指导。学院以培养和提升学生骨干的"信念、品格、视野、能力"为宗旨，狠抓培养质量，构建"四模块、五形式"的培养模式，同时细分课程设置，分理论培训、实践锻炼、创办校园活动、对外交流、课题研究五个环节，着力培养综合素质优秀、组织管理能力突出、有较强影响力的学生优秀骨干分子。

三、特殊群体的帮扶机制

随着社会面貌的深刻变迁以及高等学校教育教学改革的深入发展，大学生在享受更多更好教育机会的同时，也面临着经济、学业、就业、人际交往与情感等方面越来越大的压力，少数学生在多种不利因素的交互影响下出现严重的焦虑、抑郁等问题，失去生活的乐趣和信心，失去学习的目标和动力，厌学、沉迷于网络游戏，甚至发生出走、自杀等事件。这不仅对学生本人及家庭带来重大的打击，也影响学校正常的教学秩序和社会声誉。做好此类需要特别关心学生（尤其是学业困难、心理困难学生）的教育管理工作，预防和避免个体突发事件，是保障学生健康成长、维护校园和谐稳定的重要工作。

浙江大学还针对少数民族学生以及三类困难生的特点，在少数民族学生的教育培养、学习困难生的预警与帮扶、家庭经济困难生的发展性资助、心理困难学生的筛查与干预等方面进行了有益的实践探索。

1. 少数民族学生教育培养计划

浙江大学对少数民族学生给予了特殊的关注和关爱，实施少数民族学生教育培养计划，不但在经济上资助少数民族家庭经济困难学生，还从思想、学习、生活各方面关心少数民族学生的健康成长。

在学校层面，根据民族生的实际情况及其独特的心理特点，采取多种措施,从思想、学习、生活等各方面关心少数民族学生的健康成长,使他们感受到民族团结的氛围,体会到党和政府的关怀。如通过各项资助政策,基本解决民族生的学费和生活困难问题;定期召集相关部处负责人以及新疆籍民族学生代表,召开新生座谈会、毕业生座谈会和加强民族团结工作专题会议等,详细了解新生的适应问题、毕业班学生的就业情况以及学生日常的学习生活情况,及时解决学生提出的问题;在开斋节、藏历新年等重大民族节日,校领导、教师与民族生举行联欢或座谈。

学校还根据民族生的实际情况和心理特点,在贯彻国家教育方针和民族政策以及遵循教育教学规律的前提下,重视民族班学生的思想政治教育,贯彻"抓支部带小班"的指导思想,积极探索行之有效的教育方式和途径,做好民族生党建工作。实践中形成了三条有效经验:一是结对与培养相结合,即通过高年级优秀党员在工作中指导、生活中引导、学习上辅导民族生的方法,培养吸收优秀民族生加入中国共产党。二是单独建制与特别教育相结合,在民族生相对集中的学院(系)探索相对独立的支部建制。如管理学院西藏班学生党支部,由专职辅导员担任支部书记,配备汉族学生中的优秀党员参与支部工作,以支部为平台,在解决实际问题的过程中发挥党员的先锋模范作用,增强党支部在民族班学生中的威信和影响力,吸引更多的学生向党组织靠拢。学校目前有近一半的民族班学生已经递交了入党申请书。三是锻炼能力与培养意识相结合,造就讲政治、顾大局的民族生群体。注重发挥民族生党员骨干队伍的作用,训练党员骨干的工作能力和典范意识,重视典范的感召力。在党员的模范带动下,民族班学生社会工作能力和大局意识也显著增强,同学们坚决维护民族团结和国家主权,在重大事件中都能够坚定立场,以大局为重,积极维护民族团结和学校稳定。

学部和院系多重关注,学院(系)、学园的领导和辅导员经常与民族生谈心,了解其思想动态和学习生活情况,特别是他们的困难和需求,及时予以帮助解决。辅导员和教务管理老师双向管理服务,导师、班主任重点负责。建立辅导员责任制,实施点对点关心,加强学业指导和学习帮扶,解决各类实际困难。发挥少数民族党员和学生干部的骨干作用。

2. 学习困难生的预警与帮扶机制

建立学生学习困难预警与援助体系,针对造成学生学习困难的不同原因,实施个性化的学习援助计划。

浙江大学建立了"学生工作信息管理系统",辅导员可以查询所管理学生的具体情况,对有多门课程不及格或一学期所修学分数少于 12 个学分的学生,及时开展工作;求是学院下属的每个学园都建立了学业指导中心,对学习困难学生开展针对性的学业辅导;本科生院考试中心还在每个短学期的期末考试阶段,要求监考老师在开考半小时之内登记缺考学生的姓名和学号,由巡考老师交到考试中心,再由考试中心转给求是学院,这样各学园的辅导员可以及时获知学生缺考情况,跟进工作。很多院系还通过党员、学生骨干与学习困难学生结对,开展一对一的帮扶工作。

浙江大学从 2008 年开始创立"本科生驻舍导师制",即选派部分优秀教师入住学生宿舍,与学生一起生活,帮助学生成长。2009 年,学校制定了《浙江大学本科生驻舍导师制实施办法(试行)》(浙大发本〔2009〕98 号),规定驻舍导师每周至少四个晚上住学生宿舍,其中每周两个晚上在导师室提供咨询,每两周组织一次沙龙,了解学生学习生活情况,指导学生的行为规范,解答学生提出的问题,帮助学生解决学习生活中遇到的困难;及时与辅导员沟通学生情况,主动关心有困难的学生,协助辅导员处理学生中发生的各种矛盾;按规定向学校和学院(系)推荐优秀学生;对不遵守学校规章制度、违反学习纪律的学生提出批评等。驻舍导师具有丰富的生活阅历和深厚的业务知识背景,他们与本科生们住在一起,能够给同学们带来更为及时、有效的指导和帮助。驻舍导师通过温馨茶话会、导师信箱、导师工作日等形式了解同学生活情况,为同学们答疑解难。

3.家庭经济困难学生的发展性资助

浙江大学本着"教育和资助相结合"、"以实践促发展"的资助工作理念,在做好日常性资助工作的基础上,特别重视家庭经济困难学生的发展性资助。

本科生层面,自 2005 年起推出家庭经济困难生教育实践项目(Needy Students Education Project,NSEP),支持以经济困难生为主体的教育实践活动。NSEP 项目强调项目的实践性,侧重自我服务和服务社会活动,并完善资助的管理和教育的工作模式的调查研究。该项目把"资助"与"育人"相结合,为经济困难学生了解社会、回报社会、锻炼组织和实践能力搭建平台,使家庭经济困难学生在校园内形成勤奋好学、团结互助、自强自立、艰苦奋斗的良好精神风貌。此外，学校还将各类外设助学金获得者组成团队，积极开展外设助学金团队日常建设，做好日常资料整理、工作总结和团队内部文化氛围建设，同时还组织他们开展各类爱心公益活动和志愿服务活动，培养锻炼他们的综合能力。如"欧莱雅—浙江大学家庭经济困难学生心理健康教育"系列活动、和生慎德团队的"爱心支教、反哺社会"等诸多活动。学校还积极拓展勤工助学岗位，举办勤工助学校内岗位招聘会，完善双向选择机制。

研究生层面，学校从 2007 年开始实施研究生培养机制改革，重构研究生资助体系，此外研究生还可以通过助教、助管工作享受岗位助学金。在此基础上，一些家庭经济特别困难的研究生还可以申请专项助学金和临时困难补助，获得额外的资助。

4. 心理困难学生的筛查与干预

心理问题往往是引发校园突发事件的重要因素。为加强大学生心理健康教育，提高心理健康教育和服务水平，浙江大学于 2010 年 3 月整合成立了"浙江大学心理健康教育与咨询中心"，中心挂靠党委学生工作部，通过向国内外公开招聘的形式聘请了"责任教授"担任中心主任，并落实了专职人员、工作场地和工作经费。

浙江大学制定了《中共浙江大学委员会　浙江大学关于进一步加强大学生心理健康教育工作的意见》、《关于学生心理危机预防与干预的实施方案》、《浙江大学本科生"需要特别关心学生"工作指南》、《浙江大学学生个体突发事件处理预案》等，扎实做好各类"需要特别关心学生"的排查建档、教育指导工作，以及大学生心理危机预防与干预、各类大学生个体突发事件的应急处理工作。

浙江大学每学期都开展包括心理困难学生在内的"需要特别关心学生"的排查工作。发布工作指导文件，明确工作责任，制定工作策略，确定排查标准，建立信息档案，实施结对工程，落实教育管理措施。各学院（系）、求是学院各学园通过摸底排查，对因经济困难、学习困难或心理问题而需要特别关心的学生进行确认并建档（输入学生工作信息管理系统），同时落实辅导员班主任谈话、学生党员骨干结对帮助、与家长协商沟通共同教育帮助等教管措施。每学年开学后，所有新生均需参加心理测量，通过筛查进行约谈干预工作。

在做好筛查工作的同时,浙江大学还积极开展大学生心理健康普及教育、心理咨询治疗与心理危机预防干预工作。在大学生心理健康普及教育领域,通过开设心理健康教育类选修课、通识课,举办各种主题的心理辅导讲座,向大学生传授心理卫生知识和心理调适技能,指导大学生树立正确的心理健康理念,提高大学生的心理问题应对能力,促进大学生人格的成熟和完善。在大学生心理咨询与治疗领域,设立了全天候的心理咨询与治疗服务机制,制定了心理咨询与治疗的工作规范,建立了心理咨询的预约服务制度,在紫金港校区、玉泉校区、西溪校区建立了 10 个心理咨询服务点,由专兼职心理咨询教师定时值班,为有需要的学生提供科学、有效、便利的心理咨询服务。学校还通过团体心理辅导、现场心理咨询、邮件心理咨询等方式,为学生提供心理援助。在大学生心理危机预防与干预领域,通过心理危机干预三级网络,积极关注存在心理危机倾向的学生,及时沟通信息,及时主动干预,对有严重心理疾病学生做好转诊治疗工作,学工部、研工部、心理健康教育与咨询中心等职能机构与各学院(系)、学园紧密配合,做好相关案例的干预工作。以上这些措施,有效地预防和减少了各类大学生意外事件的发生。

鉴于导师在研究生成长中的重要作用,学校还通过求是导师学校专题培训、为导师发放心理健康知识册子等方式,向导师普及心理健康知识。

四、创新激励、约束与保障机制

抓好大学生教育管理是做好学生稳定工作的源头与保证,不仅要从思想上重视,还要从机制上予以创新激励、约束和保障。各高校积极为学生的健康成长创造良好环境,提供有力保障,不仅大力抓好思政专职队伍建设,还不断强化广大专业教师的育人意识,增强育人能力,通过制度建设充分落实专业教师树德育人的工作职责,形成关爱学生的育人氛围和"全员育人、全过程育人、全方位育人"的合力育人机制。同时建立健全与法律法规相协调、与高等教育全面发展相衔接、与大学生成长成才需要相适应的学生教育管理制度,创新高校学生教育管理机制。

近年来,浙江大学在研究生导师负责制、学术规范教育、学生教育管理干部队伍建设与维稳制度保障等方面进行了有益的实践探索。

1.导师负责制

研究生的学术行为深受导师的影响,研究生的问题一定程度上来源于导师。正是基于研究生导师是研究生教育第一责任人的认识,浙江大学在印发《研究生学术规范》时首先保证导师人手一份,使教育者先受教育;在开展导学团队评选活动时,突出"团队"概念,避免对"大导师"个人学术地位进行简单比较,注重团队和谐氛围和整体科研成果的展示,出现了年轻教授带领的团队超越院士团队而当选的情况;在举办"求是导师学校"的过程中,专门安排诸如《导师要则》等讲座,规范导师的行为。对于学术失范问题,专门的委员会区分研究生和导师之间的责任,避免导师权益过强,使研究生失去创新主动性,变成沉默而缺乏作为的群体。

同时,为了激发研究生的创新热情,学校大力推动研究生培养机制改革,通过这一契机,进一步完善研究生创新激励与约束机制。学校以资助为突破口,使导师权责合一,真正建立起以科学为导向的导师负责制。同时启动招生体系的变革,导师招生资格和所招学生的多少,取决于导师科研水平和科研能力,导师资格的认定,也完全采取遴选制。这两项改革,从源头上提升了研究生学术指导的水平。

2.学术规范教育

遵循学术规范是开展学术创新活动的基本要求,浙江大学在全国高校中率先对研究生开展制度化、体系化的学术规范教育。主要体现在以下几个方面:

一是有规可依。2006年3月,由党委研究生工作部牵头,制定了被众多媒体誉为全国首部的《浙江大学研究生学术规范》试行本,经两年试运行,2008年修订后正式颁布。

二是有规必依。《浙江大学研究生学术规范》颁布后,做到研究生导师、德育导师、专兼职辅导员和全体研究生人手一册。2005年起,实行学术规范"承诺书"制度,每位研究生对学术规范作出庄严承诺,并在承诺书上签名;在完成学位论文后,须在论文醒目位置书面作出创新与诚信声明。2008年开始,施行"研究生学术规范网上考试",分六大学科门类分别出卷,每位研究生必须通过考试,考试通过是研究生新生复查合格的必要条件。

三是时时提醒。为了让学术规范成为每个研究生头上的达摩克利斯之剑,使遵守学术规范成为研究生学术研究的一种生活方式,学校采取了一系列教育措施。2005 年至今,学校每年都有以学术规范为主题的名家专题报告会,累计已进行了 70 余场,一大批专家学者从不同视角与研究生进行学术规范方面的交流。从 2006 年开始,校长每年都会给全体研究生新生作一次报告,其中学术规范是重点内容。同时,教育深入到基层,院系也在每年的新生始业教育等环节,举行各种类型的学术教育活动,时时提醒研究生必须遵守学术规范。

四是惩前毖后。对于学术失范,浙江大学采取了"零容忍"态度,不姑息,不掩饰。每起研究生学术失范事件,研究生院均会认真调查,递交学校相关委员会,讨论后严肃处理。学校对于学术失范的处理不仅局限于在校生,而且覆盖到已授予学位的研究生,已经获得学位的研究生多年前所作的学位论文若被举报存在学术失范问题,学校同样组织查处,取消所授予的学位。通过对个案的处理,惩处一个人,教育一大批。

3. 学生教育管理干部队伍建设与维稳制度保障

高校学生教育管理工作队伍是高校教师队伍和管理队伍的重要组成部分,是学校工作中一支不可缺少的重要力量,干部队伍素质的高低将直接影响高校的稳定。浙江大学注重学生教育管理干部队伍建设,在"高进、严管、精育、优出"四个关键环节上构建长效机制,注重增强学生教育管理工作队伍合力,着力推进干部队伍专业化、职业化建设,造就一支政治强、业务精、纪律严、作风正的队伍,为高校稳定提供坚实的保障。学校在工作考核的基础上,每年组织评选"优秀辅导员"、"优秀班主任"、"优秀德育导师"、"学生工作管理奖教金"、"学生工作创新奖"等一系列个人、集体荣誉项目,树立一批学生教育管理工作的先进典型。

浙江大学还进一步完善学院(系)与学园有机结合、优势互补的平安校园工作机制,注重发挥一线辅导员、德育导师、班主任,以及学生会、研究生会、博士生会和学生党员骨干的作用;落实紫金港校区学生工作值班制度;实行节假日安全提醒制度和个体突发事件报告制度等。

五、新生教育机制

新生教育不仅是大学教育的"起点",更是衔接点、关键点、决定点,影响学校教育的全局,事关学生在整个大学期间的健康成长,更是事关我们能否立德树人、促进学生成才发展的基础工程。

浙江大学针对大学新生处于学业困惑期、目标迷茫期、生活过渡期、文化断崖期的特点,开展新生教育,创新新生教育模式,通过"新生之友"寝室联系制度、本科新生特别教育计划、研究生始业教育,引导新生更快更好地融入大学。

1."新生之友"寝室联系制度

在学校党委的领导下,浙江大学推行了"新生之友"寝室联系制度。该制度充分发挥广大教职工在学生教育培养中的重要作用,倡导教职工志愿报名担任新生之友,与本科一年级学生寝室建立联系,主动关爱学生,开展学业指导、生活帮扶和思想引导工作,为新生尽快地适应大学生活、在大学期间健康成长服务。此项制度得到了全校广大老师的积极响应,2011 年,全校共有1471 名教职工踊跃报名担任 2011 级的"新生之友",实现了志愿联系教师对全校 1426 名新生寝室的全覆盖;2012 年,全校共有 1503 名教职工踊跃报名担任 2012 级的"新生之友",实现了志愿联系教师对全校 1438 名新生寝室的全覆盖。

2.本科新生特别教育计划

浙江大学从 2005 年开始实施"本科新生特别教育计划",积极引导新生确立新的奋斗目标,帮助他们尽快适应并顺利实现人生发展阶段和学习方式方法的关键性转换,为今后几年的学习生活打下坚实的基础。该计划以"理解大学、适应大学、超越自我、共同成长"为主题,分为理解大学、转变人生、共同成长三个篇章,每篇章有 3～4 个具体实施计划,如:新生党员培训班、引航人生名师报告、认识大学系列讲座、学长辅导计划、大学生心理辅导、经济困难学生教育资助计划等,由学校有关部门和各学院(系)共同实施。该计划主要解决新生从中学进入大学后的"四个适应"问题:学业适应、心理适应、生活适应、文化适应。

从 2007 年开始,新生特别教育计划与军训有机结合,较好地实现了求是精神教育与军训相结合,思想政治工作与军训相结合,安全法制教育与军训相结合,辅导员、学长组工作与军训相结合。

3. 研究生始业教育

从 2006 年开始,浙江大学对原本零散的始业教育内容进行了整合扩容,2007 年开始实施"研究生始业教育月",在这一个月中规范化、集中式、密集性地开展始业教育。

浙江大学的研究生始业教育主要有以下特点：

一是持续时间长,操作规范化。除新生报到后的一个月密集教育外,部分教育内容甚至会延续到整个秋学期。党委研究生工作部还把始业教育作为研究生思政工作的一项重要内容列入院系年度考核,从而保证了院系层面始业教育的规范化开展。

二是点线面结合,手段创新化。浙江大学的研究生始业教育层次分明,既有覆盖全体新生的校长报告会和研究生教育、安全教育、宗教观教育等系列专题报告,又有院系层面的导师见面会、德育导师见面会、新老生交流会等专题交流活动;既有《研究生手册》、《浙江大学研究生学术规范》、《研究生心理自助手册》等资料的自主学习环节,又有图书资料使用、学术规范、心理健康等面对面的专题辅导。党委研究生工作部还专门开发了"研究生素质教育考试网",要求每一位新生必须参加学术规范网上考试、心理健康网上测试和安全知识网上考试,否则无法通过新生复查,每年五六千研究生新生的考试成绩和测试结果均动态反馈给院系,以便后续教育的开展。

三是资源深挖掘,效能最大化。浙江大学充分挖掘自身资源,组织了"院士面对面"、"院长论坛"、"杰出校友人生故事会"、研究生论文报告会、学术生涯规划辅导、国家重点实验室参观等特色活动,激励研究生新生创新科研。

第三节　新时期高校教职工管理特征分析

一、高校教职工不同管理环节可能存在的影响稳定的因素

1. 人才引进

对于高校而言,引进高层次人才不仅有利于改善教师队伍结构,而且能够促进学科建设的发展,还能给高校现有人才带来压力和竞争,从而促使高校人才管理机制的改善。因为高校自身的特质和环境特性以及引进人才的相异特征,人才在引进的实际过程中存在着一定的问题,甚至影响高校在教职工管理中的稳定。首先,高校的人才引进工作是一项系统工程,涉及的部门环节较多,而各部门之间由于职能不同和目标各异,分割现象在一定范畴内存在。信息沟通不畅通,可能发生引进人才对于招聘程序、进人要求以及引进后的待遇等理解与学校不一致的问题,以及不同学科引进人员待遇不一致等现象,都可能引发引进人员对学校工作的不满。其次,面对激烈的人才竞争,高校在引进人才的时候会投入大量的成本,花费时间去寻求所需要的尖端人力,为其提供良好的科研设施和资金保障,但对引进人才的后续工作却缺乏相应的配套管理机制,使得稳定引进人才并发挥其应有的能力存在一定的限制。最后,对引进人才缺乏相应的评价机制,可能导致高校花费高额成本引进的不同人才之间出现质量严重不均衡。此外,某些情况下,高校人才引进会造成与高校现有人才培养的冲突,如存在"外来的和尚会念经"的观念,在为引进人才提供大量便利条件的同时,忽视对校内人才的培养,甚至造成现有教师队伍以及学术骨干的内心不满、不服等现象,从而引发高校在教职工管理中的稳定问题。

2.青年教师培养

高校教师是教育的源头所在,高校青年教师更是实现教育现代化使命的关键,是实现教师的新老交替、学校各项事业得以发展延续的期望力量,是创新的生力军。由于各方面的原因,高校青年教师的成长与发展受到种种制约,青年教师人才队伍不稳定现象较为突出。

据一项调查显示,当问及"您认为工作才能没有充分发挥的原因是什么"时,有 46.9％的青年教师选择了"工作条件差"(这与青年教师对工作环境满意度的评价有很大的一致性);当进一步问到"在科研中遇到的最大的困难是什么"时,31.5％的青年教师认为是"没有启动经费",24.5％的青年教师认为是"教学任务太重";对于生活待遇,有 51.8％的青年教师感到自己"活着真累"和"生活好艰难";当问及"在生活中的最大困难是什么"时,选择率最高的是"经济收入低",为 45％;在问及"您在工作生活中最需要解决的问题是什么"时,排在前两位的是"为开展教学和研究提供必要的物质条件"、"提高收入",分别占总被调查者人数的 31.2％和 24.2％;在问及"您不热爱或不太热爱工作的原因"时,排在第一位的是"不受重视",即没有得到学校领导的认可和其他人的重视，占 22.7%；在问及"您在工作中遇到困难时寻求哪些人员帮助"时，分别有 62.9%、37.6%的青年教师选择同事、单位党政领导，相对于朋友、工会组织、亲戚、其他这四项的 55.7%、8.5%、16.6%、11.3%的选择率，说明青年教师还是比较重视学校内部的人际关系因素。①

可见，导致青年教师队伍有不稳定倾向主要是三个方面原因，即学校工作环境和生活条件较差、学校人才资源战略措施落实不力、政策支持不够。无论是青年教师的工作生活条件，还是学校的人才战略实施效度，都与学校教师队伍稳定性之间存在着一定的相关度，并且这种相关度可以推及高校稳定的整体。

3. 人事制度改革

在高校内部，全员聘任制、教育市场化等各项改革不断深入，许多新问题新矛盾由此产生，一些问题更是涉及教职工的切身利益。高校实行的新的收入分配制度改革，使教职工由于岗位区分的不同、贡献大小的不同，所得报酬多少也会相应的有所区分，明显地拉开了差距。这些人事制度的改革，调动了教职工科研和教学研究的积极性和能动性。但是，收入分配上的差距也在教职工心理上产生了落差，并引起教职工的不满。

4. 职称评审晋升

高校职称评审是对教师教学业绩、科研水平、工作能力的综合评价，是对知识和教师的尊重，也是对教师复杂脑力劳动反映到教学或科研中的一种肯定，关涉广大教师的切身利益。因此职称评审应当是一项集科学、公正、公平及合理于一体的工作。若能做到科学、公平和公正，则能充分调动教师从事教学科研的积极性，激发他们的创造力，促进高校教师队伍综合素质和整体素质的提高；反之，便会失去职称评审最根本的意义，甚至适得其反，挫伤高校教师的积极性和主动性，并可能引发高校稳定问题。

5. 奖励与处分

对教职工作出各类评奖评优、晋级、薪水调整、处分等奖励或惩罚的决定，是高校教职工管理非常重要的环节。实践中，如果在奖励中出现不公平、

---

① 程碧海，方江海：《影响高校青年教师稳定发展的因素分析》，《学习月刊》2008 年第 8 期下半月刊。

不公正、不公开等现象，或者在处分教师时，不给受处分教师应有的申辩权和申诉权等，则极易引发高校稳定问题。

6. 人事争议

高校与教职工之间的人事争议主要包括高校与教职工之间因解除人事关系、履行聘用合同等发生的争议。在人事争议的处理过程中，双方极易在待遇、补偿或赔偿、社会保险、用人性质等一系列问题上产生分歧，从而大大增加高校不稳定的风险。

二、高校教职工不同岗位的人员可能存在的影响稳定的因素

1. 教师队伍

当前我国正处在社会转型期，社会结构、生活方式等都在发生一系列不同程度的转变，高校也随之采取相应的改革举措。比如，高校的合并重组、扩招、人事分配制度改革等，虽然这些改革举措在总体上可以帮助高教事业朝着更好的方向发展，但从另一个方面来看，这些举措如果进行得不好，改革的步伐掌握不对，太快或太慢都会引起高校教师的不满与不安。现在高校教师教学、科研工作量成倍增加，学校对他们的考核指标相对严格，因此他们的身心压力较大。同时，青年教师收入相对较低，并要面对工作、学习以及恋爱、婚姻、立业等多重压力。高校教师队伍的不稳定，尤其是青年教师队伍的不稳定，可能会演变成为妨碍高校稳定与发展的重要因素。

2. 管理人员队伍

随着国家高等教育体制改革的不断深化和中国高等教育事业的蓬勃发展，高校党政管理工作在内容、职能、地位、作用等方面都发生了新的变化，并提出了更高的要求。高校党政管理队伍由于长期的主客观原因，目前相对于高校其他方面的发展来说，已显滞后，成为制约高校整体发展的瓶颈。同时，由党政管理人员的原因引发的高校稳定事件日益增多。目前高校党政管理队伍建设对高校稳定的影响主要表现在以下几方面。

一是忽视管理队伍建设所带来的高校稳定风险。近年来，出于提升办学层次和竞争的需要，各高校纷纷采取措施，增加投入，加大师资队伍的建设力度，着力提升师资队伍素质和引进高层次人才，制定相关政策时向师资队伍倾斜较多。而对于管理队伍建设，却没有给予应有的重视，没有充分认识到

管理队伍的质量对学校全盘发展的重要性，许多高校甚至在制定学校中长期发展规划时，都没有把管理队伍建设目标及对策措施列入其中。日常管理中缺乏激励，导致管理队伍思想不稳定，工作活力和动力不足。

二是管理队伍结构不合理、整体素质参差不齐所带来的高校稳定风险。由于历史的原因，当前高校管理干部人员多，来源复杂，调入门槛低，结构不合理，整体素质参差不齐，缺乏专业的管理知识和系统的教育学理论。在具体的管理工作中，普遍存在着重使用、轻培养的现象。部分党政管理人员学历偏低、管理水平也较低，不仅降低了管理工作的科学性和其在高校中的地位，更直接影响到了高校的稳定。

三是队伍臃肿、服务意识淡漠所带来的高校稳定风险。高校党政管理队伍规模较大，在管理过程中，行政权力的泛化导致学术权力缩减，继而影响党政管理为教育服务的目标。一些党政管理人员思想观念陈旧，办事墨守成规，人浮于事，服务意识差，存在办事推诿、效率不高、作风飘浮、高高在上等现象；也有个别人员自以为管理工作高人一等，盛气凌人，严重背离了机关要为基层服务的工作宗旨；管得过多，管得过细，管理者容易陷入权力的欲望中，而忘了"管理"就是"服务"的宗旨。这些都容易引发师生对高校的不满，最终导致高校稳定事件的发生。

3. 实验技术等服务支撑队伍

实验技术等服务支撑队伍是高校教师队伍中不可分割的重要组成部分，在培养人才以及保证高校教育质量方面都起着举足轻重的作用。由于高等教育的跨越发展，各高校相对存在着忽视实验技术等服务支撑队伍建设的现象。实验技术等服务支撑队伍对高校稳定的影响主要表现在以下几个方面。

一是高校往往注重教学质量和科研水平，却忽略了实验室的工作人员。一些学校对实验室工作不是很重视，觉得实验室人员的学历不需要太高，所以，在人员配备上许多学校都没有下大力气。这样的恶性循环致使实验室人员流动频繁，有些学历高的实验员通过深造改行，有的因职称得不到解决而转业。因此，实验技术等服务支撑队伍相对不稳定。

二是高校对实验教学重视不够。在传统的教育理念影响下，许多高校还是重理论、轻实践。对实验室工作人员实施培训的时间很少，甚至没有；实验技术人员的地位和待遇相对较低，这些现象都不利于实验室人员整体素质的提高,同样也不能有效地调动实验室工作人员的工作积极性。

三是由于学校对实验室工作人员的不重视,导致许多实验室人员短缺,有的学校更是没有根据相关专业配备实验员,如理科实验室让学文科的人员管理等。再加上职称评定中没有一定的政策倾斜,使得许多实验员流失严重。真正有技术有能力的实验人才难以留住,断层面不断加大。在实验员的配备上跟不上,不能完全按照实际需要对学生实验进行指导,容易滋生稳定问题。

4.工勤人员队伍

在高校后勤圈有这样的说法:"全国稳定看高校,高校稳定看后勤。"高校后勤部门长期以来是作为高校的职能部门而存在的,没有一个自负盈亏的理念和态度,在后勤的管理和服务方面缺乏市场意识,竞争能力也十分欠缺。近年来,高校在内部改革的发展过程中,也开始尝试对后勤部门采取一系列的社会化改革措施,其中一项关键的举措就是将后勤社会化,与工勤人员签订劳动合同。但由于改革过程中配套制度的不到位,事业性质、劳动性质两种用人机制并存,部分人员社会保障无着落,工勤人员身份变化等原因,部分工勤人员对改革并不拥护,甚至有抵触情绪。在后勤改革中出现的问题成为构建高校稳定环境的制约因素,甚至成为个别高校内突发群体性事件的根源和导火索。

5.受转型时期管理体制改革等历史遗留问题影响的人员队伍

我国高校因转型发展的需要,经历了比如高校合并、征地拆迁、高校校办企业产业化改革等,一部分人员因管理体制转变而自身利益直接受到影响。如征地拆迁后,农民成为学校事业编制员工;而校办企业产业化改革后,原有事业编制人员开始实行企业化管理等。以高校合并为例,据统计,自20世纪90年代以来,在"共建、调整、合作、合并"方针的指导下,我国高等教育开始了大规模的跳跃式合并与发展。自1992年至2005年,我国由612所高校合并组建为250所。① 由于我国高校合并往往具有浓厚的行政色彩,加之原有一些高校存在管理不规范的情形,合并后一些教职工的切身利益容易被忽

---

① 金劲彪,刘斌:《合并高校教职工权益保护的若干法律问题研究》,《黑龙江高教研究》2007年第12期。

视，或者很难得到有效保障。又如 20 世纪 90 年代国家为鼓励高校校办企业发展，教育部和省教育厅同意一些高校设立自收自支编制人员，学校为这些人员在事业口子缴纳了社会保险。随着高校校办企业的公司制改革，这些人员到底应该是事业编制还是企业编制，始终成为该类人员与学校争辩的焦点。

从实践来看，此类因历史遗留问题受到影响的教职工，在改革发展过程中为学校、为社会作出了贡献，有时候甚至牺牲了部分利益。然而，他们也常常联合起来为自身利益不断地向学校提出补偿要求，有些是合理的，有些是不合理的。有些即使是合理的要求，由于国家改革政策配套不到位，学校也很难给予有效保障。因此，这类教职工的利益诉求如果不能妥善地协调处理，会成为引发高校稳定的重要因素。

6. 离退休人员队伍

目前我国大部分高校的离退休人员未纳入社会化管理轨道，其思想和行为仍在"单位的体制"的影响之下，属于高校的管理范畴。随着和谐社会建设的推进和社会各阶层收入差距的日益扩大，部分离退休人员平衡意识、攀比意识、维权意识、自我保护意识也会变得越来越强烈。当这种意识得不到合理释放时，高校内部就出现了不和谐的一幕，离退休人员上访、静坐，甚至围路堵截等，这不仅制约了高校的发展，也影响着整个社会的和谐稳定。部分离退休人员的诉求，虽然看似为了解决待遇，其实质是宣泄内心的不满与怨气。这种不满与怨气源于很多方面：一方面是政策层面的问题，如社会收入分配差距过大、地区和行业间福利待遇政策不均衡、改革改制中积淀下来的诸多问题等；还有些是单位管理因素引起的，如政策未及时落实、福利待遇分配不公、沟通渠道不通畅、后勤服务质量不高、重视程度不够等。因此，依法完善离退休人员的管理体制成为高校教职工管理的重要环节，也成为推进高校稳定工作的关键之一。

第四节　高校教职工管理的创新实践

一、有效治理和防范教职工管理中稳定问题的思想基础与基本理念

1. 思想基础

(1)坚持社会主义核心价值在教职工管理中的指导地位。毛泽东同志曾指出:"掌握思想领导是掌握一切领导的第一位。"①因此,对社会发展,对任何一种大规模的社会实践,对教职工管理中稳定工作而言,问题不仅在于是否有意识形态指导,更在于是否有科学的意识形态指导。

新形势下,高校应按照中央的部署和要求,切实加强和改进教职工思想政治教育工作。以马列主义、毛泽东思想、邓小平理论和"三个代表"重要思想为指导,深入贯彻、落实科学发展观,用中国特色社会主义共同理想凝聚力量,用以爱国主义为核心的民族精神和以改革创新为核心的时代精神鼓舞斗志,用社会主义核心价值观引领风尚,努力提高教职工思想政治教育工作的针对性和实效性。同时,要教育和引导广大教职工自觉运用马克思主义的立场、观点和方法,使马克思主义在各种意识形态中始终占据主导地位,大力营造高校稳定的思想基础。

(2)坚持高校改革、发展、稳定三者的统一。正确处理改革、发展与稳定三者之间的关系,是做好高校教职工管理中稳定工作的行动指南。只有保持改革、发展、稳定之间相互协调和相互促进,才能保持高校教职工队伍的思想稳定,才能维持高校的长治久安。首先,高校教职工管理机制的改革和发展为稳定提供基础。教职工管理机制改革和发展可以进一步增强教职工队伍建设,从而成为保持高校稳定的源头。高校的稳定如果只是停滞不前,就既不适应时代的要求,也不具有其存在的价值。稳定是动态的稳定,平衡是动态的平衡,只有通过高校教职工管理机制改革与发展,高校的稳定才能建立在更加坚实的基础之上,否则就很难抗拒各种稳定风险的侵扰。其次,高校稳定是高校教职工管理机制改革和发展的前提。保持高校的稳定并不是高

---

① 《毛泽东邓小平江泽民论思想政治工作》,学习出版社 2000 年版,第 2 页。

校工作的最终目的,只是高校教职工管理机制改革和发展的前提,是实现高校教职工管理机制改革和发展的重要环境。所以,如果错误地将高校稳定作为高校追求的唯一目标,则无疑进入了一个认识上的误区。用一种错误的认识来指导工作,显然不会产生好结果,反倒会因片面强调稳定而放松高校教职工管理机制改革和发展,最后则是本末倒置,既不发展,也不稳定,两者全无。正确认识和处理高校教职工管理机制改革、发展与高校稳定的关系,为我们从广泛意义上正确理解高校的稳定问题指明了方向。高校的稳定是离不开高校教职工管理机制改革和发展的稳定,它们之间相辅相成,密不可分。只有不断改革和发展,才能为高校的稳定打下坚实的基础,才能实现真正意义上的稳定。

(3)积极培育教职工共同的大学精神。在高等教育进入新阶段之后,如何结合每一所学校的历史、传统、风格、特色和水准,认真总结、精心培育、积极宣传并身体力行一种大学精神,对于寄情励志、调整心态和规范行为,对于增强学校的向心力、凝聚力和竞争力,都具有重大而深远的影响,也是维护学校有序稳定、持续发展的一种强大而持久的力量。当然,要培育和形成一种大学精神,要认同和践行一种大学精神,绝非一日之功。但只要持之以恒,身体力行,就会形成一种传统、一种风气、一种文化。这种风气和文化是维护学校稳定、持续发展的一种强大而持久的力量。凝聚力是大学精神的具体体现,高校稳定的一个重要基础是广大师生员工的凝聚力。凝聚力是指师生员工在学校发展目标的引力下,自愿分担学校分险和实现既定目标的一种综合力,其实质是师生员工对学校的责任感、使命感和归属感的总和。[①] 师生员工的奋斗目标越明确,价值观念越一致,身心投入越充分,校内外关系越和谐,学校的凝聚力就越强,从而就能使学校表现出更高的整合性和更强的竞争力。高校凝聚力的构造和形成有赖于学校发展目标的激励力、学校领导的影响力、学校内部团结以及广大师生员工参与管理的驱动力、学校每一名成员的向心力、学校外部环境的冲击力等。因此,确立共同的奋斗目标,形成坚实的领导核心,建设和谐的人际关系,营造健康向上的舆论氛围,是高校内部形成凝聚力并保持稳定的基本要素。

---

① 何传亮:《论高校凝聚力的构造》,《河南大学学报》2002 年第 1 期。

2.基本理念

(1)坚持以师生员工为本,在发展中求稳定,是实现高校稳定的根本要求。"以人为本"的科学发展观是实现高校稳定机制的价值理念。以人为本,就是要以最广大人民的根本利益为本,在高校,以人为本的核心就是以师生员工为本,一切为了师生员工,为了师生员工的一切,为了一切师生员工。高校所面临的各种压力还将长期存在甚至增加,如何解决这些矛盾和冲突,就是要以师生员工为本,在发展中解决矛盾与问题,积极将这一理念贯彻到高等教育事业的各个环节,以师生员工的根本利益为学校的最大利益,尊重和维护师生员工的发展权利。高等教育的管理者和教育者要达到以师生员工为本、实现科学发展的根本要求,就必须在树立这一观念的同时,自觉更新和改进以往传统的旧的解决稳定问题的方式、方法,只有这样才能使科学发展观的理念真正落到实处。

(2)坚持正确的教职工管理文化导向,是实现高校稳定的心理基础。人心稳定是政治稳定的关键。我国正处于社会转型时期,各种思想文化的冲击和碰撞日益明显。这些文化上面的冲突感,使原有的主流人生观和价值观渐渐失去了其本身的权威,很多人在这种情况下,陷入了思想盲从或没有了明确的目标追求。阿尔蒙德曾指出,源自人们心理层面的文化危机是引发政治不稳定现象的潜在基础。这一文化观念的危机也直接影响了高校教职工的思想,以及他们的人生观和价值观的树立。相对而言,高校教职工个性鲜明、思想活跃、善于接受外界的新思想和新思潮,在此过程中要求我们必须树立好一个核心的价值文化,并以此作为旗帜、作为导向。同时,必须对高校教职工进行马克思主义教育,坚定对马克思主义的信仰,加强对社会主义和共产主义的信念,加强正确的舆论引导,将理论灌输与思想疏导结合起来,推动积极文化理念的形成。要把政治文化、安全文化、稳定文化融入实际工作中,使各项制度和举措在科学文化的指导下付诸实施。

(3)坚持依法治校,是实现高校稳定的根本保障。依法治校,健全规章制度体系,是我国高校教职工管理与稳定机制建设的根本保障。依据我国《高等教育法》等法律法规,制订相关规章制度体系,依法对高校教职工进行各项管理工作,从而保证教职工参与高校管理的权利。离开了合理的规章和制度,高校稳定机制的构建便失去了保证,各项工作也无法顺利开展。因此,必须建立合理、规范、严格、透明的规章制度体系,并在实际工作中严格依法依规办学,才能保证学校的长治久安。

二、有效治理和防范教职工管理中稳定问题的体制机制

维护高校稳定工作,既需要成熟理论的积极指导,更需要建构实用性和可操作性强的治理和防范教职工管理中稳定问题的工作体制和运行机制。也就是说,有效治理和防范教职工管理中稳定问题的体制机制建设,应成为高校稳定工作的重中之重。我们认为,创造性地建构有效治理和防范教职工管理中稳定问题的体制机制,应该着重做好以下几方面的工作。

1.思想教育机制

要高度重视教职工的思想政治教育,这是确保教职工队伍稳定的重要基础。一要建立有效的全员培训制度,分期分批对在职教职工开展轮训,系统提升教职工的政治素养和安全稳定文化意识。二是健全传帮带制度,为青年教师确定职业导师,通过面对面的指导和思想工作帮助青年教师尽快成长。三要健全各类谈话谈心制度,加强组织关心和党内关怀。四要注重基层党组织建设,努力在教职工中发展党员,加强党性教育,将更多教职工团结凝聚在党的周围。

2.意见表达机制

高校是知识分子聚集的场所,他们最鲜明的特点就是文化素质高,参与管理热情强烈,维权意识突出。因此,在高校建立一个理性化、有序化的通畅、完善的管理参与和表达机制,是高校吸纳高精人才、疏导高校内部矛盾、确保高校稳定的必然要求。目前在高校内建立健全教职工对学校管理的参与与表达机制,必须建立多元化的利益表达渠道,并通过一定的规章制度来规范和约束动机不良的参与和利益表达,理顺现有的参与制度,充分调动高校内部所有教职工的管理意识,激发他们参与管理的积极性和主动性。高校要努力营造一种轻松活泼、公开透明的参与氛围,充分发挥广大教职工共同维护稳定的主动性、积极性和创造性。

学校所作的一切决策,都要通过科学化的程序。要鼓励教职工畅所欲言,积极参与学校的决策,使学校的各项决策最大限度地符合教职工的根本利益。要疏通和拓展民意表达渠道,建立更加畅通、更加多样化的反映诉求

及进行政策参与的民意表达的常设渠道,使教职工的意见和建议成为学校制定决策和部署工作的重要依据。要完善干群关系、教职工关系的沟通机制,通过各种形式使教职工的意见和建议及时畅通地传递到决策层,做到了解民意、沟通民意、表达民意,及时缓解和妥善处理各种矛盾,防止问题积聚升级。高校的各级干部都要把服务教职工、凝聚人心、协调利益、化解矛盾和排扰解难作为主要的职责。要充分发挥教代会、职代会、学术委员会的作用,明确监督和管理程序,对涉及学校政务、财务以及事关学校重大发展或师生员工切身利益的重大事宜,要及时通报,必要时要予以审议。工会等组织既是学校建设和发展的主力军,又是学校联系教职工的桥梁,要有效整合各种资源,充分发挥这些群众组织作为反映诉求、规范行为的缓冲器作用。对教职工通过各种渠道反映出来的问题、批评和建议要高度重视,及时进行综合性分析和研究,积极处置,从而消除师生员工中的一些不满情绪,保持师生员工心情舒畅和政治心理的相对稳定。这对凝聚人心、凝聚队伍,调动各方面的积极性、主动性和创造性,保持学校稳定具有重要作用。

3. 信息公开机制

高校教职工管理中的部分稳定问题是由于教职工了解不到希望知晓的信息所致。目前一些高校的信息公开制度还存在不少问题,一些高校不仅重要信息难以公开,而且公开的信息也很有限,表现为"形式上公开多,实质上公开少;结果公开多,过程公开少;原则方面公开多,具体内容公开少;公众被动接受的多,主动参与的少"。

此外,目前虽然大部分高校都建立了自己的网站,对外进行信息公开,但很多高校网站提供的信息内容十分有限,一些部门网页内容常年不更新,存在"重网络、轻内容、轻服务"、"形式大于内容、一般多于具体"等通病,没有充分发挥网络在信息公开中的作用。从某种意义上讲,深化了高校管理中的信息公开机制就等于消弭了高校教职工管理中的部分稳定风险。

高校必须深化教职工管理中的信息公开机制,该机制应该重点梳理广大教职工普遍关心的信息,包括高校内部管理领域、财务资产领域、招生考试领域、工程建设领域、设备采购领域等信息,明确什么是可以公开的、公开的内容是什么,并将这些以制度的形式固定下来,提高学校工作的透明度。

4.法律保障机制

在当今中国,权利本位的法治观念已日渐深入人心,高等教育管理者应顺应法治发展进程的深刻变革,摈弃传统法律义务本位的思想,树立权利本位的理念,重视维护教职工的权益。不能把教师仅仅当做管理的对象,他们都应是权利的主体。维护教职工的合法权利,要做到以下几点:第一,一切制度的设计均须以保护教师权益为出发点。第二,学校在行使各项管理职能时,权力不得滥用,不得侵犯教职工的私权利。如学校在处分违纪教师时不得侵犯教师隐私。第三,义务法定化原则,不得要求教职工履行法律规定以外的义务。如学校不得向教师针对没有法律依据的项目进行收费或者作出罚款决定等。第四,在作出事关教职工切身利益的不利处分或其他决定时,要严格按照相关法律法规的规定,充分保障教职工的知情权、申辩权、申诉权等各项权利。第五,学校提供的各项教学、科研以及生活设施应符合教职工身体健康和人身、财产安全标准。

5.矛盾协调机制

当前,高校普遍实行干部人事制度、收入分配制度、岗位聘任制度、教师职称职务晋升和教学科研成果评定机制等方面改革。这些改革措施都凸显着利益主体的多元化和利益矛盾的复杂化。必须正视发展过程中出现的各类矛盾和问题,形成妥善处理各种复杂利益关系的体制和机制。既要利用好利益驱动机制,鼓励竞争,为不同层次的利益群体创造平等竞争的政策条件,做到起点公平、机会公平、规则公平、分配公平,充分调动教职工的积极性与创造性,促进学校各项事业健康、快速发展;又要建立规范有序、以人为本、公平合理的分配调节保障机制,理顺教职工的心态和思想情绪,切实维护不同利益主体的合法权益,实现不同利益群体收入分配的公正化,确保教职工共享改革发展的成果。要在发展中协调解决矛盾,最终形成全体教职工各尽所能、各展其长、各得其所而又和谐相处的稳定局面。

综上,师生为本是高校稳定工作的出发点和落脚点,师生稳定是高校稳定的重中之重。新时期,高校师生的群体特征不断发生演变,对困难师生的甄别变得更加复杂,必须以改革创新精神做好师生工作,充分尊重和发挥师生的主体作用,让师生在大学的改革发展中能够真正实现价值、各得其所。

浙江大学公共管理学院
学生网格化管理体系构建的实践

随着社会经济不断发展、高校招生规模不断扩大、大学生群体特征不断变化,高校学生管理工作面临着新的挑战。如由于学生众多、管理人员有限,传统管理方式下管理人员无法深入有效地与每个学生进行思想交流,而每个学生之间的沟通交流也没有有效机制保障,只能依赖学生自发的交流。又如新时期的高校学生普遍自我认识、自我思考、自我实现意识更为强烈,具有较强的学习能力以及对外探知和自我挖掘的巨大好奇和动力,只有通过正确、有效、合适的高校教育,才能塑造他们健全的人格品质和积极的人生态度,对其世界观、人生观、价值观产生正确而深远的影响。

网格化管理是指在管理领域中应用网格(Grid)技术进行管理。在国内最早见于网格巡逻,巡警在责任区域内负责及时发现问题、快速响应。如今,网格化管理理念的应用实践逐步拓展到城市建设、社区管理、劳动保障等方面。大学生网格化管理是网格化管理理念和技术在高校学生管理中的应用,是一个新兴的学生管理模式和概念。

从现有学生管理模式分析,不难发现,网格化管理雏形一直存在于高校学生管理中。可以形象地将现有的"班级—年级—学院(园)"看成一种简单的网格化管理模式,其中班级即网格化管理中的最小单元格,但这与真正意义上的网格化管理和组团式服务又有一定的区别。一是信息技术的运用并不充分,网络系统功能并未被充分发挥;二是层级之间更多的是单向管理功能,且存在最小单位规模偏大、无法实现管理全覆盖等问题;三是学院层级以思政工作为主,与学生教务管理分离,无法完全实现网格化管理所提倡的组团式服务,不利于管理的整体性与精细化,无法提供较好的个性化服务。

　　为此，我们希望充分利用公共管理学院在社会管理领域的学科优势，积极尝试网格化管理在高校学生管理工作中的实践。通过在学生管理工作中引入网格化管理模式，使管理手段信息化，实现定量管理和系统管理，变被动应对问题为主动发现问题和解决问题。大学生网格化管理是在不改变现有学校管理体制的基础上，从管理结构、功能、运行机制等方面进行重组或重新设计，把管理内容划分为部件和事件，以网格为最小管理单位，明确管理的标准和流程，建立相应的组织保障体系，配置先进的信息化技术手段和设备，构建科学的管理系统，形成"条"、"块"整合的网格化管理模式。

　　通过网格化管理，使"以学生为本、以服务为先、教育与管理相结合"的学生管理理念得以践行，在服务中实现管理，在管理中体现服务和教育，实现学生管理的信息化、规范化、精细化和系统化，从而为学生提供个性服务和教育引导。

　　通过网格化管理，集成学院学生管理有限的人力、物力和财力，整合服务团队，提供组团式的服务，确保管理责任到人，管理服务覆盖到育人全过程，使"三全育人"落到实处，延伸到每一个学生，为打造"平安班级"、"和谐个人"提供切实的保障。

一、学生网格化管理体系构建的具体做法

　　1. 现有管理板块网格化，实现管理效率的提升，增强管理的时效性、整体性

　　依据前述所提到的现有管理模式的问题，学院在原有基础上，进行纵向管理体系的"一减一加"，实现网格化管理的初次运用。"一减"是指减少最小单元格规模，"一加"是指增加学院层级的管理服务机构。

　　(1)缩减最小单元格规模，设立学习生活小组。

　　经过对目前学院本科学生学习生活的调查和研究，学院在班集体层面下进一步将全班学生划入不同的学习生活小组，将学习生活小组作为网格化管理的最小单元，缩小最小网格规模。学习生活小组的划定，遵循"方便学生、帮助学生、有利学生"的原则，同一寝室划入同一组；同时为了提高工作效率，每组人数控制在4～8人，推选一位合适的同学担任组长(一般由班委、党员同学担任)，负责组织监督本组同学的日常生活和学习。此外学习生活小组

的划定覆盖了所有本科学生,即每一位学生都将成为班级内某一学习生活小组成员,参加日常学习和生活(如图 4.1)。

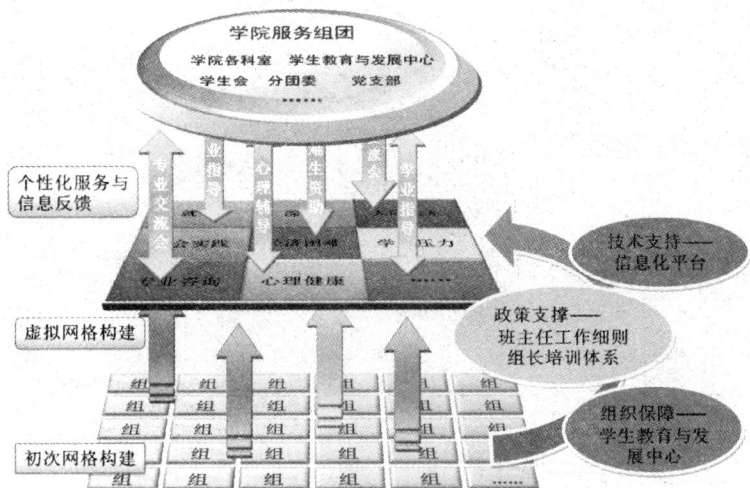

图 4.1　网格在管理体系

(2)成立学生发展服务中心,实现思政、教务组团服务。

结合现有学生的管理体制,在已经建成的管理体系基础上,扩展学院层级的服务职能机构。通过成立学院学生发展服务中心,将本科生科、研究生科纳入学生管理服务大体系,构建学生发展的全方位管理服务体系,提升管理服务的整体性。学院发挥小组、班级、年级、学院四个层次的直线指导作用及思政、教务的联动指导,做到学生工作纵向传递高效、横向覆盖全面。这一体系可以形象地称为"金字塔"管理体系(如图 4.2)。

2.构建动态网格,实现管理精细化、服务个性化

网格化管理的初次运用使得学生管理中的信息传递更加全面与通畅,在此基础上,通过信息加工处理,进行网格化管理的二次运用,以构建动态网格来实现学生思想政治教育的引导与服务职责(如图 4.3)。

(1)划分动态网格。

在金字塔管理体系下,我们通过多层次的信息收集,了解掌握了学生的个性需求,在此基础上,以学生需求为边界,进行二次网格的划分,以实现学生思想政治教育的引导与服务,如以就业指导为特征的网格、以科研指导为特征的网格、以理论学习为特征的网格等。需要强调的一点是,这一网格成

员界定,不是来自于学生的完全自由选择,而是学院根据初级网格管理所得到信息的处理结果。这样的好处是,避免学生惰性带来的指导缺失,防止再次出现学生管理的盲点。这点会在后面举例阐述。

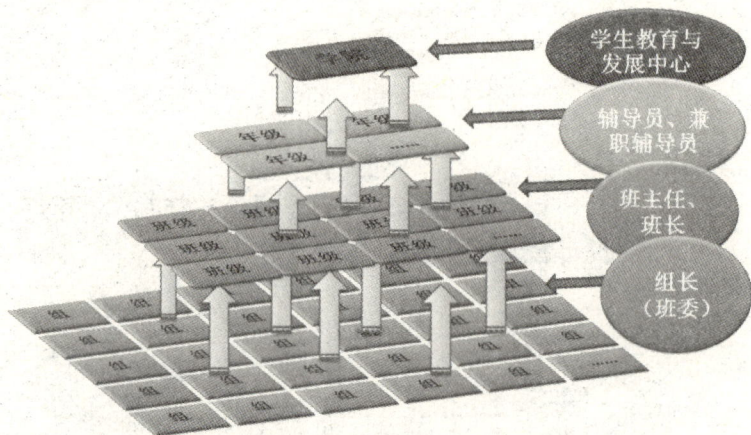

图 4.2 "金字塔"管理体系

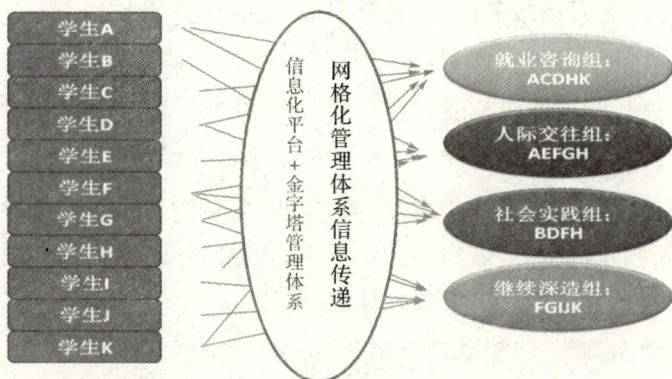

图 4.3 动态网格构建

(2)搭建自治服务体系。

在网格化管理的二次运用中,学院将通过学生组织搭建自治服务体系,以此为主提供各动态网格的所需服务。如由学院学生会、本科生分团委、党支部等组织举办就业指导活动、科研竞赛、理论学习等,以此为平台,对动态网格进行组团式的服务。此外,针对部分特殊网格,如心理健康指导网格,则以学生发展服务中心为主导,提供服务。

二次网格化的优点在于,能够在分类管理模式下实现管理服务的精细化与个性化,同时避免管理盲点的出现。在日常的学生管理中,我们的主要精力常集中在学生群体的两端,而中间段学生容易成为学生管理的盲点。大学生思想政治教育工作既要从管理转变为服务,同时对于学生的教育引导功能不能随之消失。因此,掌握学生个性发展,在必要的时候进行强制性的教育管理同样有其合理性。如 A 学生,他有着明确的目标,毕业后找工作就业,此时他就被编入了就业指导的网格,学院在提供就业指导服务时,他便是对象之一。如果他出现了对相应指导活动的惰性,那么学院需要发挥管理职能,推动(甚至强制)他积极参与其中。这样可以有效避免部分同学在校期间由于自由选择而错失的成长指导。

二、学生网格化管理体系构建实施进展

1. 技术支撑

正如我们对网格化管理的认识所述,信息技术是网格化管理得以实现的技术保障。学院经过反复研究,确定了网格化管理信息平台的框架搭建,经专业的软件公司设计,完成了该信息平台的初步建设。

在信息平台中,学生个体、小组组长、班主任、辅导员、学生发展服务中心拥有不同的管理权限,通过工作电子化,实现信息沟通的无障碍。例如小组组长可以随时录入自己所负责小组同学的情况,既可以是异常情况的反馈,也可以是同学发展的需求表达。班主任可以将自己的谈话记录录入系统,以便于辅导员、教务管理老师及时掌握。学院将提供相关的信息服务,如基本的政策、建议、办事指南、校友信息等,同学可以自主选择查看,也可在登陆系统的同时通过自动弹出的对话框了解学院的实时信息。他们既可以选择在系统中与班主任、辅导员交流,也可以通过系统了解有关信息,进行线下交流(如图 4.4)。

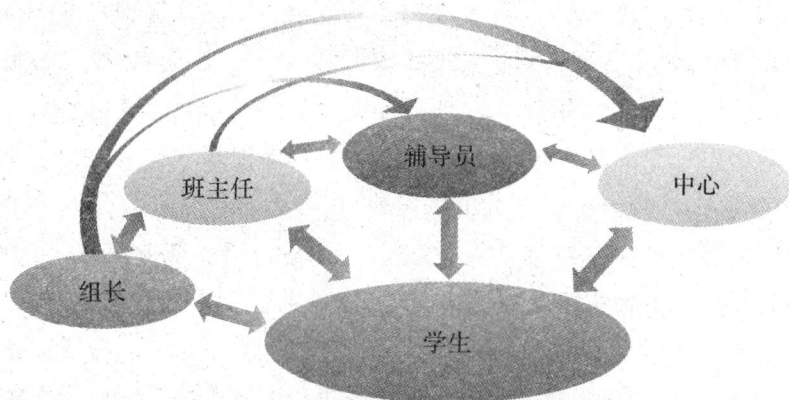

图 4.4   学生网格化管理信息平台

学生信息管理系统分为管理员、教师、学生三种身份的登录方式（同时也提供统一身份认证的登录入口），以下分别介绍三种登录方式下系统的各项功能。

（1）系统管理员登录页面功能介绍。

系统管理员登录以后会显示一个工作平台，分别有 8 项卡式菜单。以下分别介绍各项卡式菜单的功能。

①党员之家：党支部网上学习和交流的平台。支部书记可以通过网络平台发起理论学习主题，支部成员可以通过登录网站学习、撰写并提交学习心得。同时所有的学习体会可以在支部内部分享，最后由支部书记汇总后导出并存档。

②教师工作：该模块可以显示全院教师的姓名列表，在每一位老师的信息中显示目前担任班主任或德育导师的状态（是历史担任或是当前担任），并可以通过点击每一位当前担任的班主任或德育导师的姓名，实时查询该班主任或德育导师召开的所有班会记录和所有与同学谈话交互的记录列表。进一步点击谈话记录和班会记录的详情，便可以查看班会和谈话的原始记录。

③班级管理：此模块可以对学院本科和研究生的班级进行增减或是名称的修改，进一步点击班级名称则可以显示班级的详细信息。

④学生管理：该模块能显示并查询所有学院在册的本科生和研究生的信息列表，进一步点击查询具体同学的各类信息。具体分为基本信息、扩展信息、辅助信息、活动经历等四项内容。

基本信息包括学生的学号、姓名、出生年月、性别、民族、政治面貌、手机、邮箱等最常用及最重要的信息。

扩展信息包括学生的住宿地址、毕业中学、是否为经济困难生、是否为学业困难生、是否为心理困难生以及是否为特别关心学生等信息。

辅助信息包括学生基本情况（从学生档案中获取），以及该同学的评奖评优、资助、勤工助学、违纪处分、学习成绩、就业、师生交互等信息。

活动经历包括了学生的兴趣爱好及获奖等信息。

⑤扶助档案：该模块包括了所有需要特殊关心的同学名单，包括经济困难、学业困难以及心理困难三类。分别点击页面左侧的导航条能够筛选出三类不同情况的学生名单，进一步点击"详情"可以查看该同学的基本情况，以及师生之间的交互记录。

⑥校友管理：该模块收集了学院自成立以来所有本、硕、博毕业学生的就业信息，并提供检索功能，进一步点击毕业生姓名可以进入信息维护页面。所有字段设置按照校友联络办提供的标准格式，以方便日后两者的信息同步。

⑦交互信息：该模块显示所有辅导员、班主任、德育导师、导师与相关学生谈话的记录，并可以通过检索显示某个具体同学名下所有谈话交互的信息列表，进一步点击交互的详情则可以查看交互谈话的原始记录。

⑧交互任务：该模块提供辅导员及教务管理人员向班主任、德育导师发布交互谈话任务的功能。辅导员或教务管理人员可以选择需要交互的同学姓名，点击"发布任务"按钮，进入填写任务内容的页面，完成任务标题、任务内容等内容后保存，系统便会向需要执行交互任务的班主任或德育导师发送站内任务短信以及任务提示邮件。

（2）教师登录页面功能介绍。

教师登录系统后主要有教师信息、交互信息、学生管理、站内短信、安全设置等五大模块。

①教师信息：为教师提供全院教师的相关信息查询以及发送站内短信的功能。

②交互信息：该模块提供填写师生谈话、班会记录以及综合表现三方面的功能。

③学生管理：该模块为教师提供查询其所负责班级的所有同学的信息，并能够查看辅导员或其他教师与其班里同学谈话交互记录的详情。

④站内短信：该模块显示的是系统管理员给教师发送的任务列表，通过点击查看"任务主题"了解任务内容，通过点击"接受任务"填写谈话交互信息。

⑤安全设置：该模块提供了修改密码的功能。

（3）学生登录页面功能介绍。

学生登录系统后有交互信息、校友资源、个人园地、图片上传、留言反馈等五大模块。

①交互信息：学生可以通过该模块查看所有教师与其交互谈话的信息列表，并能通过点击详情，查看具体谈话的时间、地点等内容。

②校友资源：该模块为在校学生通过入学年份、专业和学历层次等字段，提供查询所有毕业校友工作信息的功能。

③个人园地：学生可以填写个人兴趣爱好以及获奖经历等内容。

④图片浏览：提供上传头像照片的功能。

⑤留言反馈：提供站内短信的功能。

2.组织保障与政策支持

学院成立学生教育与发展中心，实现思政、教务组团服务，真正将思政、教务整合，共同发挥育人功能。在做好专职辅导员选任工作的基础上，学院按照学校文件精神，坚持选聘优秀的教师、博士后、党政管理干部、研究生和高年级本科生党员担任学生兼职辅导员，并由各系选派优秀的教师担任班主任和德育导师，以打造一支专兼结合的思政工作队伍。

网格化管理能够真正落到实处，还需要各个网格节点的支持，增强小组组长、班主任、辅导员的队伍建设以及自治组织的指导是关键。为此，学院出台了一系列政策，来加强网格节点的力量。

（1）制定并实施了《浙江大学公共管理学院本科生学习生活小组组长工作条列》，通过选派责任心较强的同学担任小组组长，并实施学生骨干培训计划，增强小组组长的信息收集能力。

（2）学生党支部是学院各项工作依托的重要力量，也是学院学生党总支最根本的基层组织，它与学生的联系最为直接，实践性也最强。学院通过党支部书记培训会、党支部书记例会、党员代表座谈会等方式,加强基层组织学生骨干的培养,增强与各基层组织的沟通和交流,强化对各基层组织工作的指导。学院还不断完善基层组织建设配套制度,先后出台《浙江大学公共管理学院学生党建工作手册》、《浙江大学公共管理学院学生党总支工作条列》、《浙江大学公共管理学院学生党支部工作条列》《浙江大学公共管理学院党建创新活动项目经费申请与使用管理办法》等工作制度和规范,结合创先争优活动的契机,进一步规范学生党总支和基层党支部的工作流程,提高学生党总支和基层党支部的工作能力与水平,提升党组织的凝聚力,把党支部建设成为基础网格化管理的又一重要载体。此外,学院还探索实行党支部指导员聘用制度,聘用学生党总支委员和教职工老党员担任学生党支部指导员,指导学生党支部开展日常党建工作和活动,为把党支部建设成为有效的基层管理网格提供坚实的制度保障。

(3)制定并实施《浙江大学公共管理学院班主任、德育导师工作细则及管理考核规定》,要求班主任每月至少开一次班会并将班会记录录入系统,每学期与班内同学进行至少一次的深入交流并录入系统。

(4)积极探索兼职辅导员队伍建设新途径,尝试招聘退休老教师、在杭优秀毕业学生担任兼职辅导员,在承担一定班级管理工作的基础上,实现兼职辅导员专业特长的多样化(如科研、就业经验指导、党的理论学习等方面特长),成为组团式服务的重要补充力量。

(5)制定并实施《浙江大学公共管理学院学生教育与发展中心例会制度》,通过三大例会的形式建立信息沟通机制,即每月定期召开班主任德育导师工作例会、学生党总支例会、学生教育与发展中心例会。通过这三次例会,本科生科、研究生科、团委、班主任、德育导师、兼职辅导员等各方面的学生工作人员能及时地沟通信息、发现问题、集体研判、快速反应,做到从学生学业的细微异常信息报告入手,排查原因,实施相应的措施,切实做好"三困学生"的帮扶工作。

三、学生网格化管理体系构建初步成效与展望

该学生管理信息系统自 2011 年 5 月开始建设以来,得到了学院师生的大力支持。截至 2012 年 2 月,信息系统已经完成了功能的设计、网站的布

局,导入了公共管理学院所有在校本、硕、博学生的基础信息,以及学院自2005年建院以来所有毕业生的就业信息。辅导员、教务管理人员、班主任、德育导师已经开始启用系统的任务发布、谈话交互、班会记录等功能,并在实践中不断修改完善系统功能。通过试用该系统,已经初步实现了学业信息、教学信息、资助信息、交互信息、就业信息、校友信息共享,以及思政与教务服务协同、管理职能与服务职能协同、就业工作与校友联络协同的良好工作局面。

特别值得提出的是,学院在2012年2月处理一起本科生突发事件的过程中,辅导员、班主任的事前谈话交互记录为学院及时实施预警关注和帮扶救助措施提供了重要的线索,进一步凸显了网格化管理在信息共享、集体研判、协同帮扶方面的优势。

浙江大学学生网格化管理体系目前尚未完全建设,仍需要在以下方面进一步完善:

(1)进一步落实《浙江大学公共管理学院本科生学习生活小组组长工作条列》,在完成遴选初次网格组长的同时,加强对组长在发现问题、沟通联络、整理信息、及时上报等方面的技能培训,同时完善系统在学生组长登录后交互界面的功能模块建设。

(2)通过查询档案、面谈等方式,进一步完成系统中学生各类基础信息的采集和完善工作,以便为"二次网格化"管理提供重要的信息条件支撑。同时在实践中进一步探索"动态二次网格的重构",以及为"二次网格单元"提供个性化、差别化服务与指导的有效工作方法与工作机制。

(3)加强对班主任、德育导师使用系统习惯的培养,并将班主任、德育导师在系统中的工作记录作为工作考核的重要依据。此外,努力将研究生导师也纳入网格化管理的节点中来。

(4)进一步推进与学校本科生、研究生学生管理系统的对接工作,使得学院学生管理系统中有关学生的评奖评优、资助、勤工助学、违纪处分、学习成绩、就业等信息能够与学校的信息资源保持实时同步,以进一步提高我院学生管理系统中各项基础信息的准确性,为辅导员、班主任和德育导师提供更多更准确的学生信息。

附件：

浙江大学公共管理学院本科生学习生活小组组长工作条例

为进一步践行"以学生为本、以服务为先、教育与管理相结合"的学生管理理念,在服务中实现管理,在管理中体现服务和教育,实现学生管理的信息化、规范化、精细化和系统化,从而为学生提供个性服务和教育引导。学院学生党总支决定于2011—2012学年开始实施网格化管理服务项目,启动和完善学生网格化管理服务信息系统,充分利用公共管理学院在社会管理领域的学科优势,积极尝试网格化管理在高校学生管理与服务中的实践。根据学院网格化管理服务项目实施方案,特制定本工作条例:

一、班级学习生活小组介绍

班级学习生活小组是学院网格化管理服务体系的最小单元格,即学院学生管理的最小单位(学院管理纵向由上至下构架为"学院—年级—班级—学习生活小组"),是学院同学大学期间学习生活的主要平台。班级学习生活小组一般由学习生活在同一空间区域内(原则上以寝室为单位)的4～8名同班同学组成,经过小组生活会推选产生组长1名,根据实际需要可增选1名副组长。组长负责本学习生活小组日常事务,包括定期召开小组生活会;收集和反映同学需求、意见和建议;定期将本小组成员学习生活情况录入网格化管理服务信息系统;开展特色小组活动等。组长向本小组成员及班主任和班委负责,在学院学生教育发展中心与广大同学之间发挥纽带的重要作用。

二、班级生活小组成员及组长工作职责

班级学习生活小组成员(以下简称"组员")应积极主动参与本小组的组织生活,参与本小组生活会的情况纳入评奖评优考察范围;成员在"团结互爱、诚实守信"原则下,有权在生活会中自由表达个人意见和诉求,寻求小组其他成员的帮助和支持;同时应充分尊重其他组员的意见和诉求,尽可能地给予关心和帮助,共同营造良好的学习生活氛围。

班级学习生活小组组长(以下简称"组长")负责学习生活小组各项日常事务:制定并监督实施本小组学习生活公约;每月至少主持召开两次小组生活会,促进组员交流与沟通;收集和反映组员日常生活诉求,并给予关心和帮助;及时传达学院以及班级通知等相关信息,为组员提供信息保障;及时完成网格化管理服务信息系统的录入,将组员最新状态更新至信息系统;定期向班主任、班长汇报工作；充分利用各种资源为组员提供良好的学习生活环境和氛围。

三、组长选拔要求与方式

组长是学习生活小组重要的组织和实施者，应具备一定的组织和领导能力，愿意积极主动为同学服务，有较强的责任心和奉献精神，与同学们关系融洽，具有良好的生活学习作风。

组长由学习生活小组成员民主推选产生，并报学院学生教育与发展中心备案。

公共管理学院学生教育与发展中心

2011 年 9 月

浙江大学实施青年
马克思主义者培养工程的实践

一、浙江大学组织实施青年马克思主义者培养工程的背景

高校作为国家知识创新和高层次人才培养的重要基地,它的稳定和发展具有很强的辐射性、带动性和示范性,对经济发展、国家安全和社会稳定等具有战略性的影响。

近年来,随着经济社会的深刻变革和高等教育事业改革的不断深入,作为高校主体的青年大学生,在学习生活方式、社交活动模式、组织管理形式上都发生了显著的变化,思维更加活跃、个性更加突出、诉求更加多样,这就对高校稳定工作提出新的更高的要求。浙江大学通过狠抓学生骨干队伍建设,注重发挥学生骨干作用,尤其是充分利用学生骨干自我教育、自我管理的独特性,将学校的意图和要求通过学生干部队伍贯彻落实到学生群体中,使之成为学校维稳工作一支不可或缺的力量。

2007 年 5 月,团中央、全国学联正式启动了"青年马克思主义者培养工程"(以下简称"青马工程"),将培养中国特色社会主义事业的合格建设者和可靠接班人赋予了新的时代内涵。按照团中央《"青年马克思主义者培养工程"实施纲要》的要求,浙江大学于 2007 年 9 月启动了"青马工程"。经过五年多的探索与实践,不断深化对"青马工程"的认识和理解,充分挖掘整合校内外资源和力量,将"青马工程"与学校维稳工作紧密结合,探索"青马工程"的实现路径和工作方法,以"加强顶层设计,重视学院建设,整合培养资源,优化考核机制"为培养模式,逐步建立"青马工程"的长效培养机制,积极发挥学生骨干队伍在学校维稳工作中的作用。

二、浙江大学组织实施青年马克思主义者培养工程的探索与实践

1.加强"青马工程"的顶层设计

浙江大学"青马工程"的工作对象主要是大学生骨干。这一群体是广大青年学生中综合素质优秀、组织管理能力突出、有较强影响力的骨干分子,是学校和广大同学之间联系的桥梁和纽带,是学校培养具有国际视野未来领导者和高素质创新人才的主要对象,也是学校维稳工作的一支重要队伍。因此,对于这一群体的培养不同于其他学生组织,更要加强顶层设计和战略框架构建,调动其工作积极性。为此,浙江大学制定了"青马工程"学生骨干培养计划,建立了"一个目标、两个体系、三个层次、四个重点、五个主题、六个主阵地、七个主载体"的长效培养机制。即:

一个目标:紧扣"政治坚定、德才兼备、素质全面、模范表率、堪当重任"的培养目标。

两个体系:建立校、院两级培养体系。

三个层次:形成高层次学生骨干培训班、学院学生骨干培训班、学园学生骨干培训班三个层次的培训平台。

四个重点:建设"浙江大学青年马克思主义者培养学院"、组建"青马工程导师团"队伍、建设"青马工程"主题网站和建立"浙江大学青年马克思主义者种子库"四个工作重点。

五个主题:围绕坚持不懈地以社会主义核心价值体系教育青年、以马克思主义中国化的最新成果武装青年、以改革开放的伟大成就鼓舞青年、以加快建设世界一流大学和构建社会主义和谐社会的宏伟目标凝聚青年、以"永远跟党走、争做新一代"的时代使命感召青年等五大主题。

六个主阵地:学生会、研究生会、博士生会、青年素质发展中心、学生社团联合会、学院学生组织等六个主阵地。

七个主载体:理论培训、高端论坛、社会实践和志愿服务、基地建设、对外交流、树立典型、课题研究等七个主载体。

2.大力建设青年马克思主义者培养学院

在组织构架上,浙江大学在浙江省成立了第一个青年马克思主义者培养学院(以下简称"青马"学院)。学院由校党委副书记任院长,成立了由学校党

委组织部、党委宣传部、党委学工部、党委研工部及外事处、就业指导与服务中心、团委等部门负责人组成的学院工作指导委员会,对学院的相关重要工作进行指导,团委负责学院日常事务。学院下设培养规划工作组、理论培训工作组、实践锻炼工作组、活动创办工作组、对外交流工作组、课题研究指导组、网站和 CIS 工作组等七个工作组(图 4.5),负责对学生骨干的成长进行具体的规划和指导。在学校"青马"学院的影响辐射下,各学院也纷纷建立了大学生骨干培养的基地和组织,成立相应领导机构,并逐步建立领导决策、议事协调、表彰激励等工作机制,通过重点项目和活动,推进本学院各类学生骨干的培养。

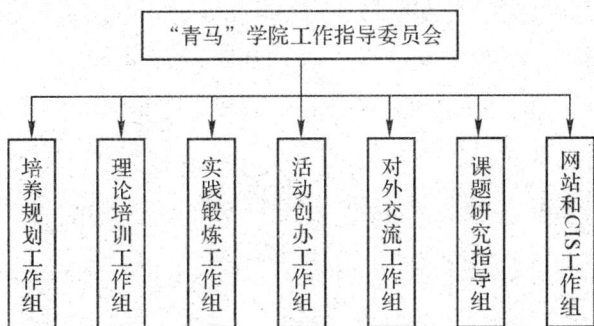

图 4.5　"青马"学院工作指导委员会组织架构

在培养理念上,"青马"学院按照"又红又专"的育人要求,准确把握大学生骨干培养的规律,研究制定了《浙江大学"青年马克思主义者培养工程"学生骨干培养的实施办法(试行)》和《浙江大学青年马克思主义者(学生骨干)培养学院培养方案(试行)》,指导全校各级团组织开展工作。《办法》和《方案》明确要求,"青马"学院是以培养和提升学生骨干的"信念、品格、视野、能力"为目标,要坚持重点与一般相结合、坚持理论与实践相结合、坚持组织培养与自主教育相结合、坚持阶段培训与长期培训相结合、坚持教育引导与满足需求相结合的原则,培养要体现政治性、先进性、示范性和互动性,要运用自我培养、同伴培养、学院培养和社会培养四结合的培养方式,实行分类培养、阶段培养、发展性培养三结合的培养步骤,树立"大教育、大培养"的理念,注重工作的优化整合和有序推进,形成工作合力。

在培养模式上,狠抓培养质量,构建"四模块、五形式"的培养模式。"四模块"即专题理论培训、成长对话、理论研读、特别课程四个模块(图 4.6)。
一是围绕九大专题理论展开培训,即"领袖人格与领导力开发"、"社会主义的
过去、现在和未来"、"科学发展观:社会主义现代化建设指导思想的重大转
型"、"传统文化与德行塑造"、"中国特色社会主义理论体系与发展战略"、"马
克思的按劳分配理论与我国的实践"、"求是与时代精神"、"科技发展与自主
创新"和"中国经济增长与'三农问题'"九大专题,对学生进行专题理论培训。
二是学院通过聘请成长导师团,以师生对话的形式,在职业生涯、社会实践与
志愿服务、科技创新与调研、文体工作等方面给予学生指导。三是学院通过
一定的师资和平台引导学生进行马列经典理论的研读和浙江模式的解读。
四是学院以重大纪念活动、时事热点等为契机,设立特别课程,如"五四"青年
节宣誓、"文军长征颂"校庆演出等。通过庄严的纪念活动,对世情、国情、党
情、民情、校情的"五情"内容进行解读,加强对学生的教育和培养。"五形式"
即通过专家讲座、成长导师对话、研读经典、解读浙江、"五情"学习五种形式,
以讲座报告、对话心得、读书笔记等为考核内容,全面抓好"青马工程"的理论
培训环节。

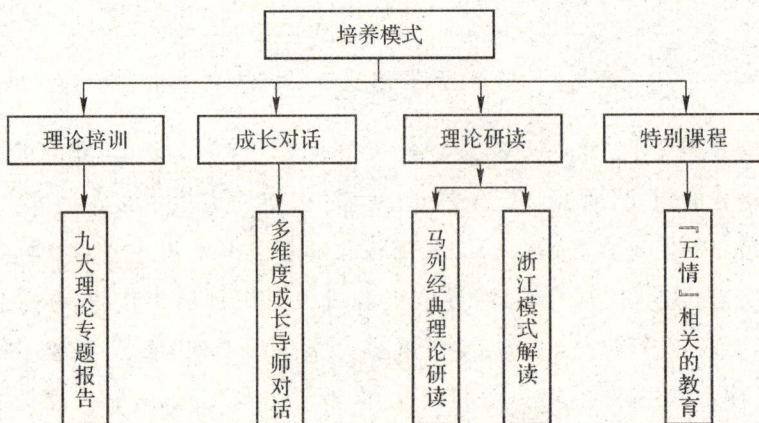

图 4.6 "青马"学院培养模式

此外,"青马"学院还将课程细分设置,分理论培训、实践锻炼、创办校园
活动、对外交流、课题研究等五个环节。每一环节的课程设置都始终强调理
论视野的政治教育,强调德性之美的品德教育,强调社会责任的人文教育,强
调应对挫折的情境教育,强调现代性的公民教育和自我教育。

在人才选拔上，"青马"学院选拔品学兼优的校、院两级学生团干、学生会干部、学生社团骨干，以及在学术、科技、文化等方面业绩突出的本科生和研究生为培养对象。[①] 研究也验证我们的做法，培训对象的选拔对于高校实施"青马工程"有着重要意义，对培训对象的选拔不仅要将传统意义的学生干部纳入培养体系，还要充分考虑新兴的各类学生组织的骨干，特别是在校园中影响较大的社团骨干、青年组织骨干、学生创业典型以及在文艺体育、科研学术上成绩突出的特长生。按照组织推荐和学生自荐相结合的原则，经过初审、笔试、面试、考察、公示等环节，校"青马"学院每年选拔 30～40 人，以一年为培养期限，春学期开班。2010 年起，为提高培养质量，保证培养效果，推进校院两级培养体系的联动与培养工作的衔接，"青马"学院增设预备学员制，预备期为半年，预备期满考核优秀者可优先录取为正式学员。

3.组建"青马工程"导师团队伍，着力整合校内外人才培养资源

在师资队伍建设上，"青马"学院发挥学校学科综合、师资力量雄厚和社会联系丰富等优势，狠抓导师队伍建设，组建了"专业导师团"和"成长导师团"队伍。学院聘请从事马列主义相关理论研究的 9 名专家学者，组成"专业导师团"；还聘请从事思想政治工作的教授、从事党政管理的高层领导、社会知名人士等 47 人，组成"成长导师团"。以校内为主、校外兼顾、内外结合、优势互补的原则，建立规模适中的开放式的"青马工程"两支导师队伍。同时在"成长导师团"下成立职业发展规划导师组、文化体育与社团活动导师组、科技创新与理论调研导师组、社会实践与志愿服务导师组。由导师团根据校院两级培养对象的需求进行理论培训、课题研究以及个体职业生涯规划和实践指导。

在实践培养环节上，"青马"学院利用现有培养资源，尤其是在"成长导师团"对应的社会实践与志愿服务导师组的指导下，加强校院两级学生骨干的实践锻炼。在导师团组织和帮助下，"青马"学院组织了"大学生骨干在实践中成长"村官挂职锻炼计划；"和谐青春·科学发展"科学发展观宣讲团赴日本、香港、澳门等地对外交流活动；以红色基地建设、志愿服务等为载体和主

---

① 杜兰晓，吕媛媛：《高校"青年马克思主义者培养工程调查报告"》，《中国青年研究》2008 年第 12 期。

要形式,组织全校"青马工程"培养对象深入到农村、社区、企业等开展生产劳动、民情体验、参观考察、企业管理、政府管理等实践活动,使大学生在实践活动中受教育、长才干、作贡献,增强社会责任感,提高社会适应能力,不断从实践中寻找努力方向。[①]

在课题研究上,"青马"学院依托校内科研资源,尤其是"专业导师团"的资源,狠抓大学生骨干的学习调研。按照"1+1"的选题模式,即专业导师团指定研究课题和培养对象自选课题,指定课题以小组为单位完成,自选课题个人独立完成。要求培养对象广泛调查、深入研究,就社会领域的重点热点问题、青年学生关注的学习和成长问题、人民群众关心的理论问题、青年学生感兴趣的社会问题等开展调查研究,完成并提交小组研究报告一份、个人研究报告一份,以提高培养对象发现问题、分析问题和解决问题的能力,培养研究能力和社会关怀。在课题研究环节,"青马"学院征询专业导师团意见和建议,制定当期课题研究的主题,然后统一组织关于社会科学研究方法的专题培训,再由学员在导师的指导下完成课题研究,并形成报告。

4.建设"青马工程"主题互动平台网站

网络是大学生群体最易接触且最易接受的事物,要适应信息时代青年的思维和行为特点,进一步加强对网络的运用。"青马"学院为适应网络学习的新形势、提高学习效率、加大学习成果交流,在互动平台建设上,利用网络资源,打造综合性、开放性网站,将主题教育网站和"青马"学院网站进行整合建设和开发。

网站集学习、交流、工作"三位一体",设立"时事新闻"、"青马风采"、"学习园地"、"成果展示"、"学院采撷"、"他山之石"、"青马档案"、"种子库"等栏目,点击次数近90000次,已成为浙江大学"青马工程"强有力的一个辐射源。在网站建设过程中,"青马"学院加强网络队伍建设,还培养了一支政治素质高、业务能力强的网络管理队伍。

5.着力制定标准化考核机制,注重跟踪培养

浙江大学"青马工程"实行学院(或学园、校级学生组织)培养、学校(校级

---

① 杨忠学:《探索新时期高校培养青年马克思主义者之路》,《思想政治教育研究》2008年第5期。

"青马"学院)培养两阶式,注重促进"两联系",即促进与学生组织的联系、促进与各级基层党团组织的联系,经过院级(或校级学生组织)培养并考核优秀的培养对象获得举荐机会参加校级培养。总体培养分为"院级(或校级学生组织)培养阶段"(初阶段,一年)—"校级培养阶段"(重点阶段,一年)—"动态跟踪培养阶段"(长期)三个阶段。为了更好地对每一阶段浙江大学"青马工程"的工作进行评估,同时也为了加强对该项工作的管理,"青马"学院在指导部门和相关专家的帮助下,制定了考核机制,使"青马工程"各个培养模块能够整体联动起来,进而全面反映学生骨干的学习成效。

根据"青马工程"各个模块之间的内在联系,按照"阶段性考核与终期结业考核相结合、学院考核与自查自评相结合"的方式,设计学生的考核。在阶段性考核中,结合各个培养模块的课程要求,进行定点、定量的考核,比如学生参加讲座报告的次数、撰写学习心得的篇数、课题研究的质量、实践活动的成果等;在终期结业考核中,着重考核学生课程完成的情况、导师的客观评价情况和"种子库"的日常表现记录情况等,最终分成优秀、合格两个层级,记入学生骨干基本信息。

针对学生骨干发展的不同维度,浙江大学还邀请相关专家制定了"学生发展与领导力培养"自查自评表(详见附件)。考察表以"政治素养、理论基础、国际视野、战略思维"为基本培养因子,按照四大培养因子制定二级、三级培养指标,要求学生骨干每月自查一次,跟踪培养情况,适时反馈自查结果,并根据自查自评发现的问题,适当进行个别辅导和重点培养。学生培养考核机制的建立和完善,把从学校要学生发展的培养模式引向学生自我发展的培养新方向,极大地调动了学生学习实践的积极性和主动性,使"青马工程"逐渐成为学生骨干成长进步的有效载体。

学院注重跟踪培养,把接受校院两级、三个层次培养的优秀学生骨干建档立册,依托"大学生素质拓展认证体系"的技术平台,开发建立培养工程学生骨干种子库。"种子库"除反映校院两级"青马"学员日常学习记录外,另一重要的功能就是动态反映培养对象的基本信息、思想动态、培养历程和成长过程,形成集记录和考核功能为一体的优秀学生骨干电子信息档案。

三、浙江大学青年马克思主义者培养工程在高校稳定工作上的成效

1. 把握培养对象的群体特征,加大稳定意识培养,进一步夯实学校稳定

工作的思想基础

浙江大学"青马工程"以领导创新型人才的开发与培训为重点,立足国家、社会发展和青年需要,不断深化对"青马工程"体系的认识,正确引领青年人科学规划自身发展,构建内容更加充实、形式更加多样、层次更加鲜明的青年骨干培养体系,加强学生骨干政治意识、全局意识和危机意识的培养,发挥学生骨干队伍自我教育、自我管理的独特作用,为夯实学校维稳工作奠定良好的思想基础。

学院编写了《浙江大学青年马克思主义者培养工程理论读本》,将《浙江模式与地方政府创新》作为规定读物,组织了《科学发展观:社会主义现代化建设指导思想的重大转型》等专题理论培训,通过聘请知名教授专题理论培训、学员集中学习、课后撰写学习心得等方式,加强理论学习。同时根据大学生的特点,组织学员结合时事热点,开展时事讨论会,进一步验证理论学习,从而实现自我教育。五年来,共印发1000多本理论读本,开展了140余场专题理论培训,学员完成理论学习心得近800篇,影响、辐射4万余名学生。

2.把握人才培养的客观规律,探索和创新培养机制,进一步稳固学校稳定工作的组织基础

浙江大学"青马工程"注重把握人才培养的客观规律,将学生工作实际与青年学生时代特征、思想政治教育与能力素质拓展相结合,以增强先锋意识、服务意识、创新意识、团队意识为重点,通过专题报告、互动参与、素质拓展、学员展示、参观调研、交流讨论、社会实践等途径,追求高品位,注重实效性。将学生骨干个体培养与增进团队合作、形成团队意识相结合,推动个人稳健发展与团队跨越式发展的统一,从而探索一套彰显时代特点、深具浙江大学特色、富于创造性和实效性的学生骨干培养长效机制,进一步稳固学校稳定工作的组织基础。

学院从开发、引进到管理、利用,全方位入手,实现资源建设的科学化、社会化和集约化,统筹规划,合理配置,巩固学生骨干培养工作的长效机制。打造"大学院"概念,努力将校内各个系统的培养对象集结起来,从空间、时间、内容等各个方面实现不同院系、组织的培养对象的整体培训。重视评估考核环节,激活竞争激励、优化榜样激励、引导自我激励,认真分析考核结果并反馈到人才培养的模式中去,使培养效果落到实处。校院两级"青马"学院成立

以来,围绕科学发展观、全面建设小康社会、马克思主义中国化最新成果在青年中传播和接受规律研究,共立项各级课题 62 项,完成调研报告 454 份,开展各类实践、对外交流活动 350 多次,2000 多名学员顺利结业,4000 多名学生参与各类活动。

3.把握骨干群体引领作用,构建校园和谐氛围,进一步加强学校稳定工作的人才基础

浙江大学"青马工程"将培养、使用和输送相结合,深入挖掘育人资源,将优秀案例与科学理论相结合,紧密结合当前时政热点,把握正确的学习导向,探索形成针对浙江大学青年骨干成长实际情况的教材体系,有效促进更多学生骨干健康、全面、可持续发展,探索并建立一套选拔、培训、使用、推荐一体的,畅通、高效的青年骨干培养路径体系,最大限度地发挥骨干群体的引领示范作用,为构建和谐校园发挥积极作用。

浙江大学"青马工程"设立了"种子库",并对学员进行动态跟踪培养,在选拔政治辅导员、研究生支教团、出国交流以及推荐就业等方面发挥了巨大作用。据不完全统计,浙江大学"青马工程"实施至今,入库的近 2000 名培养对象中产生政治辅导员 30 余人、研究生支教团成员 30 余人、西部就业 10 余人、学业继续深造 80 余人。进一步扩大了工程的影响面和辐射面,为高校加强稳定工作提供了坚实的人才基础。

附件:

浙江大学青年马克思主义者学院培养对象自查表

填表须知:本表作为培养对象自我评价和激励的重要方式。培养对象对照"青马工程"的培养要求,进行自我培养,督促自身向"政治坚定、德才兼备、素质全面、模范表率、堪当重任的社会主义事业可靠接班人"的培养目标靠拢。自查表不作为学院考核的依据,但作为自我考核的依据。自查表在培养对象内部公开,供互相学习、互相监督、互相激励、共同成长。

请参考本月学习表现情况,按照如下要求认真打分(填"○"):

一级指标	二级指标	三级指标	自我评分					自评备注
			1	2	3	4	5	政治素养
政治素养	国家政策、法规的学习与落实	科学发展观的学习与践行						
		国家法规的研读与评析						
		关注国家相关政策的发布与新形势的评析						
	关注国内政治、经济、文化动态	国内政治形势与热点的关注与评析						
		国内经济形势与热点的关注与评析						
		国内文化形势与热点的关注与评析						
		围绕重大政治、经济、文化事件的实践						
	"青马工程"建设的参与度	"青马工程"日常活动出勤情况						
		"青马工程"相关工作与活动的参与质量						
		服务意识、奉献精神及其日常实践						
理论基础	理论读本和经典著作的学习	经典马列著作的研读与评述						
		中国特色社会主义理论体系的学习与研究						
		中西政治、经济、文化领域经典著作的研读与评述						
	中国国情与发展经验的学习和研究	国情、民情的学习与研究						
		区域发展(浙江模式)的经验学习与研究						
		走进社会基层,了解民生民情,开展志愿服务和实践活动						
	"青马工程"理论研究	"青马理论"培训的参与与学习情况						
		"青马工程"调研课题的完成情况						
国际视野	经济视野	国际经济形势的认识与分析						
		发达国家经济政策与情况						
		发展中国家经济政策与情况						
		各类实地调研参与情况						
	政治视野	国际政局总体状况的认识与分析						
		国际时事及热点的认识与分析						
		对国际关系、外交活动的关注						

续表

一级指标	二级指标	三级指标	自我评分					自评备注
			1	2	3	4	5	政治素养
国际视野	文化视野	国际文化热点评析						
		主要媒体信息与舆情分析						
		传播先进文化、民族文化、社会主义核心价值体系的意识与实践						
		参与对外交流活动及心得分享、经验推广						
		对国际青年工作的关注与经验总结						
战略思维	国际战略思维	对全球化和世界政治经济秩序的思考						
	国家战略思维	对中国特色社会主义理论体系与实践的思考						
		对中国国情的审视与政策的思考						
	学校发展战略和自我发展战略思维	对浙江大学青马工程整体发展的思考						
		对浙江大学建设世界一流大学的思考和实践						
		对所在学生团体经验的分析总结、发展展望						
		对身边工作、学习等各类具体问题的研究与判断						
		对创造性工作的前瞻性规划和实践						

注：表格中"自我评分"采取五分制(1～5分)，学员通过回忆本月自我学习成长情况凭主观自我打分。打分为1、5分的项目须填写对应的"自评备注"，简略说明取得成绩或感到不足的原因，供大家学习借鉴。打分为2、3、4分的项目不须(但鼓励)填写"自评备注"。

第五章　社会治理视角下的综合治理工作

创建平安校园,是维护高校稳定的前提和基石,是社会治理在高校的延伸。对高校自身而言,安全稳定的校园、和谐文明的环境是学校改革发展的前提条件,是学校各项事业顺利进行的重要基础。维护高校稳定,必须确保全校师生员工的人身安全、财产安全、精神安定,确保师生员工能够安居乐业。而高校综合治理工作在其中承担着源头性、根本性、基础性工作,发挥着十分重要的作用。高校综合治理工作必须着眼于构建平安校园,才能把握校园安全稳定的各个关键环节,特别是预防和控制违法、犯罪、灾害等危急失序事件,为正常的教育教学、科学研究、社会服务等创造和谐安定的办学秩序和校园环境。

第一节　高校综合治理工作的现状

一、高校综合治理工作机制的概念内涵

高校综合治理是伴随我国改革开放和现代化进程产生的一个重要课题,渊源于社会治安综合治理这一解决我国社会治安问题的总的战略方针。它是解决高校治安问题的根本出路,是具有中国特色的维护高校稳定的有效途径。

"社会治理是实现治理的一种方式和途径,而治理则是一种新型的公共管理模式。"①高校在公共管理学范畴定义为一个非强制型的公共组织,非强制型的公共组织主要是指各种院校、社区学校、研究所、基金会、医疗保健机构、文化和科学技术团体、各种咨询服务机构等。这类公共组织的最大特点是非强制性和服务性,其中多数是非营利的组织。从上述两个意义上讲,高

---

① 吴俊杰,张红等:《中国构建和谐社会问题报告》,中国发展出版社 2005 年版,第 245 页。

校综合治理可以看做是一种新型的公共管理模式。

高校综合治理工作机制就是在社会治安综合治理的大系统工程中,紧密结合高校的特点和治安状况,在学校党委和校长的领导下,动员和组织全校各方面的力量,运用多种手段预防、控制各种违法犯罪活动,对高校的治安情况实施科学、高效、有序的管理,创造和谐的教书育人环境,维护学校的政治安定和治安稳定。

二、高校稳定与综合治理工作机制的关系

研究和构建高校综合治理机制不是终极目的,促进高校综合治理系统正常有序地运转,使高校综合治理各项措施得到贯彻落实,校园治安环境稳定,校园治安秩序良好,师生员工乐学、乐育、乐研、乐居,才是其根本目的。

1.高校综合治理工作机制是高校维稳职能作用的重要体现

《国家中长期教育改革和发展规划纲要》明确提出高校维护和谐稳定的任务,要求高校要"建立健全安全保卫制度和工作机制,完善人防、物防和技防措施。加强师生安全教育和学校安全管理,提高预防灾害、应急避险和防范违法犯罪活动的能力。加强校园和周边环境治安综合治理,为师生创造安定有序、和谐融洽、充满活力的工作、学习、生活环境"。只有高校综合治理工作深入开展,各项综合治理措施逐步得到贯彻落实,才能创造稳定的校园环境。

2.高校综合治理工作机制是高校驾驭和控制维稳动态和治安局势的重要途径

高校综合治理工作机制具备以下功能:一是对各类预警性信息的及时收集、分析、反馈和处理功能;二是对可能引发的各类违法犯罪、治安事件提前预防和控制功能;三是对违法犯罪活动特别是恶性案件快速反应处置功能;四是对突发事件和灾害事故组织有效抢险、救助和处置功能。[①] 基于以上四大功能,高校综合治理工作机制建设成为驾驭和控制高校维稳动态和治安局势的重要途径。

---

① 杨露:《动态环境下高校治安防范机制的理性分析》,《天津大学硕士学位论文》2007年。

三、高校综合治理工作取得的有效经验

近年来，根据党中央、国务院关于加强高校安全稳定工作的要求，各高校以维护校园安全和稳定为目标，全面落实高校综合治理各项措施，始终把综合治理工作摆在突出位置，与时俱进、开拓创新、求真务实、真抓实干，取得了显著成效。回顾多年来高校综合治理工作的发展历程，主要在以下五个方面积累了宝贵的经验：一是坚持组织领导，搭建综合治理推动学校安全稳定工作平台；二是坚持预防为主，突出抓好影响高校稳定矛盾问题的排查化解工作；三是持续开展专项整治，集中解决学校及周边治安隐患及突出问题；四是坚持狠抓基层基础，扎实推进平安校园建设工作；五是坚持长期督导检查，落实工作责任制和责任追究制。

四、高校综合治理工作存在的不足

高校综合治理工作为维护高校政治稳定和校园治安环境、创造良好的教学科研秩序作出了重要贡献。但是，由于诸多因素的影响，高校综合治理工作还存在一些亟待解决的问题，只有认真分析存在的问题及其成因，才能增强高校综合治理工作的针对性与实效性。

1.高校综合治理的全员认识还有待提高

全校上下达成共识是高校综合治理目标的衡量标准之一，也是做好高校稳定工作的重要前提。但是，当前综合治理工作中暴露出的一些问题反映出高校对综合治理工作的全员认识尚有不足。一是少数领导干部对责任的认识还不够到位，甚至出现一些偏差，一些高校综合治理工作责任不落实的问题依然存在。二是师生员工主体角色缺位，知晓率、参与度不高，"上热下冷"现象比较突出。

2.高校综合治理工作存在一定的滞后性

随着社会的发展和公众期望的提高，高校综合治理工作表现出滞后性。一方面是意识滞后，学校安全的维护不仅是学校的责任，还涉及公安、消防、卫生、工商等多个职能部门，而部门条块分割的管理现状使得各管理主体在实际工作中多从部门本位出发，缺乏对学校安全综合考虑的意识。另一方面是联动不足，由于事件的偶然性、环境的变异性和人员的不确定性因素，综合

治理工作通常不会表现为单一的管理问题，而在处置时由于多个管理部门缺乏联动，各自为政，各管一摊，导致实际工作出现运转不高效、配合不协调、口径不一致等问题。

3.在人力、物力、财力的投入上与综合治理工作严峻形势存在不适应之处

安全保卫工作人力不足，高层次人才相对缺乏，队伍中理念偏差、服务大局、服务师生等意识不强，不善于化解矛盾，不注重调解效果等问题不同程度地存在；全面把握政策，准确适用法律，处理复杂事件，做好群众工作能力不强；专职保卫力量无论从数量和质量上都不适应工作的实际需要，物防、技防跟不上急速发展的科技形势，学生宿舍楼道、食堂、实验室等敏感区域和重点部位的监控、防范方式研究和探索力度不足。

4.齐抓共管的局面还未真正形成

专门工作与群众路线相结合，是我党保卫工作的基本路线。专门机关工作与群众路线相结合，指政法机关在同违法犯罪行为作斗争的过程中，既要依法行使职权，充分发挥自身的职能作用，又要坚持群众路线，最大限度地取得人民群众的支持和协助。这是在长期的政法工作实践中形成的优良传统，也是高校综合治理工作必须坚持的原则。而在实际工作中，绝大多数高校的综合治理工作是保卫部门"独家"经营，把综合治理与保卫工作完全等同起来。例如，由于多方排查、多方挖掘师生中深层次、预警性的情报信息的合作紧密度不足，高校合并、院系调整、后勤服务等校内矛盾转化为影响安全稳定事件的情况不在少数。

5.高校综合治理的责任措施需要进一步到位

措施落实是搞好综合治理的核心，实行不同形式的责任制是主要措施。而目前各高校所推行的"一票否决制"和"责任追究制"大多停留在责任书中，没有真正同个人考核、奖惩及晋级挂起钩来，因而广大师生的积极性没有被调动起来。

6.对高校综合治理工作的规律研究不够

综合治理工作是一项长期而重要的工作，我们必须把握其运行的规律，使其发挥最优作用。而实际工作中，由于综合治理工作任务越来越重，压力越来越大，主要力量集中于一线工作，很少有专人对综合治理工作的规律进

行研究,使得综合治理工作缺乏理论指导,事务性工作多,工作计划性差,在一定程度上带有盲目性。

第二节　高校综合治理的基本理念

一、服务发展,服务师生,树立正确稳定观

高校综合治理是社会管理的重要组成部分,校园安全稳定是党和政府的重要职责,关系到社会安全稳定的大局。高校的校园治安秩序和环境的好坏,直接影响到青年学生的世界观、人生观、价值观、是非观的形成与发展,直接影响到社会稳定。在新的形势下,落实党中央关于维护稳定的工作部署和要求,从更高起点、更高层次、更高水平上思考和维护高校稳定工作,是一项重大的战略任务。要从大局和战略的高度,妥善处理好打击与保护、惩治与预防、服务与管理等涉及校园和谐稳定的一系列重大关系,始终坚持把服务发展作为首要任务,把师生满意作为根本标准,把化解矛盾作为工作主线,把夯实基层基础作为关键环节,把平安校园建设作为有效载体,统筹推进学校及周边综合治理工作,确保高校安全稳定。

二、着力解决"四种关系",创新综合治理方略

当前,我国正处于社会转型期,多元利益冲突与风险社会的特征凸显。

教育作为社会管理的窗口行业,是转型期社会管理改革和创新的重要领域。近年来,高校突发事件时有发生,部分事件后果严重,学校安全稳定受到社会各界的高度关注。地方政府、教育行政部门、高校应根据中央维护稳定的战略部署,从保护师生安全、维护校园稳定和构建和谐社会的高度,充分认识维护校园安全的极端重要性和现实紧迫性。

在转型期和风险社会的背景下,高校维稳面临着一系列新问题和新挑战。结合存在的实际问题,高校应坚持解放思想,与时俱进,对综合治理工作进行深入再思考,着力解决"四种"关系,树立正确的稳定观。一是"上下关系"。解决好工作中过于依赖领导的批示和上级的指示、责任层层"上交"等问题,明确"守土有责",切实履行"第一道防线"的职责。二是"左右关系"。

解决好综合治理工作机制不畅、信息不灵、资源流失等问题,明确"一票否决制"和"问责制"。三是"远近关系"。解决好忙于处置突发事件、只图眼前一时稳定等问题,强调对稳定工作长远谋划和通盘考虑,注重防范工作,把一些容易导致突发事件的因素解决在萌芽状态。四是"前后关系"。解决好继承和发展、总结和提高的问题,以创新思维带动综合治理工作向新领域拓展。

第三节 高校综合治理的工作格局

一、构建大综合治理格局,体现齐抓共管的广泛性

高校综合治理,作为一项系统性的工程,要加强机制的创新,形成全校各方面齐抓共管的局面。一是党委负总责,主要领导亲自抓。把建设平安校园纳入高校改革发展的总体布局,党政一把手是第一责任人,亲自抓、直接抓,分管领导重点抓、具体抓,把各项工作责任落实到领导、单位和个人,建立"纵向到底、横向到边、上下联动"的责任网络,以及决策目标、执行责任、考核监督三个体系。二是综合治理部门认真履行职责,发挥主力军作用,各教学单位、职能部门各司其职,提高工作效率和水平。三是各有关部门、院系齐抓共管,形成整体合力。

二、完善大调解机制,提高化解矛盾的针对性

完善和规范矛盾纠纷排查调处机制,狠抓预防和化解工作。坚持以人为本,深入开展矛盾的排查化解工作,努力解决涉及师生切身利益的问题,不断健全矛盾纠纷排查调处工作机制和各项防范制度。进一步畅通师生诉求表达渠道,深入了解师生员工的实际需要,切实解决好师生员工最关心、最直接、最现实的利益问题,从源头上预防和化解各类矛盾纠纷。"靠上去、控制住、解决好",努力把矛盾纠纷化解在基层、解决在本部门,杜绝"民转刑"案件和群体性事件的发生。

三、创新大服务模式,增强安全管理的整体性

转变观念,寓管理于服务之中。一是做好校园日常安全服务工作。充

分发挥保卫人员在维护校园治安秩序、外来人口管理、重点部位守卫、治安巡逻、交通管理等工作中的主力军作用,确保教学、科研的正常秩序。二是加大检查力度。及时发现并消除安全隐患,切实做好政治敏感日、重要节日和大型活动期间的安全防范工作。三是积极做好学校及周边的专项整治工作。密切配合公安机关、综合执法等部门,集中整治,专项打击,努力为广大师生员工创造良好的治安环境。四是加强校园网络建设和管理。充分发挥网络的窗口作用,一方面发挥网络沟通信息的渠道作用,优化资源共享平台,进一步丰富校园网内容,为广大师生员工提供方便;另一方面建立健全网上综合防控体系,加大网上巡查力度,强化网上舆情监控引导、分析研判、快速反应等措施,及时封堵、删除宣传煽动、动员组织大规模群体性事件的信息和其他有害信息,净化网络环境。

四、健全大防控体系,凝聚群防群治的积极性

高校综合治理工作涉及学校方方面面,参与部门多,与全校师生都有密切关系。应由学校党政集中统一领导,根据"谁主管,谁负责"的原则,结合各部门不同的职能,层层签订综合治理目标管理责任状,明确各岗位综合治理目标管理的责任、义务以及奖罚标准。将综合治理工作作为对教职工考核的重要内容,调动全员参与、人人管理的积极性。把各部门、各单位和全校师生的力量有效地组织和协调起来,形成工作合力,实现各部门齐抓共管、各司其职、通力合作、群防群治的网络体系。以实行综合治理领导责任制为龙头,以维护校园政治稳定为核心,以预防各种政治问题为重点,以构建平安校园为载体,动员各方面力量齐抓共管,使高校综合治理工作逐步实现规范化、制度化、法制化,创造良好的治安环境和教学科研秩序。

五、树立大稳定意识,强化综合治理工作的保障性

一是健全责任约束机制,实施综合治理工作"一岗双责",确保领导责任制落到实处。明确规定党政主要领导对部门综合治理工作负总责,分管领导具体负责,其他领导"一岗双责",一级抓一级,一级对一级负责。并严格实行综合治理工作责任追究制,对工作不力或不负责任而造成严重后果的,严肃追究有关领导和工作人员的责任。

　　二是建立健全必要的组织机构。成立由党政主要领导及保卫、宣传、后勤、学生工作等部门和工会、共青团、学生会等群众组织负责人参加的学校综合治理委员会，设立相应的办事机构，负责提出本单位综合治理的具体意见并组织实施，协调各部门的工作。

　　三是加强学校内部保卫队伍建设。认真贯彻关于高等学校内部保卫工作的规定，进一步加强学校内部保卫工作。健全学校保卫机构，加强保卫工作队伍的建设，注意选拔政治素质高、专业思想牢、工作能力强的干部充实到保卫工作第一线。加强保卫队伍的培养，不断提高保卫干部的政治、业务素质，注意改善保卫干部的工作条件和生活条件，充分发挥他们在综合治理工作中的骨干作用。积极采取措施，合理解决保卫干部的技术职务、晋级和津贴等问题。加强对保卫人员的教育管理，引导他们严格执法、热情服务、转变作风，树立"师生利益高于一切，校园安全重于泰山"的思想，努力成为校园秩序的维护者和校园平安建设的实践者。

　　四是以制度建设促科学管理，健全安全防范工作制度体系。安全工作以预防为本，根据国家及地方有关法律规章制度，结合学校工作特点和实际情况，必须制定和完善一批安全防范和管理的规章制度。完备科学的制度，可以使安全工作有章可循、以章办事，并做到违章必究。这些制度将成为学校综合治理工作的准绳，从而使安全工作走上科学化、规范化、制度化的管理轨道。

　　综上，综合治理是维护高校稳定重要的日常工作，面对日益严峻的挑战、师生更高的期待和要求，必须从思想和行动上构建综合治理大格局，真正调动一切积极因素，形成齐抓共管的全新局面。

第六章　开放办学视角下的涉外稳定工作

随着我国高等教育国际化进程的不断深入和全球化趋势的发展,高校稳定工作面临着新形势、新任务。影响高校稳定的涉外事务主要包括一般外事工作、来华留学生管理、对外交流工作以及国际高校间合作与交流等。

以来华留学生教育为例,长期以来,受经济发展水平和政治因素的影响,我国来华留学生教育发展缓慢。改革开放后,特别是 21 世纪以来,国家越来越重视留学生教育的发展,来华留学生规模迅速扩大、质量不断提升、留学生教育国际化的广度和深度得到不断拓展。2011 年,来华留学生的总量突破29 万人,共计 292611 人。他们来自世界五大洲,194 个国家和地区。根据《国家中长期教育改革和发展规划纲要》精神及教育部 2010 年启动实施的"留学中国计划",到 2020 年,我国争取实现当年外国留学人员数量达到 50万,将成为亚洲最大的国际学生留学目的地。我国接收外国留学生的院校也在不断增加。目前,全国有将近 660 所高等院校、科研机构和其他教育机构具有接受留学生和其他相关留学人员的资格。随着外国留学生的增多,国际教育朝着纵深方向发展。在全球范围内,校际之间的合作力度明显加大,教师和学生间的交流互动明显增强,国际学术会议、论坛和报告明显增多。国际合作办学和国际合作科研成为实现教学资源的共享、促进国际化人才培养的良好模式。

与此同时,国际教育也已成为新的影响高校稳定的重要因素。来华留学生数量急剧扩张所产生的冲突,不同文化交往过程中文化自觉意识塑造所产生的张力,国际高校间科技、文化、学术交流过程中面临的风险与问题也越来越明显。另外,当今世界,国际政治时局复杂多变,国际间的外交摩擦与碰撞,都将对高校稳定产生或大或小的影响。因此,涉外稳定工作成为当前高校必须重视的一项重大任务。

第一节　当前高校涉外稳定工作的现状

高校涉外稳定工作是维护高校和社会稳定的重要内容,也是适应和谐社会发展的基本需要。随着国际化进程的不断深入,高校稳定工作不断突出新的时代特征,同时也面临越来越多的问题和挑战。

一、国际化视野下高校稳定工作的特点

从整体上看,国际教育对高校稳定工作产生的影响日益凸显,并逐渐呈现出广泛化、多元化和复杂化的特点。

1. 广泛化

"广泛化"的含义有两个方面,一是指国际教育及其活动内容的广泛性,二是指国际教育及其活动影响的广泛性。就其内容的广泛性而言,它涉及校园及社会生活的方方面面。根据管理对象的不同,可以分为来华留学生日常管理、外籍教师管理、对外交流事务管理等;根据工作的内容划分,包括住宿安全、日常行为安全、信息安全、食品安全、宗教安全等。就其影响的广泛性来说,与时代媒介密切相关。网络时代的信息传播大大增加了新闻的时效性,与留学人员相关的事件,极易因当事人的敏感身份成为新闻热点,一旦控制不好,就会造成广泛的社会影响,甚至引发外交矛盾。

2. 多元化

其中,最为突出的是文化的多元化。不同国家、不同民族的留学人员来到中国,与本土师生形成了一个文化多元的社区,每一个人都有着自己固有的文化和身份认同。在日常交往中,各自的文化特性不断凸显。文化的多元性具体体现在不同国家或民族的每一个个体身上,抽象地表现为思维模式、精神气质、语言方式等,具体则在日常交往、衣着、饮食等方面得以体现。

3. 复杂化

高校发展国际教育的任务不仅仅是教育问题,还涉及国家发展战略。一个国家的国际教育的发展与该国的政治、经济和文化政策有着紧密的联系,其背后有一个完整的社会支撑体系,涉及健全的法律法规及其实践,例如外国人员的居留政策、日常行为规范问题及公共服务问题等。这种复杂化还表

现为国际时政影响，尤其是外交关系突然变化对国际教育产生的影响。一些国家或组织利用国际教育进行渗透，暗中从事危害中国主权的不法活动。

二、当前高校涉外稳定工作面临的问题与挑战

在学术交流日益频繁的今天，高校师生"引进来"、"走出去"成为一种趋势。对高校的国际交流与合作进行有效管理，成为外事工作的一项重要而艰巨的任务。高校稳定工作面临各种潜在风险，需要应对随之而来的问题和挑战，特别是来华留学生教育与管理，更是如此。这些问题和挑战既涉及管理层面，也涉及文化层面；既关系到个体，也关系到群体。

1.学术交流的文化融合与冲突带来的困惑

在人员的进出之间，不同价值理念支撑下的文化开始冲破地域的限制，在交流中融合抑或冲突。面对多元文化的冲击，高校校园文化安全形势不容乐观。其中，最主要的表现之一是多元文化下选择的困惑。学术交流和文化传播的无疆界性，促进了不同地区、不同意识形态文化的交流；文化渗透的选择倾向性和战略指向性，加剧了东西方之间文化观念、文化体制、文化认同的冲突。这种冲突在高校角力的程度和深度不断加强：一方面，西方发达国家利用其先进的技术和多样化的网络文化输出渠道，把各种包含文化价值观的文化产品倾销到校园每个角落。另一方面，由于高等教育学术交流及文化传播事业投资主体单一，人才队伍建设相对迟滞，人才资源相对匮乏，导致文化传播能力不足，文化资源大量闲置和浪费。民族文化和社会主义先进文化资源开发能力和传播能力的弱势，导致文化生产力发展的进程迟滞。同时，大多数高校缺乏网络文化建设队伍和民族文化、先进文化的传播平台，这也大大影响了本土文化传播的力度和渗透的深度，进而可能动摇民族文化和主流价值观的传播阵地，甚至丧失文化交流的话语主导权。学术交流的抗干扰能力不高和文化交流的鉴别能力不强的高校群体，特别是青年大学生，很容易会陷入文化选择的困惑。

2.文化自觉意识的塑造产生的张力

学术交流能够通过对师生的个体价值观的影响形成稳定的现代主流价值观，进而影响整个高校的稳定发展。在当代青年个体的塑造上，校园文化的力量强大而稳定，高品位、多层次、丰富多彩的各类学术交流活动的深入开

展工作,对于高校校园文化品位和氛围的提升将起到极其重要的作用。我们不仅仅需要文化塑造青年学生,更需要引导青年学生正确认知和把握文化的内涵及其来龙去脉。

文化生产和传播的过程是社会中的人对自我的重新审视、重新构建、重新塑造的过程,文化人的塑造与文化生产力的发展是同步的。没有高层次的文化凝练者,就不可能出现优秀的文化产品,这势必会影响民族文化的辐射力和渗透力。今天,高校全球化的视域极大地释放了青年学生的文化创造活力。与此同时,自由放任、功利利己也或明或暗地成为校园文化创造和传播的行为准则。忽视长远效益的学术交流活动不会成为高校学术健康发展的推动力,带有功利色彩的学术人才也无法承担起整合文化资源、推进文化生产力发展的重担。同时,校园文化领域的产业性特征,也可能造成文化产品精神特质的忽略,其后果便是校园文化自觉意识的缺失。这样一种缺失与青年学生群体对文化发生的错读密切相关。一是自我虚无主义。相当一部分青年大学生已经基本与传统的文化观念和价值理念产生裂痕,他们认为传统文化已经没有存在的价值,也没有继承的必要,只有外来的文化理念和价值观念才能解决当代社会转型期的矛盾和问题。二是自我中心主义。一部分高校学者认为,中国儒释道传统是我国文化价值观的主要组成部分,当代中国经济崛起的文化根源就是国学的复兴,构建和谐社会无需外来文化的营养。

3. 来华留学生教育管理中的冲突

来华留学生教育是衡量国际教育发展的一个重要标志。2001—2011年十年间,来华留学人数年均增幅超过16%。留学生人数剧增的同时也带来一定的问题,当前很多高校面临同样的瓶颈:一方面留学生人数迅速增加,另一方面学校教育资源无法满足留学生人数急剧增长的需要。高校教育资源紧张问题日益突显,留学生管理跟不上现实的要求,留学生教育管理过程中的矛盾与冲突逐渐明显。

高校来华留学生教育管理中的矛盾与冲突形式多样。根据视角的不同,分类也不同。从冲突的具体内容看,有人际冲突、教学冲突、信仰冲突、文化冲突①等等。根据行为主体的不同，可以将冲突概括为三种形式，即留学生与高校管理者间的冲突、留学生与本土学生间的冲突及不同国别留学生间的冲突。

留学生与高校管理者之间的冲突指留学生来到中国，面对新环境，应对区别于本国管理文化、管理制度和管理方式时表现出的心理不适应及其文化冲突。这一冲突集中表现在高校管理过程当中，冲突的双方是留学生与高校管理者。这种冲突和不适应既包括留学生对高校管理者及其管理文化的不适应，也包括高校管理者对留学生的不适应，是一种管理的不适应性。

留学生与本土学生之间的冲突指留学生与本土学生在各自不同的身份认同观念下，在跨文化交际过程中，各自坚持固有的文化观念而产生的文化或行为冲突。冲突的双方是留学生和本土学生。留学生与本土学生在不同的文化传统及类型迥异的教育方式下成长，形成了不同的文化意识和民族性格。留学生与本土学生如果沟通得当，不同的文化观念会相互尊重，形成互补，达到一种文化和谐状态；反之，这种潜在的文化差异性就会凸显，各执己见，互不相让，甚至引起严重的人际关系冲突与障碍。

不同国别留学生间的冲突指不同国家留学生在跨文化沟通过程中产生的文化冲突现象。其主体是除了本土学生之外的各国留学人员。在一个多元的文化社区内，留学生之间既有相同点，又有差异性。相对于本土学生，所有留学生都是"他者"。他们在身份认同上，更能理解对方，具有一种天然的亲和力。而在留学生之间，并不能消弭自身文化的差异性和特殊性。不同国别的留学生一方面彼此交流，相互融合；另一方面，由于生活习惯、行为方式、风俗习惯等方面的差异，留学生之间常常也无法彼此理解，不可避免地产生个体或群体性的隔阂与冲突。②

根据亨廷顿③的观点，人类的冲突归根结底是文明的冲突。事实上，不

---

① 所谓"文化冲突"：指个人或群体从一个熟悉的文化环境到另一陌生的文化环境生活、学习、工作而引起的价值观念、行为准则、生活习惯等方面的文化碰撞。引自高明：《论"文化冲突"与高校留学生管理之关系》，《辽宁教育行政学院学报》2010年第1期。

② 谢新：《文化差异与留学生突发事件的预防及管理》，《中国高等教育》2006年第5期。

③ 亨廷顿，美国政治家。他运用比较历史的研究方法，全面深入地分析了发展中国家的政治现代化与政治发展的过程，认为21世界国际政治角力的核心单位不是国家，而是文明。

论是文化上、还是管理中所产生的困惑、张力或冲突,从根本上都伴随着不同国家和民族间的交流和融合,因为冲突本质上是交流、融合与互动的另一种形式。积极地认识冲突能够让我们更为深刻地认识和把握冲突,了解其背后深层次的原因,从而在实践过程中更好地缓和矛盾,化解冲突。

第二节　高校涉外稳定教育工作实践

在国际化背景下,高校稳定工作面临更大的挑战,也对高校涉外稳定工作的管理提出了更高要求。

一、国际化背景对高校管理者提出的新要求

1. 国际化背景下高校管理者面临的新环境

(1)高校管理者需要及时应对国际形势。高等教育国际化是世界一体化和经济全球化的结果。国际因素直接影响国际教育的发展,国际政治时局、全球经济状况和文化发展趋势都会对世界范围内国际教育造成一定程度的影响,尤其与中国密切相关的国际时事对我国高等教育国际化影响更大。这要求高校管理者具备敏锐的国际视野,能够把握世界发展的重大趋势及其影响。高校管理者如果能够密切关注国际政治、经济、文化大势,便能够对高校发展作出有预见性的判断。

(2)高校管理者将面临更为复杂的问题。我国高等教育国际化正处于发展阶段,受错综复杂的国际形势和不确定因素的制约,影响高校安全稳定的不利环境更为突出。高校管理者面临的新情况、新矛盾和新问题愈来愈多,需要应对国内外、校内外的各种不稳定性因素也越来越复杂。学校内部发生的一起个体性突发事件,其背后可能会涉及国家和民族的安全、国家外交关系等复杂问题。作为高校管理者,必须时刻保持清醒的头脑,理性地处理各种矛盾和纠纷。

(3)全球化、国际化背景对高校稳定工作提出了更高的要求。教育国际化过程中,高校管理者面临的问题越来越复杂,迎接的挑战越来越大,客观上对高校管理者的素质提出了更高的要求。作为管理者,为了维护国家利益、维持高校稳定、提高高校的国际知名度,不仅要具有坚定的政治立场、良好的

外事素质、敏锐的国际视野,而且要不断提升个人素质、提高服务水平、为学校国际教育的稳定发展尽到自己的责任和义务。

2.国际化背景下高校管理者应当具备的基本素质

基于国际化趋势对高校管理提出的新挑战,对管理者而言,客观上提出了新的要求,尤其对于高校维稳队伍来说更是如此。在国际化背景下,高校建设一支高素质的维稳队伍势在必行。概括地讲,合格的高校稳定工作者应当具备以下基本素质:

(1)政治性强。高校管理者面对来自世界不同国家和地区的各类留学人员,他们在政治背景、法律意识和宗教信仰等重要意识形态方面存在较大的差异。这就决定了高校外事管理者必须具备极强的政治性。在日常管理工作中,特别是在处理关乎民族大义、政治原则和法律法规等问题上,一定要保持清醒的头脑,经得住诱惑,保持坚定的政治立场,自觉维护国家和人民的利益。

(2)具备基本的外事素质。针对高校各类留学人员的管理,很多事务都会涉及政治、外交问题。高校管理者是教育战线上的"外交官",他们的一言一行代表着国家的形象。因此,具备基本的外事素质是对高校管理者提出的一项重要要求,掌握一定的外事知识和技能是评价管理者合格与否的具体标准。管理者只有很好地掌握了基本外事素质,才能在维护留学人员的基本权益的前提下更好地开展管理工作,履行自己的职责。

(3)语言素质高。语言是交流的工具,语言障碍是留学生面临的一个重要问题。高校管理者应当具备优秀的语言能力。良好的语言素质能够促进管理者和留学人员之间的沟通和理解,有利于管理工作的顺利进行。英语是最为通用的国际语言。对于高校管理者,不仅要求具备一定的英语听、说、读、写能力,而且要深刻理解英语语言背后的文化知识。更进一步,如果工作有余力,特别鼓励留学生管理者不断提升自己的语言素质,甚至学习一门其他语言,努力成为一名高素质的管理者。

(4)法律及安全意识好。安全管理工作是从事留学生教育工作的一项重要任务。随着各类留学人员的剧增,管理难度日益增大。当前,高校外事安全管理工作不容乐观。作为高校管理者应当具备良好的法律和安全意识,其主要体现在预防和处理突发事件两个方面。一方面,管理者要积极预防各类违法及不安全事件的发生,防患于未然,将普法教育和安全教育工作落实到实处,不要留下空白区;另一方面,管理者在处理已经发生的违反法律法规和学校规章制度的事件过程中,应当遵循"有法可依,依法行事"、"有章可循,按章办事"原则。

(5)国际政治敏感性强。国际政治是影响高校稳定的重要因素,特别是国际涉华政治事件对高校影响极大。如果没有及时处理,可能不仅会影响高校师生的思想稳定,甚至可能引发群体性事件,影响学校正常管理秩序及社会稳定。特别是随着中国的崛起,受国际反动势力的鼓动,某些国家会不可避免地激化与中国的矛盾。① 作为高校留学生管理者,应当密切关注国际时政的最新动向,把握国际形势,尤其是中外关系的最新发展。只有保持极强的政治敏感性才能未雨绸缪,避免国际政治事件对校园稳定和社会稳定造成负性影响。

二、国际化背景下开展高校维稳工作的基本原则

高等教育国际化背景下,高校维稳工作面对新形势、新要求,一方面需要及时调整,适时改变,适应时代的变化,即是"变";另一方面,高校维稳工作经过实践积累,形成了基本的工作原则,即是"不变"。"变"是发展,"不变"是基础,"不变"是"变"的前提条件。其中,原则问题最具延续性和稳定性。高校维稳工作应当坚持以下三个基本原则,争取做到法制化、规范化和科学化。

1.有法可依,依法行事

在相当长的时期,我国高校来华留学生管理基本上属于一种"保姆式"管理模式。高校管理者以留学人员为中心,进行全方位的呵护教育。随着来华留学生人数的迅速增加、高等教育的社会化以及社会的法制化,"保姆式"管理方式难以为继,留学生管理模式逐渐向法治先行的教育管理模式转变。留学生在中国留学的前提条件是尊重中国的法律,不得违反各项法律法规。这一转变有效地扭转了留学人员的特权意识,更加强调了法律面前人人平等的

---

① 张德秀:《国际涉华事件对高校维稳工作的影响及对策》,《南昌大学高校教师硕士研究生学位论文》2011年。

法律意识。"有法可依，依法行事"的法治管理是管理留学生最为有力的工具。

"有法可依，依法行事"原则的前提是法律的健全和完善，国家需要不断完善外事法律及相关法规。当然，高校教育管理者在坚持法治原则的同时，也不能忽视其他管理手段，例如德育教育、情感教育等，将之作为法治原则的辅助和补充。最终建立一套行之有效的以法治原则为主导、德育教育与情感教育为补充的管理模式。

2. 有章可循，按章办事

科学合理的制度不仅能最大限度地降低管理成本，也能最大限度地调动各类留学人员的自觉性。高校在实际工作中，要在严格执行国家相关法律法规的基础上，不断探索适合本校实际的规章制度。

高校留学生教育管理制度涉及学校生活的方方面面。高校管理者需要不断完善相关规定，从日常教学管理规定、校纪校规、安全制度到住宿管理制度等，力争先做到面面俱到，后逐渐细化和完善制度的内容。这样，高校开展留学生维稳工作才能做到"有章可循"。建立"有章可循"制度不是目的，最重要的是在实际管理过程中做到"按章办事"。

另外，管理者要将"有章可循，按章办事"管理原则落到实处，做好规章制度的宣传、普及工作。要在新生始业教育阶段，将各种规章制度的文本发放到每一位学生手中，并让他们签字为证。提醒留学生仔细阅读，特别常见且重要的规定可以适时公之于众。这样才能避免很多留学生在违反相关规章制度时，以学校未告知、不知情等为借口，意图逃脱处罚。

3. 趋同管理，协同合作

近年来，对于留学生管理模式的讨论越来越多。实践证明，来华留学生管理与本土学生有较大不同，特殊性较强。在高校资源有限的条件下，施行本土学生与留学生同一化管理客观上并不可行，针对客观实际，我们提倡趋同管理。在日常管理中施行"趋同管理"能够有效地提高留学生的教育质量[①]，促进中外学生的融合与交流，在一定程度上缓解留学生的"他

---

①　项硕等：《对来华留学生试行"趋同管理"的初步尝试》，《广西高教研究》1998 年第 4 期。

者"心理,有利于留学生群体的稳定。高校施行"趋同教育"一方面让留学生适应中国的教育模式和管理制度,促进留学生与本土学生之间的深入交流;另一方面,让本土学生适应留学生的国际化文化氛围,提高校园的国际化水平,同样有利于高校发展。

基于以上原因,目前一般高校实行的留学生管理是以外事处或二级学院(如留学生学院或国际教育学院)为直接归口管理单位,而专业学习的解释权则归于各专业学院。因此,留学生管理工作是一个由外事处或留学生学院主导,学校其他部门和专业学院共同参与的管理体系。相关部门如果信息沟通不畅,或在工作上各行其政、相互推诿,必然阻碍留学生工作的开展,降低学校的工作效率,甚至造成一些不良事件的产生,影响学校在留学生心目中的形象。现阶段,高校内部各个部门之间协同合作和互相配合显得尤为重要。

第三节　高校涉外稳定工作基本格局

改革开放三十多年来,高校工作者不断总结工作经验,形成了一定的高校维稳工作机制。随着时代的变迁,特别是国际化、全球化背景下,各类留学人员、交流人员增多,高等教育国际化程度越来越高,新问题也不断涌现。针对这一形势,创新高校维稳工作机制显得尤为重要。

一、制度层面:建立完善法律与管理制度

国际化背景下高校要切实做好稳定工作,需要从源头上防止不稳定因素,必须以法治为保障,将矛盾和冲突尽量纳入法律法规的范畴。具体要着力把握好两个环节:一是制定环节。和谐的高校环境基于有法可依的校园安全环境,目前关于高校国际交流和国际化安全的立法还很欠缺,很大程度上导致了高校稳定工作的尺度和措施等方面缺乏必要的参照和执行依据,成为推进高校稳定工作的瓶颈。因此,学校、学院、部门各个层面制定与修订规章制度或者出台新政策、新规定的时候,要把好规章制度关。二是完善环节。对于高校已经出现的危及高校安全稳定的规章政策上的弊端、管理上的缺失,应在以人为本的理念指导下予以完善。要根据国际化背景下高校稳定工

作的发展变化，针对高校稳定工作特性，将各类文件、办法加以统筹整合，细化内容，并纳入法律法规范畴，切实有效地提高其全面性、系统性、操作性和权威性，为高校稳定工作提供长效、规范的指导和支撑。

在制度层面，高校还应从学校发展的战略高度，统筹安排、规划和协调学校的国际交流事务，确立集体领导、归口管理、部门分工的管理体制，理顺各种关系，完善运行机制。同时，相关部门应积极完善师生出国手续办理制度，建立健全学生交换项目的选拔考核制度、课程学分转换制度、交流期间的安全应急机制，进一步完善留学生管理制度等。通过规范化的管理，保障各项交流项目实施及其质量，提高师生参与的积极性。通过系统设计并不断完善和健全国际交流事务有关的各项规章制度，使国际交流合作工作走上科学化、制度化、规范化的发展轨道。

二、主体层面：建立层层负责的责任体系

1.搭建责任体系

国际化背景下高校维稳工作能否取得实效，关键要看是否搭建了完整的责任体系。从制订国际化安全战略实施方案到开展各项交流合作项目，都离不开层层负责的责任体系。不同的群体肩负着不同的责任。学校各级党委高度重视，建立完善国际交流合作工作领导协调机构，相关领导能够亲自督导各级国际交流稳定工作，这是领导责任；各部门指定外事管理人员，负责推进和落实本单位国际交流合作安全，这是管理责任；各部门充分发挥学科特色，创新性开拓对外合作，促进学科稳定发展，这是部门责任；广大师生树立全球眼光，积极参与国际交流活动，同时不忘国家利益和安全，这是个人责任。只有各个层面的人员都保持积极的态度，高校国际化建设才能平稳推进。

2.优化工作队伍

国际化背景下高校维稳工作的水平和实效归根到底取决于是否有一支专业化、协同化的安全稳定工作队伍，它是提升安全稳定工作质量、打造和谐稳定的平安校园的保障。这支队伍应该具备两方面特点。一方面，从事高校维稳工作的专职管理人员在具备相应法律知识、管理知识、安全保卫知识的前提下，还应具有高校思想政治工作的经验和管理技巧，具备一定的外语水

平,具有应对突发事件的能力;另一方面,在整体具备专业化素质的前提下,高校维稳队伍内部还应具备协同配合的能力。高校的特殊性,决定了高校稳定队伍需要坚定的政治立场、敏锐的政治意识、丰富的社会知识以及娴熟的工作技巧等全面的素养来确保稳定工作绩效。

三、客体层面:坚持点面结合

1.加强对参与国际交流人员的教育

在国际化背景下,加强对参与国际交流人员的教育,既是时代变革的迫切需要,也是我国高校寻求稳定发展的历史必然。参与国际交流的人员应认清发展形势,紧跟时代步伐,不断提高自身修养,与时代同步发展,才能在复杂的国际环境中顺利完成各项工作和任务。对参与国际交流人员的教育主要包括:一是对党和国家的忠诚教育。只有具备这样的思想基础,才能保证在日常工作中始终站稳政治立场,遵守外事纪律,在平凡的岗位上兢兢业业地工作,创造不平凡的业绩。反观那些违反外事纪律的案例,无一例外都根源于思想基础的动摇。二是加强学习进修教育。无论是发展自身专业、更新既有知识,还是发展新的领域、开拓个人视野,都需要通过持之以恒的学习来实现。参与国际交流的人员应结合工作和个人情况,采取最适合自己的方式,开展业务学习,以更好地应对复杂多变的工作要求。三是加强对高校间科研合作、文化交流的管理。认真审核交流项目的内容,规范合作办学的程序,加强对各类论坛、讲座的管理。此外,参与国际交流的人员应全面提高自身政治素养、管理水平和业务能力,更好地服务于高校国际交流工作,为加快我国高校国际化步伐作出自己应有的贡献。

2.加强对涉外人员的管理

加强对涉外人员的管理尤为重要,涉外人员的素质直接代表了学校的形象。涉外人员不仅要具备一定的语言能力、社交能力、公关能力和应变能力,还应熟悉世界各国的风俗习惯、风土人情、社会发展历史以及国家之间的文化差异等。涉外人员在和平年代更应具备高度的政治敏感性,防范境外反华势力的拉拢和渗透。国家基本的外交政策对于具体的涉外工作有着重要的规范作用,涉外人员只有充分掌握我国政府的外交政策,随时、主动地同国家的对外立场保持一致,才能在错综复杂的国际形势中辨明方向,找到解决工作问题的正确方法。另外,涉外人员需要具有良好的风险意识,从事外事工作中时刻注意防范各种风险,特别是涉及国际机密的文件和资料,需要做好保密工作。此外,涉外人员应熟悉国际礼仪,尊重不同国家的文化风俗,提高个人修养,为国家和所代表机构树立良好国际形象。

3.加强对来华留学生的管理

高校留学生教育是建设世界一流大学的重要切入点,它直接反映我国高等教育水平和教育开放、学术交流的能力。随着我国来华留学生教育事业的迅速发展,留学生管理工作者面临越来越多的挑战与考验。开展来华留学生管理工作,必须始终注重深入了解留学生的文化背景,根据其特点因材施教,通过给他们提供各种必要的信息和指导,减轻他们在生活和学习方面受到的压力,帮助他们进行自我调适,使之尽快地适应在异文化环境中的学习和生活。作为外国留学生接收的主体,高校工作应注重促进中外学生之间、外国学生之间的交流,使他们增进了解和友谊。留学生管理部门应通过开展多种形式的课外活动,帮助留学生更好地融入学校的学习和生活,组织留学生参加各种形式的校园文化活动,逐步形成一些有特色的、受留学生欢迎的活动。平时还应鼓励留学生积极参加中国学生组织的各种文体活动,加快多元文化之间的融合。

四、保障层面:构建预警、联动、应急机制

1.以防范为先导,构建畅通的信息预警机制

高效的维稳预警机制是指以良好的信息网络和信息渠道对不稳定因素进行预警提示,以及为早期预警预案做好必要的准备工作。高校可以积极探索促进预警机制协调运行的创新方法。从具体的工作机制上看,一方面要构建完备的危机信息收集、整理和处理机制,各部门要注意收集、掌握各自工作范围内的信息和动态,依照重大事项报告制度,将突发事件或可能引发事端的重要信息及时报告;另一方面要建立完善的危机预测系统,学校有关部门要对各种信息及时进行综合、分析、研究,形成稳定形势预测,对可能影响稳定的情况随时上报学校突发事件应急处置领导小组。通过分析事件性质,判断形势的严重程度,决定采取相应的工作措施或依据权限启动应急机制。只

有这样,才会确保基层可将信息迅捷、完整地传达至决策中枢,决策中枢可以科学、及时地进行决策,并将指令快速下达,从而保持各相关部门的统一协调、高效运作。

2. 以协同为原则,构建高效的校内校外联动机制

高校作为一个系统,各个业务单元通过一个统一平台,分工协同,相互配合,优势互补,激发潜能,从而具备更快捷、更高效的应急反应和处置能力,并最终形成稳固的系统结构。稳定工作是一项极为复杂的系统工程,牵涉的部门多、分工细。一般而言,稳定工作涉及信息支持、危险评估、危机预警、舆论引导、指挥决策、任务执行、效果评价、预后处理等诸多方面,各方面工作需要不同部门共同承担。高校是一个特殊的社会群体,和其他群体相比具有许多自身的特点,这些特点决定了高校稳定工作必须建立协同机制。与政府部门相比,高校作为非权力机构,缺乏政府部门开展稳定工作的权威和力量。因而高校稳定工作必须在上级主管部门的领导下开展,需要与政府、新闻等社会部门和机构相互配合。高校稳定工作协同机制包括信息协同、舆论协同、指挥决策协同、制度协同等。其中,信息协同是基础,舆论协同是重点,指挥决策协同是关键,制度协同是保障。只有构建高效的校内校外联动机制,才能及时发现和消除危机隐患。

3. 以稳定为目的,建立有效的应急机制

根据高校稳定工作的特点,在预防的基础上构建有效的处理突发事件的应急机制,是维护高校稳定工作的重要基础。制定应急预案应遵循果断迅捷、责任明确、措施到位等原则。在国际化背景下,社会安全、网络信息安全、国际敌对势力渗透等都可能引发系列突发事件,影响高校稳定。因此高校应急预案所涉及的内容极为广泛。从类别上来说应该包括针对意识形态、价值观念、恐怖事件、网络安全及刑事犯罪等有可能发生在高校校园内的各种突发性事件的预案;从对象上来说则应涵盖从本科生、研究生到教师、管理人员乃至在校内可能出现的所有人群。只有这样的应急预案才是全面的、系统的,也只有这样的预案才能在突发事件来临时发挥真正的作用。此外,高校还要建立健全处理突发事件的领导和组织机构,组织机构可以包括党办、校办、安全保卫部门、学生工作部门及学院、社区等。在此基础上还要形成调动自如、坚强有力的领导核心,形成各种资源协同作战的复合型快速反应能力,

进而建立有效的处置突发事件的应急机制。

综上,涉外稳定是高校稳定工作的一个重要特点,在高等教育国际化的大趋势下将会变得越来越重要,总体而言现阶段处在一个初步的探索过程。要紧密结合各高校国际交流与合作的工作实际,抓紧明确涉外稳定的基本原则,在制度、主体、客体、保障等各个层面加快建立高效协同的工作体系。

第三篇

高校稳定工作的若干机制

通过理论探析和实践观察可以看出，高校稳定工作具有其自身的独特性和复杂性。面对复杂的稳定工作形势，必须建立健全一套成熟的、规范的、具有可操作性的体制机制，并且随着工作实际的变化不断地改革创新，使高校稳定工作驶入常态化、规范化轨道。为此，本篇首先就信访工作的一般机制进行概述，接着以网络维稳机制、心理干预机制和应急处置机制等三个专题为例，详细分析和阐述稳定工作机制的建立、实施及评估的规范化过程。

第七章　高校信访工作机制

高校信访工作是我国信访制度体系中的重要一环,是沟通广大师生员工与学校的桥梁和纽带,是协调各方关系、化解内部矛盾、解决学校积存问题的有效手段,也是缓解内部问题的"安全阀"。高校信访工作在妥善化解高校发展过程中出现的各类矛盾、推进高校稳步发展等方面,具有独特的优势。信访工作开展得好坏直接关系到学校乃至社会的安全和稳定。

第一节　高校信访工作的现状

为了研究和建立健全高校信访工作机制,必须先对当前高校信访工作总体情况有一个清晰准确的把握。本节主要从信访工作现状及面临的挑战、信访工作主要措施及成效两个方面,来研判当代高校信访工作的总体形势。

一、高校信访工作现状及面临的挑战

1. 信访工作的对象"成熟度"高且呈多元化趋势

高校是高学历高层次人才聚集的地方,师生人群的平均文化层次较高,他们的法律意识、民主意识、参政意识、维权意识、自我意识和自我维权的方法与手段远远高于一般社会群众,这充分反映了高校信访工作对象的较高"成熟度"。作为高校信访活动主体的师生,网络是其学习、工作的重要载体,网络普及率、使用频度较社会平均水平高,网络信访渠道的便捷性、高效性和成本的低廉性,越来越受高校师生的青睐,已成为师生信访的主要渠道。部分师生在信访要求难以得到满意答复时,往往并不直接诉求法律,而是利用网络和媒体引发社会关注,制造舆论压力,扩大事态,然后再进行新一轮的信访,从而加大了信访的复杂性和处理难度。

近年来,随着高等教育改革的不断深化和高校社会服务职能、对外交流力度的不断加强,高等学校与社会各界的接触度进一步提高,这使得除了在

校师生员工和离退休职工,校外人员也成为高校信访对象。高校的信访问题已不仅仅局限于校园内部事务,还涉及校外事务。信访对象多元化一方面增加了高校的信访量和工作负荷,另一方面也增大了信访的不稳定因素,社会"信访不信法"之风不断侵入校园,逐渐成为影响和谐校园、幸福校园建设的不利因素之一。部分信访人在通过正常渠道进行信访的同时,将信访事件散布到网络上,特别是如果信访事件被一些不法分子利用,通过微博、BBS等途径大肆传播,就会使信访事件的影响更广。信访对象多元化、信访问题涉及面广泛化,使得高校信访工作无边界,需要切实提高学校应对处置信访问题的能力。

2.信访工作组织化程度和队伍建设较为薄弱

高校信访工作组织化程度偏低,在制度化、规范化、法制化建设方面偏弱。目前,除了部分规模较大的高校,绝大多数高校主要由党委办公室、校长办公室和纪委等部门兼职承担信访工作,还没有设立专门的信访部门。高校信访工作是一项实实在在的工作,信访主体和内容的多样性、复杂性,要求必须有专门的机构和专业的人员对信访问题进行处理。完善的组织机构是可靠的保障,尤其是对于大规模综合性高校尤为必要。[1]

目前,高校普遍存在着信访专职人员相对缺乏,信访队伍力量薄弱,基层管理存在有人挂名无人办事、有人发话无人落实等薄弱环节,致使信访渠道不畅通;信访干部也因待遇偏低,对信访工作认识不到位,积极性不高,接待来访人态度强硬,处理信访问题方法简单,面对突发问题,难以承担"消防员"、"救火员"的责任,这也是信访矛盾存在的一个主观原因。[2] 高校信访工作干部既可能是信访常设机构的工作人员,也可能是各单位专(兼)职信访工作人员,许多时候还是处于教学、管理、服务一线的工作人员,大多没有经过专业的信访工作培训,对信访有关法律法规并不能做到充分了解,遇到信访问题尤其是重大信访事务时往往难以及时有效应对,导致信访问题进一步拖

---

[1] 汤永华:《要认真做好高校信访工作》,《中国高教研究》1999年第1期。

[2] 马振家:《浅谈新时期高校信访工作的成因、特点及对策》,《高教研究与实践》2010年第1期。

延甚至激化。① 高校信访干部队伍处于构建和谐校园、维护校园稳定的第一线,是学校的窗口和形象。信访队伍的建设是做好信访工作的决定性因素,直接关系到学校信访工作的总体水平和工作效率。②

3.信访问题诱因增加致使内容呈现多元化

随着我国高等教育事业的快速发展和高校各项改革的不断深入,特别是《国家中长期教育改革和发展规划纲要(2010—2020年)》的出台,我国高等教育开始从外延扩张转向内涵建设,高校的信访问题也日趋多样化、复杂化。20世纪90年代以来,很多高校经历了院校"合并—融合—发展"的过程,形成多校区办学格局,管理幅度增大、层级增加,招生规模扩大,干部人事和分配制度、后勤保障社会化等诸多方面利益的调整和改革的力度加大。其中很多高层次合并的高校将创建世界一流大学作为发展目标,并以此不断推出新的改革措施,使得高校内部利益结构再次发生变化,围绕在高校外部的利益相关体也受到波及,各种利益格局再次深刻调整。③ 许多积淀的老矛盾日趋尖锐,萌发的新问题开始日渐显露,新老矛盾相互交织。这些问题涉及人员多,影响面广。如在人事制度改革中出现的待岗、转岗教职工的思想问题,教职员工的职称评聘、工资、住房待遇问题,校内不同部门、不同岗位、不同类型人员的收入差距日益拉大问题;办学规模增大,办学条件难以跟进,教学质量难以保证,毕业生难以充分就业问题;在后勤体制改革过程中反映出的食堂卫生和饮食价格问题;因社会办学所引发的纠纷问题;还有在落实国家关于房屋货币补贴政策过程中出现的新情况、新问题等。④ 教育教学、职称评定、工资住房、福利待遇、后勤保卫等各方面问题都是师生关注和议论的中心,成为矛盾和利益冲突的触发点。同时,这些问题又是与师生员工利益密切相关的问题,现实性很强,如果处理不好极易使矛盾激化,高校信访工作面临着新挑战。

---

①　都基辉,赵萌,于成文:《关于加强高校信访工作建设的思考》,《北京科技大学学报》(社会科学版)2010年第3期。

②　章葵,刘春江:《加强高校信访工作的思考》,《经济师》2012年第2期。

③　高杨:《新时期高校信访工作的新功能分析》,《人民网》理论频道,2012年3月。

④　马振家:《浅谈新时期高校信访工作的成因、特点及对策》,《高教研究与实践》2010年第1期。

近年来,高校师生对学校管理工作和管理人员服务的要求越来越高,社会各界对高校管理服务的期望值也越来越高。而许多高校因职能部门多、管理层级多、职能方面存在交叉,有些事项管理界限、管理责任不够明确,部门间相互推诿扯皮时有发生,容易出现有些工作事项"无人管、不愿管"的情形。一些职能部门在涉及师生员工切身利益的管理、服务事项中透明度不够;一些职能部门管理、服务水平离师生要求有差距;一些职能部门的工作人员服务态度差、工作不到位的情况仍有存在。以上这些因素都容易引发师生员工的不满而向学校上访投诉。此外,一些原本已经得到缓解的历史遗留问题,随着社会和学校情势的变化,开始重新演化,变得突出和尖锐。如一些高校存在的自收自支人员要求享受与事业编制人员同等福利待遇,土地征用进校批地建房人员要求申购住房等问题。一些师生的维权意识产生偏差,或将原本应自己解决的问题转而向学校提出要求解决,或针对有关职能部门工作中的"小"失误提出过高的"补偿"要求,或以对政策的错误解读为依据提出不合理要求,虽经学校多次解释仍坚持不合理诉求,长期坚持缠访、闹访。

二、高校信访工作的主要举措和成效

高校信访工作是稳定工作的重要组成部分,是推进依法治校、构建和谐校园的一项基础性工作。近年来,各高校积极探索信访工作新做法,取得了良好的成效。以浙江大学为例,近年来结合自身实际,扎实推进信访工作体制与机制创新,逐步形成了特色鲜明、富有成效的"一个体制、五项机制"。

1.完善信访工作体制,构建信访工作大格局

信访工作的主体是领导干部,关键在落实责任。浙江大学在四校合并初期,学校根据当时校区分散、人员复杂、各方面矛盾突出的现实情况,及时成立了校信访工作领导小组和校信访办公室,建立并不断完善了信访工作体系。2005年,为贯彻国务院《信访条例》,落实信访"三级终结制",及时调整和成立了校、院两级信访工作领导小组。党委常务副书记、常务副校长两位校领导亲自担任校信访工作领导小组双组长,党办、校办两位主任担任副组长,相关部门的主要负责人任组员;院级信访工作领导小组以各单位党政一把手为组长,并配备兼职信访工作人员。同时,学校在已有工作的基础上修订并实施了《浙江大学信访工作暂行规定》,明确了校、院两级信访工作领导

小组的工作职责。学校主要领导身体力行,亲自批阅来信,亲自接待来访,经常在网上给师生回复来信,分管领导亲临现场协调处理重大事项。2010年,浙江大学建立校领导接待群众来访制度,开始推进领导干部接待群众活动。截至2011年5月,校领导共接待师生员工来访50批次、90人次,领导干部定期接访、下访已成为解决疑难复杂信访问题的重要手段,有效推动了全校信访工作大格局的形成。特别是在2008年按照中央部署,开展深入学习实践科学发展观试点工作的基础上,学校党委作出决定,继续深入学习实践科学发展观,其中一项重要工作就是全面回顾总结十年来信访工作,进一步促进学校和谐发展。学校定期召开信访工作会议,既总结过去,更展望未来,各级班子坚持"立党为公、执政为民",进一步明确了做好信访工作的主体责任。

2.完善网上信访机制,推进信访信息化建设

浙江大学1998年设立网上信访"意见箱",2001年改版为网上"校长信箱"。十多年来,始终保持信访渠道畅通,认真探索网上信访工作的规律,努力发挥网上信访的主渠道作用。各级组织牢固树立"学生无小事"、"学校无小事"的观念,进一步规范网上信访工作,搭建好一个网上信访平台,制定好一部《网络"校长信箱"管理办法》,建立好一支由20余人组成的网上信访工作专兼职队伍。截至2011年,"校长信箱"共计受理师生员工来信38600余件,基本做到"件件有着落,事事有回音",成为学校领导倾听民意、师生员工反映呼声的一个"品牌"窗口。在"校长信箱"工作的推动下,各院系、各单位也不断适应新时期高校发展的新变化、新要求,相继建立"院长信箱"、"部长信箱"、"百问百答"等信息平台,认真对待网上来信,把来信反映的意见、建议作为检验工作、改进工作的重要依据之一,使许多苗头性、倾向性的信访问题得以及时解决。据不完全统计,全校80多个部门主页基本都开辟了网上诉求表达渠道。同时,学校还加强对校内BBS等网络舆情的分析研判,以编印《网络舆情》的形式,每日向校领导报送校园热点和师生动态。目前,浙江大学已逐步形成了书记信箱、校长信箱、部门信箱和院长信箱、辅导员信箱等"多位一体"的网上诉求表达和联动解决问题的机制。在学校各级的重视和努力下,近年来大量的问题在基层得到妥善化解,"校长信箱"的来信量也由最初年均9000余件下降到2011年的740余件,呈逐年下降的趋势。

为推进高校办公自动化建设,建立和完善快速响应机制,2007年学校进

一步完善和拓宽行政办公网上信访管理模块的功能,实现了群众来信来访来电在网上的快速流转和办理,节省了人力,极大地提高了处理信访事项的效率。

3.规范决策工作机制,推进信访工作"关卡"前移

践行依法治校理念是浙江大学信访工作的又一亮点。2003年,浙江大学邀请学校法律专家为全校中层干部作《让法治精神深入高校管理》报告,为加强学校管理、规范程序、减少信访源提供了思想基础。2007年,在校务公开工作的基础上,分别建立了《进一步加强依法治校工作的意见》、《听证制度实施办法(试行)》等管理制度,充分利用行政办公网,加大对干部任用、重要文件制定、大宗物品招投标、评奖评优等工作的公开力度,增强各项工作的透明度,促进各项具体工作程序的规范,保障师生员工的知情权、参与权和监督权,把信访工作关口前移,努力从源头上防止和减少信访矛盾的产生。另一方面,学校还积极完善申诉复议机制,规范在岗位聘任、招生录取、教学事故认定等诸多方面的申诉复议权利,使绝大多数利害关系人不再对学校的处分决定提出疑义,有效防止了信访矛盾的产生和激化。

4.建立排查调处机制,促进信访工作"案结事了"

浙江大学坚持面上排查与重点排查相结合的工作机制,将矛盾纠纷排查化解工作纳入各级组织的重要议事日程。校党委常委会、校长办公会经常召开专题会议,认真听取涉及学校稳定的重要信访情况汇报;校信访工作领导小组定期、不定期地排查分析各个特殊时期、敏感时期的信访不稳定因素。对于涉及面广、政策性强、利益调整大的问题,做到情况明晰、措施到位、责任到人、预案在手,通过实地调查、安排领导约访、与师生进行面对面座谈等方式,进一步听取意见建议,提出妥善解决的办法;对于历史遗留问题、疑难信访问题、群体信访问题,积极引入法律咨询和心理辅导机制,邀请有关法律专家和心理咨询专家,依据专家提出的有关意见,为"疑难杂症"把脉下药,加大疑难信访事项的调处力度。多年来,浙江大学通过排查与预警相结合,把工作重点从事后处置转移到事前预防和控制上来,在确保校园乃至周边环境的稳定方面取得了较好成效。

5.强化督查工作机制,增强信访工作实效

2007年,浙江大学正式启用督查工作网络系统,主要开展对领导批示

件、重要决策或决议落实情况的督促检查工作。校信访办将督促检查工作作为工作的重点,认真落实学校党委和有关领导对信访问题的批示精神,及时梳理、检查、落实,编印《督查简报》,不断增强信访工作的实效性和针对性。按照"事有专管之人,人有专管之责,时有限定之期"的要求,认真做好督查工作,形成了"批则必查,查则必清,清则必办,办则必果"的工作模式,有力推动了学校有关工作的落实。

6.探索干部信访挂职机制,提升信访工作水平

为进一步做好新时期信访工作,加强干部队伍建设,2006年5月浙江大学开始实施信访挂职制度,规定新提任的副处职干部,分期分批到校信访办进行柔性挂职,担任信访督查员。挂职人员通过了解信访工作、化解信访矛盾、开展专题调研、撰写调研报告等工作,进一步增强群众意识、服务意识和全局意识,提高分析问题、处理问题和把握全局等能力。同时,通过挂职制度的实施,有力地促进了信访工作的开展:一是充分发挥挂职干部的特长,增强信访工作的针对性、实效性。如法学院的领导挂职期间,破解"疑难杂症",使某些长达二十年的老信访问题得以平稳解决;学生线的书记和管理人员破解研究生培养体制改革、本科生导师制实施中出现的难题;后勤方面的管理干部解决住房、交通等后勤方面的突出问题;等等。二是结合专题开展调研,为学校科学决策、有效规避可能引发的矛盾提供重要参考依据,使信访工作更具前瞻性。如对继续教育管理、公共资源利用、国际化办学的校园氛围营造、学生意外伤害的救助基金方案等进行调研,通过大量分析,提出了切实可行的方案,取得了较好效果。

第二节　高校信访工作机制创新

随着高校信访工作形势以及信访工作对象、内容、要求等的不断变化,高校自身必须进一步梳理、改革、创新有关信访工作的体制机制,以求做到与时俱进,推进信访工作更加贴近工作实际、贴近群众诉求,进一步凸显信访工作的成效和价值。

一、建立完善信访工作领导责任制,加强信访工作组织领导

建立领导责任制,加强高校信访工作组织体系和责任体系建设,完善信

访工作体制，构建信访工作大格局。完善信访工作体制，建立健全高校信访工作组织体系和责任体系是做好高校信访工作的前提。高校应成立校、院两级信访工作领导小组，实行"双组长"制，并明确校、院两级信访工作领导小组的工作职责。校级层面应由党委行政主要领导担任校信访工作领导小组"双组长"，院级信访工作领导小组以党政一把手为组长，进而在全校上下形成党政一把手负总责、分管领导具体抓、其他领导"一岗双责"的信访工作责任体系。此外，应加强专兼职信访工作人员队伍建设，通过机关主要部处和院系、直属单位等全面配备信访工作联络员，加强业务培训，切实加强基层信访工作力量。通过实施信访挂职制度，规定新提任的副处职干部分期分批到校信访办进行柔性挂职，担任信访督查员等，形成完善的信访工作队伍体系。

二、畅通信访渠道，完善师生利益诉求表达机制

1.建立高效便捷的网上信访渠道

网上信访，是指运用现代通信技术手段，通过网上注册、网上提交诉求、网上转办处理、网上回复和网上查询的一种新型信访渠道。高校是高层次人才的重要集聚地，师生的知识层次高，网络使用频繁，网络已成为高校师生查阅资料、获取信息、开展科研和学习活动的重要手段。

高校应高度重视"网上信访"工作，通过设立网上"书记信箱"、"校长信箱"、"意见箱"等，积极畅通网上信访渠道，方便广大师生员工通过网络及时反映情况、表达诉求，建立起学校领导、党委和行政部门与广大师生员工直接联系的渠道。要下大力气推进信访信息化建设，通过协同办公系统，实现信访信息共享、信访事项的网络快速流转和办理，形成部门协调联动工作机制。通过规范工作程序、加强督查督办，提高处理信访事项的效率，快速化解各类矛盾，不断提高师生员工满意度，从而使网上信访成为师生员工反映问题、解决困难、提出建议的有效途径，成为学校领导和职能部门解决群众诉求、汇聚民智的重要渠道，充分发挥其在构建和谐、平安校园中的积极作用。高校要加强网络信访件的信息提炼和分析，紧紧围绕学校的中心工作，从解决个案问题逐步转变为解决师生普遍关注的热点问题和难点问题，为解决共性问题提出意见和建议，以促进学校科学决策、民主决策、依法决策，进而有力地促进学校的发展，使学校信访工作成为"上为领导分忧、下为师生解难"的联系

渠道。

2.建立领导干部接访下访长效机制

领导干部重视是做好信访工作的关键。领导干部接待群众来访,是做好新时期群众工作的一个创新之举,对推动解决事关师生员工切身利益的实际问题、促进学校科学民主决策、改进干部工作作风、密切党群干群关系,具有重要意义。领导干部接访也是畅通民意诉求的快捷有效渠道,可以让师生员工以最短的时间、最少的环节、最快的速度向领导反映自己的诉求和意见,有利于更好地化解矛盾纠纷,维护好校园的和谐稳定。2008年下半年以来,中央在全国各地组织开展了县委书记大接访活动。2009年,中央作出关于领导干部定期接待群众来访的部署并出台了一系列文件,在全国各地形成了领导干部接访工作的热潮。领导干部接访解决了大量的信访问题,促进了社会的和谐稳定,形成了许多经验做法,领导干部接访工作日益常态化、规范化、机制化。

高校应积极借鉴在实践中形成的宝贵经验,积极建立领导干部接访下访长效机制,将其作为维护校园和谐稳定的重要工作方法深入推进。高校应发挥主要领导的示范带动作用,通过建立校领导定期接待群众来访日制度,形成领导带头、全员参与、共同解决问题和化解矛盾的工作格局和氛围。要将解决实际问题作为领导干部接访下访的出发点和落脚点,变"被动"为"主动",主动深入基层一线,认真听取师生员工意见,解决好师生员工的合理诉求和具体问题,着重从政策层面解决好共性问题,最大限度地使矛盾纠纷不积累、不激化、不产生。应充分发挥领导干部政策水平较高、工作水平较强、掌握资源较多的优势,将领导干部接访与带案下访、重点约访相结合,领导干部主动深入矛盾比较集中、问题比较复杂、历史遗留问题较多、信访量较大的地方,以"事要解决"为核心,不断整合资源、调动各方,破解信访难题,化解影响校园和谐稳定的隐患。应将领导干部接访工作与政策宣传、法制教育、解疑释惑、情绪疏导相结合,各级领导干部带着感情倾听民声,带着责任解决民忧,通过与师生员工面对面交流谈心,做到以情感人、以理服人、以诚待人、以心换心,切实做好工作,引导师生员工理性、合法、平和地表达诉求。

3.设立部门协同信访接待室

高校应在物理空间上为师生员工到校信访畅通渠道,设立全校共享、协同接访的信访接待室，针对来访对象、问题属性，由相应的部门、单位领导进行接访。要加大资金投入，加强软硬件条件建设，配设专门的电话、监控录像录音设备，实现接访过程全程监控，做到"双向"规范。要根据"方便信访人"和"畅通、有序、务实、高效"的原则，不断改善信访接待环境，提升接待人员的服务意识和接访水平，规范办理程序，热情接访，耐心听取师生员工的意见，切实帮助师生员工解决实际问题，及时化解各类矛盾，维护好校园的和谐稳定。高校要努力将信访接待室打造成为师生员工满意的"文明信访接待室"，使其成为师生员工表达诉求、舒缓情绪的优质服务窗口，并为校领导和部处领导定期接待来访、处置突发问题或群体性问题等提供必要场所。

三、加强源头预防，建立矛盾纠纷排查预警机制

1.建立矛盾纠纷排查工作机制

矛盾纠纷排查，是指信访工作机构和工作人员定期或不定期地对学校和校内各部门、单位内部可能引发的信访，尤其是群体性信访问题的人和事，进行检查分析评估，以提前发现影响校园和谐稳定的因素，做好事先预警和防范，避免发生影响高校信访稳定事件的一种工作机制。矛盾纠纷排查旨在通过排查，提前发现影响校园和谐稳定的矛盾隐患，进而通过采取有针对性的措施，积极预防和解决各种矛盾，努力减少不稳定因素，做到"早发现、早处理、早控制"，将矛盾隐患化解在萌芽状态、初始状态，最大限度地降低、消除矛盾纠纷对校园稳定的影响。矛盾纠纷排查是推动信访工作关口前移、维护校园和谐稳定的重要工作措施。

高校应建立矛盾纠纷工作机制，坚持面上排查与重点排查相结合，将矛盾纠纷排查化解工作纳入各级组织的重要议事日程。每半年定期及不定期地围绕重要重大活动组织校内各部门、单位在全校范围内全面深入开展矛盾纠纷排查工作，切实查清摸准影响学校和谐稳定的矛盾隐患，特别是要重点排查上访老户、群访代表以及有极端行为倾向的人员等，做到充分、真实、准确反映当前情况、面临问题，确保不留死角盲点，有效防止不稳定因素演变为群体性上访事件和非正常信访的发生。对排查出来的问题，要按照"谁主管、谁负责"和"属地管理、分级负责"的原则，由责任单位逐一提出化解稳控方案，明确工作任务，落实化解责任和化解措施，最大限度地把问题稳控化解在

基层,解决在初始状态。高校党委常委会、校长办公会要经常召开专题会议,认真听取涉及学校稳定的重要信访情况汇报。对于涉及面广、政策性强、利益调整大的问题,做到情况明晰、措施到位、责任到人、预案在手,通过实地调查、安排领导约访、与师生进行面对面座谈等方式,进一步听取意见建议,提出妥善解决的办法。通过排查与预警相结合,把信访工作重点从事后处置转移到事前预防和控制上来,进而确保校园乃至周边环境的稳定。

2.建立信访稳定风险评估机制

信访稳定风险评估,是指对重大事项在制定、出台及实施后引发的大规模集体上访或群体性事件的可能性进行评估,通过先期预测、先期研判、先期介入,最大限度地从源头上预防、减少、消除危害高校和谐稳定的不稳定因素。重大事项,是指事关师生员工切身利益,牵涉面广,影响深远,易引发不稳定问题的重大决策、重要政策、重大改革举措、重点工程建设、重大活动等。重大事项,尤其是涉及师生员工切身利益的重大事项的出台或实施往往是引发群体性信访或群体性事件的"导火索",进而成为影响校园和谐稳定的突出问题。从高校群体性信访发生的时段看,群体性信访多发生在重大决策、重要政策的出台实施,重大改革举措的推出,重点工程项目的开工等时段。因此,探索建立重大事项信访稳定风险评估机制,对于促进科学决策、民主决策、依法决策,从源头上预防和减少矛盾,消除风险诱因,维护好高校的和谐稳定具有重要的意义。

高校应积极探索建立重大事项信访稳定风险评估机制,通过科学系统地预测、分析和评估可能影响校园和谐稳定的各类风险,在重大事项实施前把风险降到最低限度或调整到可控的范围,从源头上最大限度地减少或规避一些有可能引发的不稳定因素,控制和减少群体性事件,预防越级上访和集体上访的发生。高校应将信访稳定风险评估贯穿重大事项,特别是涉及师生员工切身利益的重大事项制定、出台和实施的全过程,建立有效的群众参与机制,通过专题调研、举行听证会,充分听取师生员工的意见和建立。凡重大决策,在作出之前,必须进行风险评估,进行合法性、合理性、可行性、可控性审查,分析所作决策是否统筹兼顾各群体利益,是否针对潜在风险制定好相关应对预案,做到"大多数群众不支持、不赞成的暂缓实施"。重大事项如果未进行风险评估,就不能提交党委常委会和校务会议讨论。[①]

3.建立信访信息分析研判机制

信访信息分析研判机制,是指信访工作机构和专职工作人员对来信来访来电等信访信息资源进行梳理、分析和研判,对其中带有普遍性、全局性、政策性的信访问题,组织开展调查研究,提出工作建议。高校师生员工及其他人员个体性来信来访来电所反映的问题往往具有普遍性,关乎很多类似人员的重大切身利益,往往是重大突出信访问题的先期反应,是群体性信访的前兆。若处理不善、不及时,极易成为高校重大的不稳定因素,进而影响校园的和谐稳定。因此,加强信访信息的分析研判,从个性问题中发现共性问题,从单一信访中发现带有苗头性、倾向性问题,及时深入调查研究,在此基础上提出可供参考的意见和建议,对于维护校园和谐稳定具有重要意义。做好信访信息分析研判也是信访工作部门作为学校"第二政研室"、承担好学校党政参谋助手作用的内在要求。

高校应建立信访信息分析研判机制,确定专人定期及不定期地对师生员工来信来访来电中反映的问题进行统计、分析和研判,充分发掘和利用各渠道信访信息资源的价值,以信访反映、信访专报等形式,及时、全面、准确地向学校党政报告某一阶段师生员工反映突出强烈的信访问题,特别是普遍性、倾向性、苗头性问题的综合分析上报。对易引发群体性信访、关涉师生员工重大切身利益、影响学校稳定和发展的重大信访问题,应成立专门的工作小组,深入开展调查研究,充分听取师生员工的意见,寻找解决问题的关键点,制定相应的解决方案和稳控工作方案。对于师生员工所反映的特别重大的信访问题,应在前期调查研究、形成建议方案的基础上,递交学校党委常委会和校务会议作专题研究,进行决策。对于经分析研判,属于事实清楚、依据明确的较为重大、可能影响校园稳定的信访问题,由信访部门按照"属地管理"原则,直接交由相关责任单位作分析处理,责任单位应及时报告办理进展情况,及时消除影响稳定的隐患。

---

① 戴辉等:《规避涉民利益冲突减少社会稳定风险——基于构建重大事项社会稳定风险评估制度研究》,《社会研究》2010年。

四、推动"事要解决"，建立疑难信访调处化解机制

1.实施重大信访事项督查机制

信访事项督查，是指信访工作部门在信访事项交办后，为及时掌握事项办理进展情况，定期和不定期地对事项承办单位办理情况进行监督和检查，促使其抓紧办理，按期结案。信访督查环节是促使或保证信访事项得到及时办理和解决的不可缺少的手段，是确保信访事项"件件有着落、事事有回音"的内在要求，是信访工作从启动到终结得以顺利进行的保证。信访督查工作不力或不到位，加上少数部门和信访工作人员办事拖拉、有畏难情绪、思想不重视等，往往容易导致信访问题得不到及时解决，甚至长期得不到解决，由此小事变成大事，简单问题变成复杂问题，甚至衍生出新的问题；亦会使信访事项由信转访，由初访变重复访，由个体访变群体访。信访问题久拖不决、长期积累，容易使信访人产生不满和对立情绪，使矛盾不断扩大升级，进而成为影响校园和谐稳定的不稳定因素。

高校应以"事要解决"和"案结事了"为核心，以领导批示件、上级交办件、重要突出问题为重点，按照"事有专管之人，人有专管之责，时有限定之期"的要求，建立并强化信访事项督查机制，不断增强信访工作实效。在工作实践中，要明确督查内容和督查重点，规范督查工作程序，做到督查工作有章可循、有据可依；要针对不同事项，不同部门综合运用跟踪督查、会议督查、回访督查、联合督查等多种督查形式，提升督查工作的效率和质量；要在督查过程中实行首问首办责任制、定期通报制、督查情况分析报告制，强化信访交办事项责任主体的责任意识。高校要严格责任追究制，对督查工作中发现的因办理信访事项不及时、故意拖延造成不良后果的人员依照有关规定进行处理；要制定信访工作绩效考核办法，将信访督查情况纳入部门、单位工作绩效考核和领导干部年度考核范畴，切实发挥信访督查在维护师生员工合法权益、促进校园和谐稳定中的重要作用。

2.建立疑难信访事项终结机制

信访事项终结机制，是指规定各级人民政府信访工作机构和其他行政机关不再受理某一信访事项，即该信访活动终止的相关制度和程序。它主要规定了对信访人行政救济的程序、启动方式、受理机关、办理时限要求以及依法不再受理的条件等。自国务院《信访条例》颁发以来，各级政府根据条例有关规定，积极探索建立信访事项终结实施办法。如浙江省于 2005 年印发了《浙江省信访事项终结办法》，其后陆续出台了《疑难信访事项公开评议终结办法》等一系列制度性文件，形成了三级终结、评议终结、听证终结、核查核审终结等有效的信访事项终结模式，取得了较好的成效。实践表明，建立信访事项终结机制，对于维护和保障信访人的合法权益、建立良好的信访秩序、减轻各级处理信访问题机关的社会管理成本、化解社会矛盾等具有重要意义。

高校探索建立信访事项终结机制，有助于维护师生员工的权益和校园的和谐稳定。高校应根据自身内部治理结构和各级的工作职能及权限，以及信访条例的有关规定，构建与校情相适应的信访事项处理、复查、复核三级终结模式，并规范信访事项终结各环节的工作程序和要求。在具体实施过程中，对于疑难信访问题、涉法涉诉信访问题等，应积极引入心理咨询和法律援助机制。通过心理咨询，对有固执偏激等不良心理倾向的信访人，进行心理疏导，寻找解开其思想疙瘩的关节点，缓解非理性行为，引导信访人以理性平和的方式表达诉求；通过法律援助，引导信访人运用法律手段，依法、理性反映诉求和解决问题。对于坚持不走复查复核程序而持续上访的信访人，可以采用"第三方听证"、公开评议等方式，通过陈述、质证、辩论、评议、和解等程序化解特殊疑难信访事项，转变信访人"大闹大解决、小闹小解决、不闹不解决"的思想倾向。高校应将息诉息访贯穿整个终结程序过程及终结后的稳控工作中，对已依法按政策处理到位而仍未息诉息访的信访事项，不再受理，但应按属地管理原则，转由信访人所在单位做好政策解释、教育疏导和稳控工作。①

3.建立信访积案领导包案机制

信访积案，是指时间跨度长、处理难度大、案情复杂、久拖未决的信访事项，是矛盾纠纷累积叠加的集中反映。大部分积案具有以下特点：一是时间跨度大，短则三四年，长则十多年，甚至数十年；二是属于跨地区、跨部门、跨行业，人、事、户分离的"三跨三分离"案件，责任主体难以明确；三是有理和无理、现实问题和历史问题相互交织；四是多为涉法涉诉案件，依理应通过法定

---

① 潘玉珍：《关于信访终结机制的思考》，《吉林大学硕士论文》2005 年。

途径解决,但信访人不愿意走诉讼、仲裁途径,而寻求信访途径解决。信访积案中的绝大多数信访老户,往往性格偏执、期望值高,试图通过越级上访、择机上访、闹访、缠访,给学校施加压力,严重影响了校园的和谐稳定。

"领导包案"可以切实落实"一岗双责",最大限度地调动各级干部的积极性,有利于有效整合和调动各种工作资源,是解决疑难复杂信访积案、师生反映强烈的突出问题(尤其是一些"无头案"、"钉子案")的一种行之有效的信访工作机制。高校应努力探索重大疑难信访积案领导包案机制,按照"谁包案,谁负责"的原则,通过实行包掌握情况、包思想教育、包解决化解、包息诉息访的"四包"责任制,由包案领导一抓到底,亲自组织有关责任单位提出解决问题的意见和建议,提交领导班子集体研究,协调、督促有关责任单位妥善处理和解决信访问题,切实做到限期处理、限期化解信访积案。

当前高校信访工作总体形势较好,有力地促进了高校和周边社会长期保持安全稳定的良好局面。同时,高校信访工作新情况新问题层出不穷,高校应按照信访工作的新要求,积极建立健全信访工作的体制机制,采取一系列切实有效的措施,并在实践中不断加以梳理、改革和创新,使高校信访工作更加与时俱进和规范化、制度化。

浙江大学"校领导接待日"制度的实践与探索

　　领导干部接访是做好新时期群众工作的一个重要举措,是畅通民意诉求的有效渠道。浙江大学从 2010 年 5 月开始实施"校领导接待日"制度,经过近年来的实践,实现了校领导接访常态化、制度化、规范化,在维护师生合法权益、化解重大疑难问题、促进学校民主科学决策中发挥了重要作用,有力地维护了校园的和谐稳定,取得了良好的成效。

一、"校领导接待日"的实施背景

　　1998 年 9 月原浙江大学、杭州大学、浙江医科大学、浙江农业大学四校"强强联合",组建成立新浙江大学。十多年来,浙江大学抢抓机遇,加快融合、发展,提出"创建世界一流大学"的发展目标,不断深化体制机制改革,由此引发了一些新的矛盾;与此同时,很多融合过程中暂时缓解的矛盾再次凸显,这些矛盾在一定程度上影响了学校的发展。学校适时实施"校领导接待日"制度,由校领导面对面听取吸收师生的意见和建议,对于化解融合发展过程中出现的矛盾、凝聚师生共识、推进民主科学决策、维护校园和谐稳定具有重要的意义。此外,2008 年以来,中央和地方各级政府高度重视领导干部接待群众来访工作,出台了一系列文件,对高校领导干部接访工作也提出了新要求。

二、"校领导接待日"的主要做法

　　1.制定工作制度

　　科学的工作制度是开展好"校领导接待日"的前提。为规范校领导定期接待群众来访工作,2010 年 5 月浙江大学专门制定出台了《浙江大学校领导定期接待群众来访暂行办法》,明确了校领导接待群众来访的基本原则、工作程序和实施要求。根据办法要求，"校领导接待日"一般每月举行 1 次，安排在下旬，根据实际需要可以增加接待次数；地点一般安排在校信访接待室，或视情安排在其他地点；校信访办公室负责"校领导接待日"的具体落实工作。

2. 面向师生公开预约

校领导接待日实行预约制度，学校专门在办公网上设立"领导接访"模块，并通过该模块发布信息和接受师生的预约申请。信访办公室一般在"校领导接待日"开展前两周采用两种不同形式面向全校师生公开预约：其一是预设主题及确立接访校领导；其二是由师生自由选择主题，根据主题确定接访校领导。师生员工可在规定时间内通过"领导接访"模块进行网上预约，也可通过信访办公室公开电子邮箱、电话或直接到学校信访接待室进行预约申请。

3. 确定接访事项

信访办公室对接收到的师生员工预约申请进行汇总和初步审核，确定责任单位，提出是否接访的建议，报接访校领导审定，确定接访事项。一般性问题，按照来信件办理程序，通过协同办公系统直接转送相关部门进行办理。实践中，校信访办公室针对来信、来访和来电中师生反映的热点、难点问题和影响面广、解决难度大的突出信访问题，以及学校拟出台、拟采取的关涉师生员工切身利益的重要制度、重大举措，确定接访事项，安排校领导接访，听取相关群体或个人的意见和建议。

4. 协同接访

为提高接访效率，信访办公室在接访事项确定后，将事项信息发送相关责任单位，作先期调查研究，提出初步意见，报接访校领导参阅。其后，由校领导带领相关单位负责人到信访接待室或主动深入基层一线、深入矛盾突出的地方接访。对能够当场答复的问题，当场答复；不能当场答复的，由接访校领导提出处理意见，交由相关单位作后续办理；对情况复杂、涉及面广、影响较大的重大疑难信访问题，接访后由校领导再召集相关部门召开专题会议研究；对因政策规定等原因不能解决的，则耐心解释，明确告知，同时做好思想疏导工作。

5. 接访事项的办理和跟踪督办

对不能当场答复的或校领导要求继续做好解释工作的接访事项，在"校领导接待日"结束后 5 天内,在校领导签署意见后,由信访办公室通过学校协同办公系统交由相关单位办理。交办后,相关单位一般应在 30 日内形成处理意见并告知来访人,同时报信访办公室备案。如果来访人对办理结果不满意,交办单位应再次进行合法合理合情性审查,视情况做好工作。信访办公室对交办事项进行跟踪,并协助交办单位做好办理,确保事项在规定时限内、按规定要求办结。对办理不力的单位,将进行督办,并以专报的形式报告接访校领导。

6.办理结果的审核

为提高校领导接访事项的后续办理质量,信访办公室将就每一个接访事项回访来访师生员工,进行满意度调查,进一步了解掌握部门办理成效;同时,由信访办公室对部门办理情况、处理意见进行整理后,报接访校领导审阅。对审定同意办结的事项,由信访办负责归档;对校领导有新的意见的事项,将重新进行交办。

三、"校领导接待日"的主要成效

通过近年来的实践与探索,"校领导接待日"已成为师生员工维护合法权益、参与学校管理的重要载体,不仅为师生员工与校领导搭建了信息沟通传递的"立交桥",也有效提升了学校管理服务水平,化解了许多重大疑难问题,得到了师生的高度肯定。

1.对学校各项事业的发展起到了推动作用

截至 2012 年 11 月,浙江大学已举行 13 次"校领导接待日",接待来访师生 57 批次、109 人次,由解决个人问题转为为学校发展建言献策。许多老师和学生对学校所提意见建议,通过"校领导接待日"得到了吸收,有力提升了学校决策的科学化水平。"校领导接待日"进一步凝聚了全校师生共识,汇聚了力量,为学校的发展营造了良好的氛围。例如在"积极开展创先争优,提高学校管理效能"为主题的"校领导接待日"上,校领导就行政服务效率、网络服务质量和师生进行了交流,接访后相关部门切实采取措施,改进服务水平,提高管理效能,有效解决了师生员工所提出的问题,对学校创先争优活动起到了良好的促进作用。

2.有效化解了一批疑难信访问题

浙江大学将"校领导接待日"与化解信访突出问题,特别是与化解信访积案相结合,通过重点约访、"带案下访",主动深入矛盾突出的地方,与信访人面对面谈心,听取意见;并在接访后建立校领导包案制,视情况成立专门工作组,对信访人所反映事项进行专题研究,制定化解工作方案,切实采取措施,落实责任。党委常委会、校务会议专门听取有关校领导关于重大疑难信访问题化解情况的汇报。通过近年来的实践,建立起化解矛盾纠纷和解决信访问题的有效工作机制,有效化解了一批信访积案,最大限度地消除了影响校园和谐稳定的不稳定因素。

3.进一步密切了各级领导与师生的关系

近年来,在"校领导接待日"的引领下,校内各院级单位领导干部也开始探索实施领导干部接待日活动,师生与学校各级领导间交流沟通的渠道更为通畅,全校领导协同接访的良好氛围基本形成。各院级单位对师生来信来访工作的重视程度显著增强,初信初访办结率、师生员工满意度大大提高,有效拉近了领导干部与师生的距离,赢得了师生的信赖和广泛支持。参加过接待日的师生对"校领导接待日"这种形式给予了高度肯定,认为通过领导干部与师生之间直接沟通,增进了相互间的理解,增强了师生对学校的认同感。

附件1:

浙江大学校领导定期接待群众来访暂行办法

（2010 年 5 月 28 日）

第一条　为进一步规范校领导定期接待群众来访工作,密切学校领导与师生员工的联系,倾听群众意见,了解群众意愿,及时解决群众合理诉求,维护群众合法权益,特制订本办法。

第二条　校领导定期接待群众来访坚持"公开透明、规范有序","方便群众、解决问题","属地管理、分级负责"和"谁主管、谁负责"的原则。

第三条　校领导接待群众来访一般安排在每月下旬(寒暑假除外),接访时间为半天。遇重大、突出事项也可以由信访办公室视情况预约接待。

第四条　校领导接访地点一般安排在校信访接待室或商定其他地点。相关职能部门或单位应当安排负责人陪同接访。

第五条　接访校领导、接访时间、接访地点和其他接访人员的信息提前两周在学校办公网上公布。如遇特殊情况另行通知。

第六条　校领导接待群众来访实行预约制度。来访人员须提前一周通过来电、来访、来信等方式向信访办公室提出预约申请，按要求如实填写《校领导接待群众来访登记表》。未预约的来访人员和重复上访人员，一般不予安排和接待。

第七条　信访办公室接到预约事项后，应当根据信访事项进行判定并审核，确定接访校领导，同时将来访人员的相关材料、信访事由等呈报接访校领导。

信访办公室应当在接访前落实来访人员能否按时到达、参与来访的人数、集体访的代表等问题，并将有关情况及时反馈接访校领导。

第八条　校领导接待群众来访时，对来访人员提出的问题，能够当场答复的，应当场答复；对因政策规定等原因不能解决的，应耐心解释，明确告知，做好思想疏导工作。

对不能当场答复的，由信访办公室负责将信访件在5日内交相关职能部门或单位办理；相关职能部门或单位收到交办的信访件后，在10日内告知来访人员是否受理，在30日内将办理情况告知来访人员，并报信访办公室备案。遇特殊情况的，经校领导批准后可延长30日，并告知来访人员延期理由。

办理重大疑难复杂的信访事项，应当报校务会议或党委常委会研究决定。

第九条　信访办公室应当做好谈话记录、材料整理、交办、督办、回访、归档等工作，定期汇总校领导接待群众来访工作情况，编写简报，视情况在不同范围内予以公布。

第十条　来访人员应当遵守信访秩序，服从安排。对以信访为由，无理取闹、妨碍正常工作秩序、经劝告无效者，应移送学校保卫处或公安机关处理。

第十一条　本办法自下发之日起施行，各学院（系）、有关部门和单位负责人接待群众来访参照执行。

附件 2

浙江大学校领导接待日工作流程图

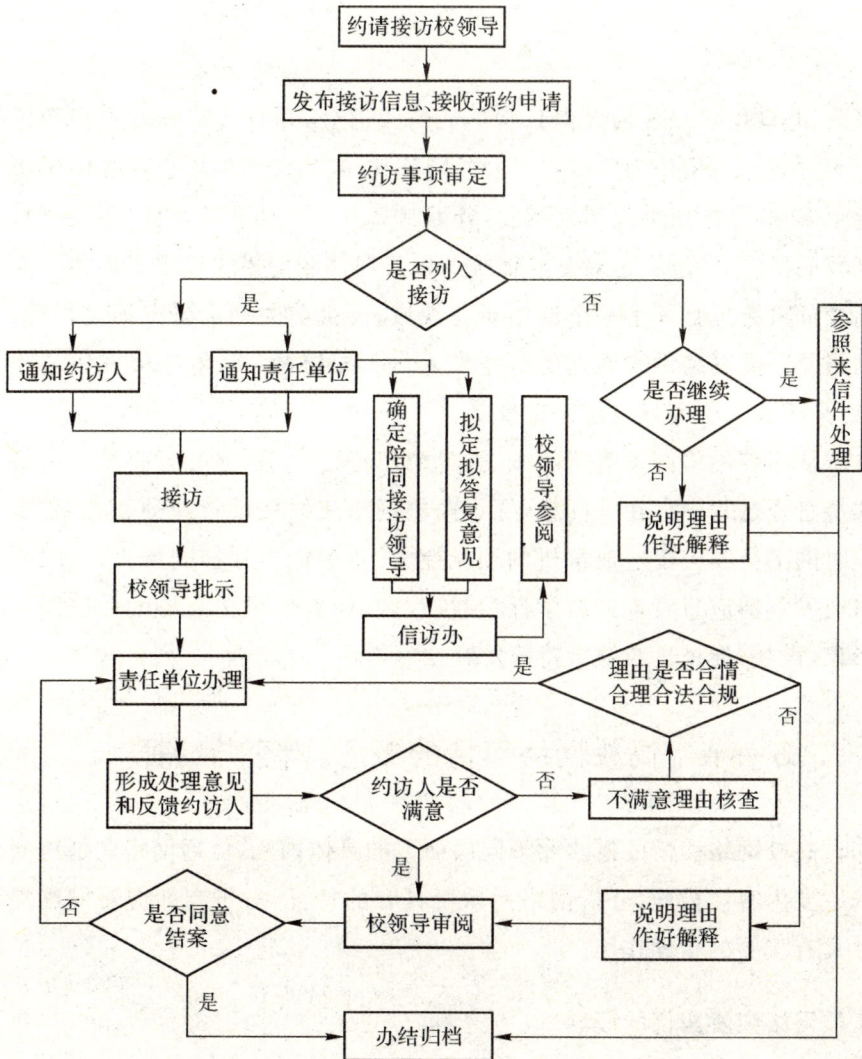

```
                    约请接访校领导
                         │
              发布接访信息、接收预约申请
                         │
                    约访事项审定
                         │
                  ┌──是否列入──┐否
               是│    接访     │────────────────┐
          ┌──────┴──┐                            │
    通知约访人   通知责任单位        ┌──是否继续──┐是    参照来信件处理
          │          │            │    办理     │────→
          │    ┌──┬──┴──┬──┐    否└──────┬──────┘
        接访  确定 拟定 校领导          │
          │   陪同 拟答 参阅      说明理由
      校领导批示 接访 复意见       作好解释
          │   领导  意见
          │    │    │
    责任单位办理 信访办  是  理由是否合情
          │                合理合法合规
    形成处理意见  约访人是否  否
    和反馈约访人   满意    ────→  不满意理由核查
          │        是│
    是否同意     校领导审阅 ←──  说明理由
     结案                       作好解释
          │是
        办结归档 ←────────────────
```

第八章　网络维稳机制

当前,互联网已经成为人们日常生活的一部分,并直接影响着人们的思想和行为方式。高校作为网络应用的前沿阵地,其稳定与发展也深受网络影响。近年来,高校网络突发舆情频发,且因其具有突发性和破坏性,不仅严重威胁高校的稳定和发展,也对高校传统危机管理体制与模式提出了挑战。网络为高校危机管理打开了一个新的研究视域,而目前的理论研究不足,与活跃的网络及师生网络诉求表达的日益多元化不相协调。从网络突发舆情视角,探讨高校危机管理显得越来越重要。

本章从高校网络突发舆情的概念、类型及特征入手,分析当前高校网络突发舆情管理过程中存在的问题,探讨高校网络突发舆情管理的新思路,提高高校对网络突发舆情造成危机的预见能力、化解能力和控制能力,增强高校网络突发舆情应急管理的科学性、系统性,从而有效维护高校的和谐稳定及其形象、声誉,促进高校健康持续发展。

第一节　高校网络舆情的概念、内容与特征

探讨高校网络舆情的概念及不同层面下的具体内涵,梳理网络舆情应对机制的主要内容和措施,分析网络舆情所具有的特征,对于有效应对网络突发事件具有重要的指导作用。

一、高校网络突发舆情的概念

高校网络舆情是指,"基于互联网上大学生和高等教育工作者对包括高等教育在内的所有自己关心的公共事务以及上述主体之外的民众对自己关心的高等教育方面的公共事务所持有的各种情绪、意愿、态度和意见交错的

总和"①。

本文所探讨的高校网络突发舆情包括三个层面的内涵：一是指由某个特定事件引起，经过高校或外部 BBS 等的讨论和放大，形成具有一定倾向性和影响力的"网络舆情"，从而成为可能引发校园不稳定因素的危机事件；二是指高校网上出现涉及师生心理异常、需尽快进行干预的网络舆情；三是指社会网站出现影响高校形象和声誉的网络舆情。

二、高校网络突发舆情的主要内容

从国际政治、国内焦点到学校新闻、日常管理与服务，这些内容都可能会在网络上引起强烈的反响和激烈的辩论，形成强大的舆论影响，并对高校安全稳定造成威胁或对社会造成重大影响。高校可能引发危机的网络舆情大致可分为以下几类：

1. 政治敏感类舆情

主要是指国际国内一些政治性事件和影响国家领土完整、主权利益等事件（如钓鱼岛事件）发生后，校内学生自发性、非理性的群体性聚集或游行示威等大学生群体性事件发生前后出现的舆情。

2. 自然灾害类舆情

主要是指洪水、地震、台风、冰雪等自然灾害的突然发生，在网上引起恐慌性的讨论，不同程度地影响到在校师生的学习、生活、思想和情绪，从而对高校稳定造成冲击。

3. 公共卫生类舆情

主要是指在学生生活场所内有爆发倾向的传染性疾病，如饮食（水）中毒、集体宿舍内疾病交叉感染等，包括社会疫情（如 H1N1 流感病毒、被蝉虫咬伤）对高校的影响。

4. 校园治安类舆情

主要是指有大学生参与的殴斗事件、群体性冲突事件（尤其是与留学生的冲突事件更易事态扩大化），以及人为引起的火灾、建筑物倒塌、活动中学生受伤等事故诱发的舆情。

---

① 张鹏程：《高校网络舆情工作初探》，《宜春学院学报》2009 年第 6 期。

5.学校管理服务类舆情

主要是指学校采取的改革发展措施或新政策执行过程中师生不理解、不接受或学生对学校后勤、网络中心、食堂等部门服务不满而引发的群体性行为。

6.个体危机类舆情

主要是指大学生在学校学习和生活的过程中，面对人际关系的处理、恋爱、就业、求职与考研等重大问题时，不能形成良好的自我认知和情感意志而酿成的危机事件。

7.高校形象声誉危机类舆情

主要是指网民发表或转载虚假信息诋毁高校、网络媒体报道高校负面信息引起关注或高校某一负面事件引发网络热议等一系列影响高校形象声誉的危机事件。

三、高校网络舆情的特征

有效应对高校网络舆情必须谙习其运行特征。事实上，网络舆情的研判、预警、处置，就是在对网络舆情运行特点的熟练掌握基础上完成的。

1.即时性、快捷性和能量聚集的特殊性

即时性主要集中在网络舆情的发生机制上。一个热点事件的存在加上一种情绪化的意见，就可以成为点燃一片舆论的导火索。当一个事件发生时，大学生网民可以立即在网络上进行意见表达。通俗地讲，就是发生就发生了，具有突发性，没有一般意义上的"预兆"。快捷性是指舆情传播的迅捷性。相关研究表明，热点事件一经发生，一般 2~3 小时后就会在网上出现，24 小时后在网上的跟帖和讨论就达到高潮，36 小时之内必然形成一次大高潮。

能量聚集的特殊性则包括三个方面的因素：一是指大学生网民参与的人数难以准确把握，容易导致参与人数的急剧扩张。尽管大多数高校在校内舆情空间内实行了实名登记制度，但就某一事件的参与人数而言，仍然有人数难以准确把握的问题。二是指网络舆情在传播中的方式和手段难以预先估计，微信等新手段新方式层出不穷，大学生网民操纵网络的手法也有特殊的表现。三是各种渠道的意见可以迅速地进行互动，网上与网下相互影响，从而迅速形成强大的意见声势,能量积聚特别大而快。近年来,几乎国内外发生的每一个重大事件,都会在高校网络媒体上引起强烈反响和辩论,形成了一个强大的"能量聚集场"。

2."意见领袖"的广泛性和不确定性

"意见领袖"是指在人际传播网络中经常为他人提供信息、意见、评论,并对他人施加影响的"活跃分子",是大众传播效果形成过程的中介或过滤环节。"意见领袖"的广泛性,实质上是指网络舆情主体的广泛性。大学生网民思想观念多样化、生活方式多样化、社会层次多样化,直接带来了高校网络舆情的不确定性。"意见领袖"的不确定性当然是指其产生的不确定性,但实质是指网络舆情主体与客体之间的非对应性。作为网络舆情客体的高校管理者,在网络世界里与网民的对应是非对称性的,也就是网民的隐蔽性对两者的正常交流与互动带来了困难。通俗地讲,高校管理者要在网络中找"意见领袖"沟通,根本就找不到交流对象。在这里,笔者强调"意见领袖"的广泛性和不确定性,是因为网络舆情中找准"意见领袖"并与之有效互动,是网络舆情管理的最有效的法则。同时,高校管理者采取何种姿态和何种态度与"意见领袖"互动,决定着网络舆情的走向,是网络舆情管理能否成功的标志。现阶段的网络舆情管理中忽视"意见领袖"、找不到"意见领袖"、不愿意与"意见领袖"平等有效交流,是网络舆情处理失败的主要原因。

3.网络舆情的发展具有单边放大效应

所谓网络舆情的单边效应,是指某些特定的大学生网民,根据自身意愿,依托网络载体进行单向的意见输出,并在大学生网民中产生强烈反响结果的效应。所谓网络舆情的放大效应,是指在处理具体的中介性社会事项中,某些特定的网民将某一部分信息单独输出并引导参与网民不断将之强化,最终使之成为反映事件全部信息的效应。需要强调的是,有时候网络中的虚假信息也具有单边放大的可能。

第二节 高校网络舆情危机管理存在的问题

鉴于网络舆情具有的即时性、易被单边放大等主要特征,有关网络舆情的危机管理工作显得十分重要。认真梳理和分析网络舆情危机管理中存在的一些主要问题,做到心中有数、有的放矢,将有助于我们提高应对网络舆情危机管理的成效。

一、危机管理理念落后,危机意识有待增强

目前,许多高校在危机管理理念上滞后于时代的发展,对高校网络突发舆情管理的重要性与紧迫性还没有从全局和战略的高度来认识,缺乏对网络舆情发展特点和规律的掌握,尚未认识到当前网络突发舆情的发生频率由偶发到频发、种类由单一到复杂的现状,面对网络突发舆情把主要精力用在"捂盖子"、忙删帖上。同时,也未树立全过程管理的理念,许多高校仍把网络舆情危机管理当做高校管理的偶然内容,将网络舆情危机发生后的应急处置当做危机管理的全部内容。理念的落后往往导致高校在网络突发舆情发生时介入干涉的时机过于滞后,错过了改变舆情意见流向和正负态势的良好时机,往往造成舆论的意见分布对高校极为不利。

二、危机管理组织体系不健全,综合协调能力弱

高校出现网络突发舆情时,危机管理组织一般是临时成立的工作小组或指挥部,这类组织对于实施持续有效的危机管理来说存在一定不足,危机管理需要校内外相关部门合作,临时性的工作小组沟通协调的时间成本增加,往往错失工作的最佳时机;在工作内容和人员构成上不具有延续性,事先没有制定有效的危机处理计划,事后危机管理经验教训难以有效保留并为日后提供借鉴,难以形成相应的危机管理培训和教育机制。

关于高校网络管理专职机构设置情况,2009年3—4月期间,上海交通大学就高校网络管理相关问题向全国各地区的教育部直属高校、985、211地方重点高校等共计100所高校发出了调研问卷,调查显示高校网络专职管理

部门设立及落实情况差异较大,设立网络专职管理部门的高校仅占 60%。[1]
很多高校由于没有常设性的网络突发舆情综合协调与决策机构及专门的职
能部门,在网络突发舆情发生时的资源整合能力与危机管理水平大打折扣。

三、高校与校内外相关部门沟通缺乏长效机制,系统联动失效

在应对网上热点敏感问题和重大突发事件,高校与校内外相关部门缺乏
有效沟通,在校园危机管理中,全国乃至各地教育主管部门至今缺乏具有联
合决策功能的综合体系和综合协调部门,也没有建立起处理不同危机事件之
间的综合协调机制。[2] 在一个开放的社会中,高校危机管理缺乏社会力量的
参与、缺乏校内外相关部门的联动协作,必然影响高校危机管理效率及加大
高校危机管理成本。一旦发生网络突发舆情,高校一般临时与事发地或当事
部门沟通,未完全形成联动作战和快速处置的长效机制。当事部门往往要求
网上删除、封堵,主动组织参与正面引导的较少,导致配合联动迟缓,网络舆
论引导工作延误最佳时机,危机管理工作陷入被动。

四、心理干预机制薄弱,难以提供必要的心理支持

心理干预机制薄弱,是当前我国高校危机管理中普遍存在的一个突出问
题。目前,高校危机管理过程中一般没有专门机构负责校园危机心理干预工
作,在网络突发舆情发生时,均由辅导员或班主任以思想政治教育的方式代
替心理干预工作,专业化水平低。

五、技术手段在网络突发舆情应急管理的应用不足

由于网络传播技术的特点,有害信息如果得不到及时查处,则有可能在
短时间内大量复制与传播,造成非常恶劣的影响,因此,网络信息监管的全面
性和及时性非常重要。目前,高校网络舆情监控主要采用人工方法。虽然近
年来,国内网络舆情系统陆续开发并投入使用,但在高校领域应用较少,尤其
在网络突发舆情应急管理方面应用不足。仅靠专人上网进行舆情监控,效率

---

[1] 《校园网络文化建设和管理体制机制探索》,摘自上海交通大学 2009 年暑期教育部网
络舆情培训班交流材料。

[2] 东升:《应对公共危机的政府理念重塑与管理创新》,《重庆大学学报》2004 年第 4 期。

偏低，而且时常顾此失彼，难以应对海量网络信息的收集和处理，监管难度较大。为此，很有必要依靠现代信息技术，建立网络舆情监控分析系统，以便及时应对网络舆情。

六、法制建设落后，危机管理缺乏制度保障

目前，与我国网络突飞猛进的发展态势相比，有关网络的立法及现行法律法规的执行远远滞后，日常管理中往往重经验操作，轻法治建设。一是现行法律法规覆盖不全。如一些网络公关公司为了经济利益，开展非法网络营销，发布虚假信息，干扰传播秩序，操控网上舆论。此外还有不少网络推手公司在极大的利益驱使下，不断触碰道德底线，游走法律边沿。2010 年 6 月《人民日报》连番报道揭露网络推手现象，呼吁网络"水军"急需"军规"。二是现行法律法规约束不强。对网络违法违规行为所采取的处罚措施力度不强，违规成本低。三是少数网络媒体从业人员互联网相关法律法规知识欠缺，法律意识淡薄，热衷于从网上寻找新闻，炒作社会热点。

第三节　高校网络维稳机制创新

近年来，高校网络突发舆情的发生频率由偶发逐渐变成频发、种类也由单一逐渐复杂多样，由此引发的危机在某种程度上是不可避免的。本节试图从危机预防预警、危机准备、危机处置、事后恢复四个环节，构建基于网络突发舆情的高校危机管理机制（如图 8.1 所示）。

一、预防预警环节

从危机管理的目的和效果来说，危机预防比危机处理更重要。最有效的危机管理是避免危机的发生。

1.完善网络舆情监测机制

完善网络舆情监测机制，及时发现危机事件的端倪，及时发布预警信号，是高校网络突发舆情的危机管理从即时处置型向事前预警型转变的基础。同时，对于一些网络突发舆情，能否及时获取舆情信息，是学校正确决策的关键因素之一。为此，高校完善网络舆情监测机制应包括：

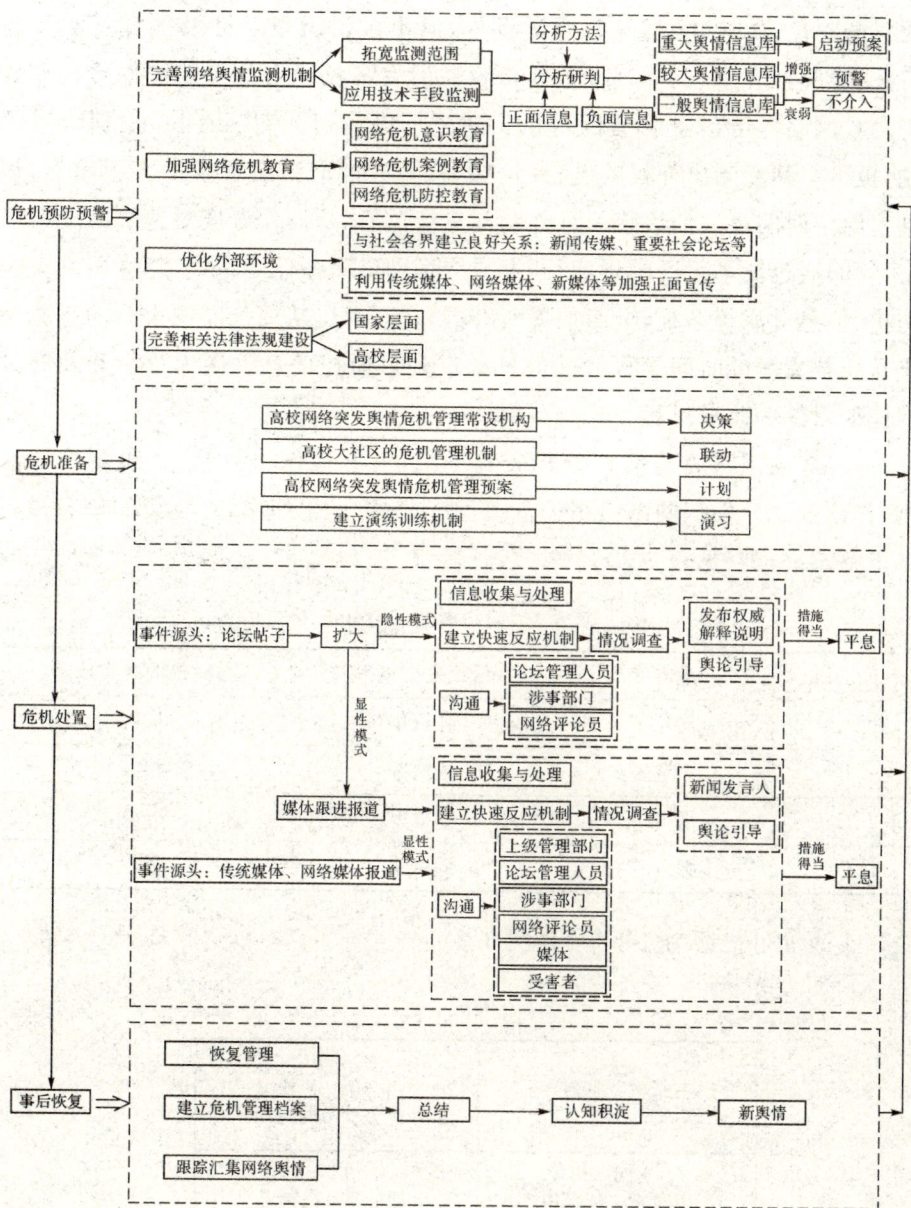

图 8.1 基于网络突发舆情的高校危机管理机制

(1)拓宽网络舆情监测范围,除收集与分析高校内的网络舆情信息外,社会网站、论坛、博客、微博等校外的网络信息收集也应成为高校网络舆情信息收集的对象;此外,除高等教育话题外,时事政治类以及涉及医疗、卫生、住房、交通等社会热点类信息(尤其是容易引发高校师生共鸣的事件),也应成为高校网络舆情信息收集的对象。高校可以利用关键字查找,识别敏感话题;也可以从新闻出处权威度、评论数量、发言时间密集程度等方面出发,识别出给定时间段内的敏感信息并对其进行监管,从而作好应对危机的准备。

(2)通过技术手段的创新,开发或应用网络舆情监测系统,建立网络安全防护、信息过滤等系统,全面掌握所有的目标信息,从而把监控人员的工作重点从花费大量的时间寻找目标信息推进到对监控信息的深入分析和及时采取应变对策的监控过程。

(3)建立网络舆情信息分析研判系统,科学地作出前瞻性、预测性的研判,作出预警。根据网络舆情的危害程度、危机发生概率,对收集的信息进行如下筛选、分类(见表8.1)。

表 8.1　网络舆情研判分析

区　域	危害度	危机发生概率	对高校的现实威胁
A	高危害	高概率	最大
B	高危害	低概率	较大
C	低危害	高概率	一般
D	低危害	低概率	最小

上表亦可描绘为如下矩阵(图 8.2)。

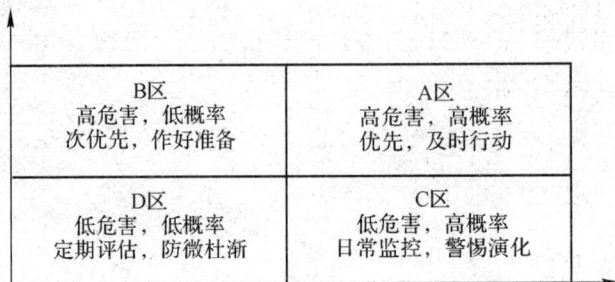

B区 高危害,低概率 次优先,作好准备	A区 高危害,高概率 优先,及时行动
D区 低危害,低概率 定期评估,防微杜渐	C区 低危害,高概率 日常监控,警惕演化

图 8.2　网络舆情研制矩阵

这一矩阵的四个域限,构成了高校的网络舆情环境,对这些网络信息进行分析和处理,建立网络信息数据库,以形成特定的应对计划、预控方案。将对高校的现实威胁最大的高危害、危机发生高概率的网络舆情(A区)纳入"重大舆情信息库",这类舆情信息往往需要学校优先、及时采取行动,需要学校统一指挥,协调全校有关部门和力量进行紧急处置;将对高校的现实威胁较大的高危害、危机发生低概率的网络舆情(B区)纳入"较大舆情信息库",这类舆情信息属于次优先,需及时作好准备应对,需要涉事部门或学院(系)参与协调解决或及时参与正面引导、进行答疑解惑;将对高校的现实威胁一般或最小的低危害、危机发生高概率或低危害、低概率的网络舆情(C区或D区)纳入"一般舆情信息库",这类舆情信息一般不需要马上进行处置,但需要日常监控、警惕演化、定期评估、防微杜渐,有助于学校管理和思想政治教育工作有效开展。

通过上述三大"信息库",作好舆情对接,切实推进实际工作,具体如下:

一是与领导决策工作的对接。网络舆情汇集应及时反映师生的网上心声,让学校领导第一时间掌握网络舆情动态,为领导决策提供重要参考。

二是与相关职能部门管理工作的对接。对网上反映学校管理方面的问题或是网上针对学校管理部门提出的建议意见,及时传递给相关职能部门,及时作出相应反馈解释或是改进完善。

三是与院系管理工作的对接。对网上反映的学生思想动态,如有学生在网上流露轻生倾向的,及时通报相关院系,及时进行心理危机干预,有效维护学生安全。通过舆情对接,真正实现因材施教、对症下药,使辅导员、班主任、德育导师等开展思想政治教育工作更加有的放矢。同时,在学校重大或突发事件发生后,通过舆情对接不断了解事件最新进展,及时做好学生工作。

2.加强网络危机教育

高校在日常工作中对师生进行危机教育,是最好的预控策略之一。国外高校很重视危机教育,如英国高校所有辅导员都接受过专门的校园危机预警与应对机制方案训练。[①] 我国《中华人民共和国突发事件应对法》第三十条

---

① 漆小萍:《中外大学生危机事件管理的比较》,《思想政治教育研究》2008年第3期。

对危机教育明确规定,"各级各类学校应当把应急知识教育纳入教学内容,对学生进行应急知识教育,培养学生的安全意识和自救与互救能力"。危机教育的开展不仅可有力地增强广大师生员工的危机意识,而且可提高他们面对危机的心理承受能力和应变能力,以有效规避危机风险。我国高校网络突发舆情频发,但高校各类人员的网络危机教育缺乏系统培训,只能从自身的实践中获得一些零散的应对经验。为此,高校应加强网络危机教育,充分利用始业教育、教职工上岗培训、开设选修课程等机会,开展网络危机意识教育、网络危机案例教育和网络危机防控专业教育,把创建学习型组织与建立危机预防预警机制结合起来,在提高师生应对网络突发舆情能力的同时,促进高校和谐稳定和全面发展。

3.优化外部环境

一方面,积极创造条件,加强与社会各界特别是新闻传媒、重要社会网站论坛(如天涯社区、百度贴吧等)的联系并保持良好的关系,传播自身的正面形象。另一方面,在借用传统媒体正面宣传高校、加强高校新闻网站建设的同时,积极采用微博、手机等新媒体和移动互联网技术加强高校形象建设。正如上海交通大学舆情研究实验室在 2010 年 10 月 19 日发布的第三季度《中国社会舆情应对能力评估分析报告》指出,"微博作为传播新渠道,在舆论应对中体现出一定影响力"。据统计,目前已有复旦大学、武汉大学、南京大学、东南大学、华东师范大学、清华大学、厦门大学、大连理工大学等 30 所高校在新浪网开通官方微博,以文字、图片的形式介绍高校新闻动态、校园文化、讲座信息、校史校情等,其中复旦大学新浪官方微博有"复旦印象"(发布校园风景图片)、"讲座预告"、"复旦讲堂"、"复旦书屋"(介绍复旦人出版的书)、"校史通讯"等多个栏目,还对新浪微博网友关于复旦大学招生等方面的提问作出及时解答,网上互动性强。

社科院发布的 2010 年社会蓝皮书《2010 年中国社会形势分析与预测》指出,互联网成为新闻舆论独立源头,网络结合手机成为最强舆论载体。高校也应善用手机互联网技术与外部沟通,适时推出手机报,比如向各大重要媒体跑教育或高教版块的记者编辑定期发送关于高校正面报道的手机报,有效维护学校良好的信誉和公众形象,减少危机发生时外界可能的负面冲击。

4.完善相关法律法规建设

完善的立法为网络突发舆情引发危机的预防和应对,提供了有力的法律保证。完善法律法规包含两个层面的建设,一是国家层面。政府的定位应是从社会整体利益和共同利益的角度出发,根据社会和市场需求,通过政策法规、经济手段和技术监督等方式进行间接规制。在做法上,可通过法律的适应性调整、资源的整合与建设管理效率的提高,强化道德约束、法律约束和内容控制技术下的自我控制,从宏观层面培育一个文明、健康、理性、可控的网络社会大环境。二是高校层面。各高校依照国务院、教育部的法律法规,积极推进有关处置大学生危机事件预案和网络信息管理的制度建设,使高校网络信息管理与应对突发舆情有章可循、有法可依。

二、危机准备环节

危机管理的准备环节对于有效应对网络舆情突发事件至关重要。要做到在危机事件发生前,构建强有力的应对危机的组织领导架构,建立有效的工作机制和相对成熟规范的危机应对预案,必要的时候还要进行危机事件应急演练,真正在危机发生前做到准备到位。

1.建立高校网络突发舆情管理常设机构

危机管理机构的设置是整个危机管理体系建构的基础。建立网络突发舆情危机管理常设机构,使之成为危机信息的权威来源和危机信息沟通的指挥者、协调者。其主要职责是:监测网络舆情,评估危机发生的可能性并作出预警报告;组织危机预防阶段的宣传教育;制定有效的危机管理预案及演练;负责协调及调用校内外的各种资源,快速处置危机;对外发布权威信息;实施危机后的善后处理、恢复管理等。

网络突发舆情危机管理常设机构成员可以有专职和兼职之分。专职人员作为常设机构的固定工作人员,承担机构日常的运行及危机期间校内外信息传递、资源整合的工作。兼职人员由学校分管领导及相关二级单位负责人构成,他们构成高校危机管理的决策核心,负责对高校网络突发舆情引发的危机事件及时作出决策并进行干预。所有成员均应接受正规培训,掌握一定的危机管理知识,具备危机管理能力,在危机管理过程中体现权威性和专业性。

2.建立高校大社区的危机管理机制

高校危机管理应树立"高校大社区"的意识,应对网络突发舆情在依靠校内力量的同时,还应适时引入校外相关单位的力量,形成应急联动机制,强调通力协作,形成工作合力。它包括:

(1)建立联席会商协作机制。充分发挥高校网络突发舆情危机管理常设机构的作用,定期召集有关部门举行联席会议,相互通报情况,对舆情进行科学分析,部署学校网络信息管理的阶段性工作重点,研究分析新形势下网络突发舆情危机管理工作出现的新情况、新问题,提出对策建议。

(2)建立网上舆论引导机制。在应对网络突发舆情时,应形成以宣传部门宏观调控、涉事部门为主导的网络舆论引导机制,着力改变宣传部门是"舆论引导主体"的习惯思维,树立"事件处置部门是舆论引导第一责任人"的新意识,形成宣传部门与事件处置部门共同推进突发公共事件舆论引导的新机制,抢占第一落点,先发制人,引导舆论。

(3)建立地校联动机制。为适应网络发展的需要,地方政府宣传部门建立了网络管理部门,地方公安部门建立了网监部门,高校应加强与其联系,并建立联动合作机制。当高校网络舆情有扩大、发展趋势并难以控制时,可以通过当地宣传部门、公安部门协助查处,对主题帖进行实时跟踪,积极影响舆情。

3.制定高校网络突发舆情的危机管理预案

制定危机管理预案是危机管理的一项重要的工作内容。详细而周密的预案能保证高校在危机发生时有条不紊,获得最大限度的主动权。高校可以借鉴《国家突发公共事件总体应急预案》,按照网络舆情的性质、危害程度、涉及范围,将危机分为四级,即Ⅰ级(特别重大)、Ⅱ级(重大)、Ⅲ级(较大)和Ⅳ级(一般),并根据危机的等级,调动与之对应的资源和力量进行应对。危机一旦发生,预案自动激活,立即作出针对性的反应,最大限度地减少危机带来的损失。

4.开展实践演练机制

预案制定后,高校应适时组织师生实践演练,通过演练来检验危机管理预案能否发生应有的作用。同时,针对发现的问题与不足,及时进行修正改进,确保预案的可行性和有效性。

三、危机处置环节

"即使有最佳信号探测机制和计划,危机仍然是难以避免的。因此危机管理的一个重要方向是危害控制。就如同其名称所暗示的,危害控制的目的在于防止不可知的危机影响扩散并进而影响到组织未受影响部分。"[①]本文将从建立快速反应机制、持续高效的网络舆情收集与处置机制、有效沟通机制三个方面阐述危机处置环节。

1. 建立快速反应机制

(1)情况调查。高校网络突发舆情发生后,危机管理常设机构要迅速进入状态,加强协调指挥,建立快速反应机制。首先控制住事态,使其不扩大、不升级、不蔓延,这是处理危机的关键。其次,应尽可能快地开展情况调查,查明危机真相,正确应对,果断处置,力争把问题消除在萌芽状态,力争做到早发现、早报告、早处置、早控制、早解决。公关界有一个3W公式,表明在任何一场危机中,管理者需要尽快知道三件事:我们知道了什么(what did we know);我们什么时候知道的(when did we know about it);我们对此做了什么(what did we do about it)。寻求这些问题的答案和一个组织作出反应之间的时间长短,将决定这个反应的成败。

(2)发布权威信息。在情况调查的基础上,危机管理常设机构应成为第一消息来源,掌握对外发布信息的主动权,确定信息传播的公众对象,确定危机传播的媒介及其联系人,拟定统一的传播内容和传播口径,通过建立新闻发言人制度并规定媒体采访的程序,及时回答诸如"发生了什么"、"事情是怎样发生的"、"将如何处理"等问题,力争第一时间发布权威信息,及时发出正面声音,做到关键时候不"失语",把握公众受首因效应影响下对最早信息的第一时间占有,从而掌握舆论导向的主动权。

(3)线下处置。网上突发舆情的危机管理成功与否,与线下对该舆情事件的处置是否得当有着紧密关系。线下处置得当有利于及时控制网络舆情发展态势,扭转网络舆情发展方向;线下处置不得当将为网络突发舆情发展

---

① 伊恩·I.米特若夫,格斯·阿纳戈诺斯著:《危机!!! 防范与对策》,电子工业出版社2004年版,第32页。

注入新的增长点,掀起新一轮热议浪潮,使危机升级,管理难度加大。因此,危机管理常设机构应积极采取措施,妥善安排,尽可能消除或缩小网络突发舆情带来的消极影响。

(4)网络舆论引导。一是组织网络评论员开展网络舆论引导。当突发舆情发生后,危机管理常设机构要组织网络评论员队伍,针对网民关注的热点、焦点问题,使用"网言网语"与网民交流,主动设置议题进行正面信息控制,发布大量不相关的信息冲淡讨论热度,运用先迎合舆论观点、再抓住关键点切入论证、说理扭转舆论导向等引导技巧,提高突发事件舆论引导的针对性和有效性。

二是组织专家学者或相关部门负责人在线交流。针对网民最关心、最质疑的问题,请专家学者解答,或请相关部门直接与网民在线对话交流、答疑解惑。

三是支持传统媒体跟进报道澄清或追踪核实。"当人们在网上要获得新闻信息时,总还会是天然地把传统媒体特别是有影响力的传统媒体经营的站点作为主要甚至是首要选择。"①充分发挥传统媒体比网络媒体公信力强的优势,在网络突发舆情发生后,危机管理常设机构应主动给传统媒体提供相关信息,迅速对该事件跟进报道澄清或追踪核实。

以上网络舆论引导方法,在实际危机管理中,视网络突发舆情的发展及其影响而定,有时可能只用到其中一种方法,有时三者取其二,有时甚至三种方法并用。

2.持续高效的网络舆情收集与处置机制

网络舆情收集,是对危机的一个基础性的判定,否则出台的危机沟通方案可能就会有失偏颇、不接地气。

(1)网络信息源控制、追溯和查究机制。首先,重视网络信息源的控制、追溯和查究。如引发网络突发舆情的信息源是论坛帖子,则掌握发帖源、发帖时间、发帖版面等信息;如引发网络突发舆情的信息源是媒体报道,则掌握报道时间、媒体名称及报道记者。若经查证,该信息源信息与事实有出入,则查究信息源头,对信息源进行控制,要求修改信息,甚至是删除信息。其次,

---

① 李琼瑶:《网络舆论的现状及引导》,《湖南行政学院学报》(双月刊)2006年第2期。

还要重视对可能存在潜在价值的网络信息源的控制、追溯和查究。如号召发起群体性事件或引发不稳定因素的帖子,则应及时查证发帖源、发帖时间、发帖版面等,并做好相应思想工作。

(2)持续高效的网络舆情收集机制。当突发舆情发生后,网络舆情收集要及时全面、准确客观,其收集频度视舆情发展态势而定。根据网络舆情的敏感程度、紧急程度,分为1小时、2小时、3小时、6小时、每日报等多种灵活方式收集报送网络舆情,为危机管理常设机构第一时间掌握网络舆情动态、果断决策提供重要参考。同时,网络信息收集部门还应在危机管理常设机构的指导下,随时调整网络舆情信息收集的内容和重点,尤其要重视对敏感时间点、敏感人物的网络舆情监测和信息收集工作。

还要把握网络突发舆情动向,了解多数人对该网络突发舆情的态度、观点和立场,对网络突发舆情的发展趋势作出预测,从而为快速高效地应对危机提供依据。对于论坛,可以从帖子的发布时间、内容、版面、回帖内容、回帖数、浏览数等考察指标进行研究,并在此基础上进行观点、态度、立场的倾向性分析;对于新闻,则可以从新闻出处、新闻标题、发布时间、内容、点击次数、评论人、评论内容、转载广度等方面进行考察。另外,要分析网络舆情热度是否为"人为"炒作,要区分主流和支流,尤其要注意其中带有"人为"成分的虚假信息,消除"噪音"。

(3)持续高效的网络舆情处置机制。当突发舆情发生后,对高校而言,加强网络舆情收集的同时,也伴随着网络舆情的处置。对网络舆情信息及时进行研判分析,对影响安全稳定的网络舆情及时跟踪处置,对论坛热议的帖子适时通过合集或锁帖等操作降低网络舆情热度,对论坛上的虚假信息及时作删除处理,对解释说明的澄清帖及时作置顶处理等。同时,制造正面报道,转移网民的注意力,减缓负面信息的影响。

3.建立有效沟通机制

公共关系学理论强调,信息沟通是危机管理的核心。

(1)在沟通技巧上,英国危机公关专家罗杰斯提出的世界各国认可和推崇的3T模式为我们提供了思路。罗氏的3T模式是:主动沟通(tell your own tale)、充分沟通(tell it all)和尽快沟通(tell it fast)。①

　　主动沟通。它强调以我为主提供信息，没有你的声音，就会有别人的声音；你成为信息主渠道，公众就会把你作为主要的信息来源。因此，高校应主动披露危机信息，抢夺危机话语的主动权，形成对信息流的引导之势。

　　充分沟通。它包含信息沟通的"量"和"质"两个方面：一是向沟通对象提供尽可能多的信息(而非全部信息，在危机处置过程中对不宜公开的信息保密至关重要)；二是向沟通对象提供最有价值的信息，无效信息或易引发争议的信息只能引起更大的混乱。

　　尽快沟通。它强调沟通时效性，要在最适宜的时机，通过最适宜的渠道，以最快的速度将信息告知沟通对象，做到先声夺人。危机管理专家奥古斯丁对此深有体会："我自己对危机的最基本的经验，可以用六个字概括：说真话、立即说。"②

　　(2)在沟通对象上，由于网络突发舆情具有不同的性质、类型、特征，高校面临的沟通环境具有差异性，不同的网络突发舆情对沟通对象产生的影响也不同。因此，应对症下药，一旦网络突发舆情爆发，及时准备沟通方案，明确沟通对象，针对不同的沟通对象开展有效沟通，包括与上级有关部门、高校内部师生、媒体、受害者、相关单位等的沟通。

　　一是与上级有关部门的沟通。网络突发舆情发生后，高校应与上级有关部门保持密切联系，在及时、实事求是地汇报情况的同时，积极寻求上级有关部门的指导和帮助。

　　二是与高校内部师生的沟通。高校应改变对内部师生一味采取信息封锁的态度，简单的"删帖"、"封帖"等手段，只会带来更多的质疑和不满，甚至引发网络舆情的热度速涨。主动向内部师生回应信息，将减少流言和谣言的传播及其负面影响，有助于提高高校工作的透明度，从而稳定人心。正面回应师生，不仅不会损害高校的形象，反而能让广大师生理解、支持学校，与学校共渡难关。

　　三是与媒体的沟通。媒体的强势逻辑主导了危机"沉默螺旋"的产生。

---

　　① Regester Michael. Crisis Management：How to Turn a Crisis into an Opportunity. Hutchinson Business,1987.

　　② 胡百精：《危机传播管理》，中国传媒大学出版社 2005 年版，第 196 页。

"沉默螺旋"现象在危机舆论中体现得更为明显,媒体通过最具表现力和号召力的传播方式唤起社会对危机的关注,人们开始作出判断,选择自己的立场。而媒体的角色优势,在人们的高度关注下迅速转换为意见优势。一些人渐渐向媒介靠拢,形成舆论力量的聚合;另一些人保持沉默,成为意见的"空白地带";还有少数人持有异议,然而"劣势"使他们总是被忽略。[①] 媒体虽是危机爆发的途径,但也是危机控制的关键。危机管理专家奥古斯丁说过这样一句话:"每一次危机的本身既包含导致失败的根源,也孕育着成功的种子。"发现、培育以便收获这个潜在的成功机会,就是危机公关的精髓。

在这个环节,高校对危机信息的发布应当统一口径,要及时、准确地向媒体发布相关信息,随时准备向媒体公布关于危机的信息,并借助媒体展开危机公关工作。要避免同媒体发生冲突,即使对那些蓄意造谣滋事的媒体,也应慎重考虑应对之策,通过法律途径维护自身利益。要快报事实,慎报原因,要把重点放在对具体事实的描述和解释上。概而言之,高校应理性接待媒体,与媒体建立良好关系,最大限度地争取传统媒体的支持,利用传统媒体的公信力和权威性,维护和重塑学校形象。

四是与受害者的沟通。受害者是危机处置的第一沟通对象。高校应设专人与受害者沟通,了解受害者情况,诚恳向受害者道歉,制定损失赔偿方案等。尽量不要中途更换与受害者沟通的危机处置人员。

五是与相关单位的沟通。高校应根据具体情况,向论坛管理层、兄弟院校、社会机构、政府部门通报网络突发舆情的具体情况及处置措施等,并寻求支持与帮助,尽可能多地消除负面影响。

四、事后恢复环节

事后恢复环节是高校危机管理的重要组成部分。

1.建立恢复、评估及反思机制

根据危机的严重程度和影响大小采取合适的善后措施,包括秩序恢复(网络秩序、现实秩序)、物质援助、声誉恢复等。建立危机管理档案机制,包括高校网络突发舆情危机调查与分析、评估与评价、整改与存档等,将高校网

---

① 胡百精:《危机传播管理》,中国传媒大学出版社 2005 年版,第 166 页。

络突发舆情危机管理过程的各种会议记录、建议方案、执行方案、善后处理报告等进行整理并组织学习,为高校开展网络危机教育提供最鲜活的案例和材料,帮助高校管理者提高网络突发舆情应急管理的水平。针对危机管理过程中暴露出的问题,及时修正完善危机管理预案。建立舆情责任追究制度,对因工作疏漏未能及时掌握舆情的,视情节追究相关责任人的责任。

2.建立心理干预机制

学校介入大学生或教职工的心理健康干预,使师生情绪恢复到正常的状态。培养心理干预专家队伍,提高危机管理过程中心理干预的专业化水平。

3.建立跟踪汇集舆情机制

做好跟踪反馈工作,直至相关网络舆情淡化及在公众视野中消失,同时将该事件发生时间及其事件纳入敏感时间点及敏感事件,并作为以后日常管理工作的重点监测内容。一旦以后出现相关舆情,及时预警并收集上报,同时做好研判分析工作。

综上,互联网正在深刻改变我们所处的时代,网络维稳将会逐渐成为维稳工作的主阵地、主战场,加快建设专业化的队伍、构建快速高效的处置机制迫在眉睫,必须在危机预警、危机准备、危机处置、事后恢复等几个关键环节部署工作力量,探索有效的应对机制和流程,为打赢网络舆论斗争奠定扎实基础。

第九章　心理干预机制

　　快速发展的高等教育给高校稳定提出了许多新的课题。一方面,高等教育大众化过程中,招生规模的急剧扩大,在校学生的大量增加,必然导致教育教学资源的"紧张"和"稀释";缴费上学使得部分家庭经济困难学生的经济压力十分沉重;每年巨量的大学毕业生走向社会,就业压力也成为损害学生身心健康、影响高校和社会稳定的重要因素。另一方面,各高校为了在竞争中立于不败之地,积极推动自身上等级、扩规模,争生源、争经费、争排名(影响力),其改革的焦点无一例外就是不断提高对教师的素质要求和对教师工作成效的考评。高校打破职务职称终身制,改用聘任制,不同职称教师的经济收入也拉开了差距,教师的压力迅速增加,心态明显复杂而不稳定。师生是高校的主体,从这个角度看,高校稳定的实质是师生的思想稳定,其中关键是师生心态和情绪的稳定。建立、完善和创新高校师生的心理干预机制,维护高校师生的身心健康,无疑是高校稳定工作重要的内容。

第一节　师生心理问题对高校稳定的影响

　　教师和学生是高校办学最主要的两大主体,也是影响高校稳定的最重要因素,特别是高校师生的心理问题,对高校稳定的影响不言而喻。近年来,可以看到不少因为师生的心理原因而引发的高校突发危机事件,社会关注度较高。探究师生产生心理问题的成因,建立相应的预防和干预机制,尽可能地减少师生因心理问题引发突发危机事件给其自身和学校稳定带来的不良影响至关重要。

一、高校稳定视域下教师的心理问题及其影响因素

　　1.高校稳定视域下教师的心理健康现状

　　多项研究显示,当前高校教师的心理健康问题十分复杂。有学者认为其主要表现是:职业倦怠、心理疲劳,烦躁、忧郁、紧张、焦虑,情绪不稳定、甚至失控,行为偏差。也有学者认为其主要表现是:适应不良、人格障碍与人格缺陷、人际交往障碍和职业压力感。不同地区、不同性别、不同年龄、不同学历甚至不同学科以及是否是班主任等不同的教师群体存在着不同的心理健康水平。[①] 我们主要从以下三个方面阐述高校教师的心理健康问题。

(1)高校教师的生理和心理问题。高校教师心理不健康首先表现为情绪低落、精神不振,对学生冷淡,对外界担心和过分忧虑,有说不出原因的不安全感;一些人表现为不关心身边事,但对以后可能发生的事忍不住担忧。在抑郁和焦虑心态中,常常还会出现不良的身体症状,如失眠乏力、食欲不振、腰酸背痛、头晕头痛等。这些问题如果不及时得到解决,会引起严重的生理或心理疾病,甚至威胁生命。一些大学教师英年早逝、个别高校教师自杀死亡,就是这一问题的结果。

(2)高校教师的人际关系问题。心理学家认为,人类的心理适应主要是对于人际关系的适应。大量的心理问题、心理危机,都与缺乏正常的人际交往和良好的人际关系相联系。上海教科所的研究表明,教师的强迫症状、人际关系敏感、抑郁化以及偏执倾向都比一般人高。[②]

高校教师的人际关系问题表现为敏感、固执、多疑、缺乏人际交往能力、缺乏良好的人际支持群体。

(3)高校教师的心理枯竭问题。高校教师的心理压力主要为职业压力,过强的职业压力导致的职业倦怠感是大学教师中常见的一种症状。这种症状在心理学上被称为心理枯竭。有这种症状的高校教师表现为对其工作对象的退缩和不负责任,情感和身体的衰竭,以及各种各样的心理症状(如抑郁和焦虑)。

2.高校教师心理健康问题的影响因素

教师心理健康是一个极其复杂的动态过程,包括许多相对独立的特质。因此,造成高校教师心理健康问题的原因是多样和复杂的。高校教师心理健

---

① 徐志勤:《我国高校教师心理健康状况研究综述》,《江苏教育学院学报》(社科版)2007年第3期。

② 转引自田淑梅,裘杰:《高校教师心理健康现状与对策》,《思想政治教育研究》2005年第6期。

康问题的产生与当前的社会变革、市场经济所带来的压力冲击相关,还与高校扩招所带来的日益增加的教育教学重负相关,也与教师自身素质相关。

(1)社会转型给高校教师带来的心理压力。

改革开放之后的中国人,在极短的时间内以压缩的方式体验了现代社会的急速变迁,强烈的反差带给所有中国人巨大的压力体验。高校教师作为文化的传播者,只有不断适应这种文化转型,迅速学习和思考,才能满足学生的需要。因此,他们在文化变迁中有着更深层次的压力。

从社会环境来看,现代信息技术的普及和大众传媒的飞速发展,使知识、信息的普及化程度大大提高,教师已不是学生唯一的信息源。这使得教师的权威意识日渐失落,教师的社会地位和社会作用受到严峻的挑战。这种现象无疑会冲击高校教师的心理状态。从高校环境来看,改革使高校成了一个竞争激烈的场所,教师面临的压力也迅速增加。

(2)高校教师职业的特殊性给教师带来的心理压力。

高校教师所从事的劳动是极为复杂的脑力劳动,其劳动过程中的智力化程度较高。高校教师大多需要同时在教学、科研和社会服务等领域开展卓有成效的工作,其中教学活动又涉及专科生教育、本科生教育和研究生教育以及成人教育等多种类别和层次的教育。

在日常工作中高校教师面对的是一些迅速走向成熟而又未完全成熟,求知欲旺盛、思想开放、情绪活跃、敏感以及经常体验到各种内心冲突和矛盾的青年大学生。教师必须同时与他们发生各种形式的互动,随时对他们智力上、情绪上的各种表现作出准确的判断和敏捷的回应。

高校教师的工作又是一种富有创造性的劳动。教师在教学中往往需要对尚未定论的问题进行独立探讨,发表自己的创见。教师的教学方法、教学手段的选择和运用也是灵活多变、富有创造性的。

总之,高校教师的职业是一个具有创造性、复杂性和长期处于精神紧张状态的智能型职业,教师职业的特殊性决定了教师心理常常处于超负荷状态。

(3)高校教师管理工作中的不合理因素给教师带来的心理压力。

高校教师管理中的某些做法给教师带来很大的心理压力,这些压力对教师的心理健康影响不容忽视。如奖励不当是造成教师心理压力的一个重要原因。奖励的目的是调动积极性、创造性,提高工作效率,为实现组织的最终目标服务。然而,奖励制度或措施不当,可能会造成很多不良影响。高校教师管理工作中,职称问题给教师造成的心理压力是引发一些教师心理问题的又一重要原因。高校教师管理工作的问题还表现在领导作风上。由于某些领导官僚主义作风严重,致使有些工作不能保证公平、公开、公正,使教师内心极为不满,这必然会影响其心理健康。

二、高校稳定视域下大学生心理常见问题及其影响因素

1.大学生常见的心理问题

大学生的心理健康问题涉及学习和生活的各个方面,有的属于适应与成长过程中的问题,有的属于心理疾病范畴。主要集中在以下几个方面。

(1)适应问题。进入大学以后,几乎每位新生都会面临着各种适应问题。生活上,离开了熟悉的家庭生活环境,进入一个全新的学校生活环境,在气候、饮食习惯、住宿条件等方面都可能产生不适应。同时,还有一些学生没有考上理想的大学或专业,来到大学后,理想和现实之间的差距会让他们感到失落。

(2)学业问题。大学生的主要任务是学习。大学的学习,无论是学习内容、学习方式还是学习环境,都与中学有很大差别。大学学习给了学生充分的自主性和广阔的资源,但也对学生的自制能力和选择能力提出了更高的要求。一些学生因为学习动机过强而焦虑,而另一些学生则因为缺少学习的目标和动力而迷失。由于学习成绩的好坏常常和能否获得荣誉、能否优选专业、能否正常毕业、能否继续深造、能否理想就业密切相关,学业上的挫折常常引发各种心理问题。

(3)人际关系问题。对于刚刚离开家庭到学校过集体生活的年轻大学生来说,如何与周围的同学、老师友好相处,建立和谐的人际关系,是他们面临的一个重要的生活课题。尤其是独生子女时代,缺乏集体生活体验,矛盾更加突出。大学生人际交往中常见的问题是缺少知心朋友、缺乏交往技巧、自我封闭不愿交往、人际冲突、社交恐惧等,从而容易导致焦虑、恐惧、抑郁、退缩等不良心理和行为反应。

(4)恋爱与性问题。随着生理和心理的日渐成熟,大学生异性交往和恋

爱的需求逐渐增强。相当一部分学生会在大学阶段开始人生的第一次恋爱，甚至有第一次性接触和性体验。这些经历和体验都可能给大学生带来极大的心理压力。由于缺乏正确的恋爱和性教育，社会上关于恋爱和性的价值观又很混乱，部分学生可能出现不当的恋爱和性行为，并由此遭受身心的创伤。也有另一部分大学生无法正确面对恋爱中的变化和挫折，出现偏激行为，甚至出现伤害自己或伤害对方的行为。

（5）网络成瘾问题。网络的普及给大学生的学习生活开辟了无限广阔的空间，成为他们学习知识、交流思想、休闲娱乐的重要平台。但对于自制能力差、辨别能力弱的大学生来说，网络的弊端和负面影响可能严重损害他们的身心健康。部分学生花费大量时间沉迷网络，网络游戏成瘾、网络色情成瘾、网络交际成瘾、信息超载成瘾的案例在大学生群体中比比皆是，学业因此荒废，人格因此扭曲。近年来，网络成瘾已经成为学生学业困难、休学退学的主要原因。

（6）择业就业问题。随着经济结构的调整和高等教育大众化进程的推进，大学生的就业压力越来越大，容易导致求职择业方面出现心理问题。具体表现为：缺乏就业心理准备而产生的盲目心理、从众心理，缺乏对自我的客观评价而导致的自卑心理、自负心理，缺乏竞争信心而导致的焦虑情绪，缺乏独立意识而形成的依赖心理，缺乏面对现实勇气而带来的焦虑心理等。

（7）精神疾病问题。由于遗传素质以及社会心理因素的影响，部分大学生也罹患各种精神疾病，主要有神经衰弱、焦虑症、恐惧症、强迫症等轻性精神疾病，抑郁症等情感障碍，以及精神分裂症等重性精神疾病。其中抑郁症是导致大学生自杀死亡的重要因素。

2. 大学生心理问题的影响因素

影响大学生的心理健康、造成大学生心理问题的因素十分复杂，既有主体自身的内在因素，又有社会环境的外在因素，是内外因素交互作用的结果。

（1）大学生心理问题的内在影响因素：生理因素和心理因素。

影响大学生心理健康的生理因素主要是遗传因素、神经系统和内分泌系统。越来越多的证据表明，某些心理疾病具有遗传性。比如，父母患精神分裂症，子女患精神分裂症的概率明显增加。同样，父母患抑郁症，子女也比一般人更容易患抑郁症。行为遗传学甚至发现，乐观、快乐等积极的心理品质也同样具有遗传性。由外伤、感染、中毒、发育不良引起的脑组织损伤会损害人的认知能力，也会对情绪的产生和控制、意志行为的控制造成损伤，甚至导致精神障碍。内分泌系统是除神经系统外，调节心理和行为的另一个重要系统。内分泌系统影响个体的心理发展和情绪行为。比如，甲状腺素过量会让人敏感和紧张，而甲状腺素分泌不足则会使人精神迟钝、记忆减退、容易疲劳。

根据对心理过程和心理现象的分类，可以把影响大学生心理健康的因素分为认知因素、情绪情感因素、意志因素和个性因素。当然，这些因素之间并不是隔裂的，而是密切联系、相互影响的。

认知因素。认知是对客观事物及其联系的认识和反映。随着知识的积累和实践经验的丰富，大学生的抽象思维能力迅速发展，能对事物进行客观分析。但由于辩证逻辑思维基础不够深厚，社会阅历和经验还不丰富，在观察和分析问题时容易主观化、片面化、绝对化，产生各种非理性认知和信念，从而诱发焦虑、抑郁、恐惧等情绪。

情绪情感因素。情绪情感和人的心理健康状况密切相关。一方面，情绪情感是人心理是否健康的反映。心理健康的人，会经常体会到愉快、轻松等积极情绪，而心理不健康的人，则会经常体会到焦虑、抑郁、恐惧等消极情绪。另一方面，情绪情感本身也是影响心理健康的重要因素。大学生开始逐渐走出动荡的青春期，进入成人早期。他们的情绪变得更加深刻、丰富而稳定，情绪的调控和管理技能也开始逐渐发展。同时，大学生的消极情绪也十分普遍，情绪调节能力尚未成熟。这些消极情绪包括：大学生来到新环境中产生的孤独感、学习和就业压力带来的焦虑和紧张感、因理想与现实冲突产生的悲观和挫折感等。如果这些消极情绪不能很好地调节和排遣，就可能影响心理健康。

意志因素。意志是人们确定目的，并根据目的有意识地支配和调节自己的行动，克服困难而实现预定目的的心理过程。大学生的意志品质逐渐趋于成熟，已经开始能够制定计划和实施计划，但大学生的意志品质同样存在一些问题。在自我要求上，一些大学生的自觉性较差，自律性不强，怕吃苦，贪享乐。在自我控制上，一些大学生做事拖拉，常常不自觉地把时间浪费在网页浏览等活动中，导致学习效率低下。在抗挫折能力上，一些大学生的抗挫折能力相对较弱,容易因为一些小的失败而自暴自弃。在独立性上,一些大学生在作自己的选择和判断时,还是容易受他人的影响,表现得人云亦云,缺乏主见。这些意志品质上的缺陷极容易影响大学生的自信心,产生各种挫败感,诱发消极情绪,从而影响心理健康。

个性因素。个性是人对环境相对固定的行为倾向和反映方式。个性的形成既受先天因素的影响,也受后天成长环境的影响,较难改变。面对同样的环境因素、同样的挫折,不同个性的人有不同的反应模式。常见的个性缺陷有过度自卑、过度内向、偏执多疑、急躁冲动、以自我为中心等,这些个性缺陷容易导致各种心理问题,影响心理健康。

(2)大学生心理问题的外在影响因素:社会因素、家庭因素和学校因素。

社会因素。中国正处于社会转型和价值剧变时期。一方面,人们的工作压力增加,生活节奏加快,竞争加剧。现代化的生活方式带来巨大的心理压力,如果排遣不当,将影响心理健康。这种竞争压力也从社会传递到了校园。另一方面,新旧文化、中西文化、大众与精英文化的冲突带来了价值观的多元化,而信息的爆炸式传递加剧了价值观的冲突和混乱。多元化的价值观既拓展了大学生的视野,丰富了他们的思想,为他们的发展创造了良好的条件;又使一部分大学生的内心常感到茫然、困惑、焦虑、紧张和混乱,进而影响心理健康。

家庭因素。家庭是人生的奠基石。每个人的心理健康状况,与其父母的心理素质和心理健康状况、家庭氛围、父母的教育观念与方式、家庭结构以及家庭经济状况都有重要关系。大学生虽然已经逐渐脱离了家庭生活,但家庭对大学生的心理健康状况仍然影响深远。如果大学生出生在充满亲情、互敬互爱的家庭气氛中,孩子和父母就能够保持彼此的尊重和宽容,就能够更好地体会到安全、幸福,有利于其自身良好道德品质和行为习惯的养成,有利于各种潜能的发展和发挥。如果大学生生长在缺少爱、毫无生气甚至暴力的环境中,就可能导致心理发展受阻、人格缺陷,就可能变得自卑、心情压抑、情绪长期低落,甚至会产生心理疾病。

学校因素。学校是学生生活学习的主要场所。学校的校风、学风、教师的态度、同伴关系都可能影响学生的心理健康。就学习环境而言,优良的校风学风会引领人积极向上、努力奋斗,而不良的学风则可能让人消极颓废、无心学习。就朋辈关系而言,学校中与同学的交往能够满足人各层次的需要,如安全需要、爱和归属需要、尊重需要等。同时,朋辈的价值观、思维与行为方式则会影响人的价值观和行为方式,进而影响人格的健全与发展。就师生关系而言,教师对学生社会化和人格的形成起着指导和定向作用。如果教师能够尊重学生、鼓励学生,公正公平地对待学生,学生就会有更高的自尊自信和更强的学习动力;反之,如果教师总是批评学生、对学生冷嘲热讽,就会打击学生的积极性,进而影响学生心理的健康发展。

第二节　师生心理干预机制的一般内容

心理干预就是在心理学理论指导下有计划、按步骤地针对群体或个人的心理活动、个性特征或心理问题施加影响,使之发生指向预期目标的变化。心理健康教育、心理辅导(心理咨询)、心理治疗和心理危机干预等概念,均归属于心理干预这个范畴。以下从三个方面简要论述高校师生心理问题干预机制的一般内容。

一、高校师生心理问题干预机制的三级功能

高等学校及其主体人群(教师群体和大学生群体)的基本特点决定了学校的一切活动都应具有教育的功能,都应面向全体或多数人,其出发点和落脚点都是为了人才培养和人的全面发展。所以,应当把心理干预机制的"三级功能"作为高校师生心理问题干预机制的工作目标和指导思想,即高校师生心理问题干预机制的建立不仅仅是为了减少和避免心理障碍的发生,更重要的是为了提升师生的心理素质,帮助师生更好地调整自己的心态,调适与他人、社会的关系,并进一步开发心理潜能,完善人格,促进人的全面发展。上述综合功能可以划分为以下三级功能:

1. 初级功能:防治心理疾病

心理疾病是在生理、心理和社会诸因素的交互作用下产生的,是高校师生心理问题中相对严重的状态,往往给高校师生的学习(工作)和生活带来明显的消极后果。因此高校师生心理干预机制首先要重视对师生心理疾病的防治工作,以避免事态的扩大和严重事件的发生。

2.中级功能:完善心理调节

一个人在生活中由于学习、工作、人际关系等一系列事情上的矛盾和冲突,从而引起情绪波动、心理困扰,这是常有的事情。这种心理上的不适感尚未达到心理疾病的诊断标准,但也在不同程度上影响师生的学习、生活和工作。心理干预工作有助于帮助师生更好地认识自己、认识他人和认识社会,从而学会自我调适,提高适应能力,增强挫折耐受性,保持愉快乐观的心情。

3.高级功能:促进心理发展

人自身的某些缺点、弱点和局限性等,会阻碍一个人充分发挥他的潜力,从而影响个人的健全发展和完好地适应社会、改造社会。心理干预工作有助于帮助师生认清自己的潜力所在及影响因素,保持良好的心理状态和积极的生活风格,从而保持充沛的精力,有效率地工作,全面发展自己,幸福而有创造性地生活。

二、高校师生心理问题干预的三级工作体系

高校师生心理问题干预体系是根据高校师生的心理特点和高等教育发展的需要,运用心理学理论和技术,结合学校及社会资源,开展师生心理健康教育、心理咨询与治疗服务以及心理危机干预的系统工程。构建高校师生心理问题干预体系,应遵循系统性原则以及行政干预与心理干预相结合原则,建立"高层(学校)—中层(院系)—基层(师生)"三级心理干预工作体系。

1.构建高校师生心理问题干预体系的两个基本原则

构建高校师生心理问题干预体系,应遵循以下两个基本原则。

(1)系统性原则。所谓系统性原则,就是高校师生心理问题干预体系的建设应遵循系统论的科学思想和基本原则。系统论认为,系统是普遍存在的,世界上任何事物都可以看成是一个系统。系统论的基本思想方法,就是把所研究和处理的对象,当做一个系统,分析系统的结构和功能,研究系统、要素、环境三者的相互关系和变动的规律性。高校师生心理问题干预体系,是一个内涵丰富的开放式系统。在高校内部,心理问题干预体系包含"高层(学校)—中层(院系)—基层(师生)"三个层面的责任与工作子系统,包含教育教学、预警筛查、咨询服务、转诊治疗、危机干预、善后处理等工作机制,还包括政策支持、队伍建设、场地与设备配置、经费资源投入等要素。高校外部

心理问题干预体系还包含对社会资源的合理使用,以及与当事人家属的密切协同等。

(2)行政干预与心理干预相结合的原则。高校师生心理问题干预,主要涉及两个层面的工作:一个层面是以行政管理手段为特征的干预策略。主要包括干预责任的划分与落实,如基于危机事件当事人的不同身份和危机事件的不同性质与严重程度,确定由哪个单位或个人承担首先介入危机干预流程的责任。还包括指挥调动必要的人力物力,控制危机事态的发展,如给予遭受严重灾害的学生以紧急医疗救助、经济援助、提供安全环境等。另一层面是以心理学技术为特征的干预策略。诸如心理状况的诊断、紧急程度的评定、自杀风险的评估,以及稳定情绪、澄清问题、给予精神支持、给予劝告和建议、尝试新的思维方式和应对策略等。

行政干预手段和心理干预技术,是高校师生心理问题干预不可分割的两个组成部分。因此,应当遵循行政干预与心理干预相结合的原则,才能构建完善的高校师生心理问题干预体系。

2.高校师生心理问题干预的三级工作体系

与高校自身的行政管理体系相适应,高校师生心理问题干预体系一般也构建为"高层(学校)—中层(院系)—基层(师生)"的三级模式。下面以浙江大学为例,说明三级心理干预体系的内容、职责和运行机制等。

(1)高层(学校)心理问题干预体系。高层(学校)心理问题干预体系就是在学校层面上对师生心理问题干预工作的制度设计和责任定位。浙江大学学校层面的师生心理问题干预体系的领导机构为心理健康教育指导委员会。其职责是领导和协调全校各方面力量,开展各种形式的心理健康教育活动;制定全校心理健康教育规划;组织开设相关课程;组织开展全校性的心理健康宣传普及活动;对学生工作人员和班主任等开展心理健康知识培训;组织专兼职人员提供各层次的心理健康服务;指导学校心理咨询机构开展咨询服务和科学研究活动;在学科建设初期,指导和推动学科的建立和发展。心理问题干预体系的具体工作机构为浙江大学心理健康教育与咨询中心。其职责是负责全校学生和教师的心理健康指导,在各个校区设立心理咨询服务点,为师生提供便捷、科学的心理咨询服务,配合校医院做好心理疾病师生的治疗。

(2)中层(院系)心理问题干预体系。中层(院系)心理问题干预体系就是在学院(系)层面上对师生心理问题干预工作的制度设计和责任定位。其核心工作机构是学院(系)二级心理辅导站。当前,学院(系)二级心理辅导站的工作重心是大学生,其基本的工作思路是把学生心理干预工作与日常教育管理工作密切结合起来,充分发挥思想政治工作与心理健康教育工作各自的优势和特点,互为补充,共同促进学生的成长和发展。发现个别大学生产生严重心理问题时,可以向校级心理干预机构报告并请求协助工作。

(3)基层(师生)心理问题干预体系。当前,浙江大学的基层(师生)心理问题干预体系以面向学生开展工作为主,主要的工作策略有:

一是设立和培训班级心理委员。每个学生行政班级设立1~2名心理委员。心理委员由心理健康教育与咨询中心负责培训,在学院(系)、学园心理健康教育指导教师的指导下开展工作,在班集体中进行心理健康理念和心理卫生知识宣传,提供朋辈心理辅导服务,及时掌握和报告学生异常心理信息。

二是大学生心理社团和朋辈心理辅导。由心理健康教育与咨询中心招募和培训"大学生朋辈会心团体",通过系列课程教学和体验训练,培养大学生朋辈心理咨询员,以自愿服务的形式,为有需要的同学提供心理指导,并成为学生心理问题干预体系的基层环节,观察发现和沟通信息的基点。

三是宿舍园区的学生心理问题干预机制。由心理健康教育与咨询中心开展对学生宿舍园区管理干部、服务人员的心理干预理论与技能培训,以便及时发现、妥善处理和迅速报告有关学生心理问题的信息。

三、高校师生心理问题干预的三个工作领域

高校师生心理问题干预工作主要由心理健康教育、心理咨询和心理危机干预三个方面组成。

1.心理健康教育

心理卫生知识是高校师生增进自我了解进而达到自我心理调节的理论武器。此处所指的宣传教育,是指通过各种途径和方法,向高校师生普及心理卫生知识,传播心理健康理念,传授心理调适技能,培养高校师生关注心理卫生、自觉维护心理健康的意识。坚持不懈地开展心理健康教育,是高校师生心理干预工作的重要内容。心理健康教育主要通过课堂教学、专题讲座和

宣教活动等方式进行。

课堂教学。即充分发挥学科和专业教师优势，广泛开设大学生心理健康教育类选修课、通识课和必修课，使课堂教学成为大学生心理健康教育的主要渠道。

专题讲座。即针对不同时期不同师生群体所关注的心理健康热点问题，邀请校内外心理健康教育专业人士举办心理辅导系列讲座。

宣教活动。即通过布置宣传板报、发放宣传资料或宣传手册、开展现场咨询、组织心理情景剧比赛等方式，营造"关注心理卫生、维护心理健康、促进心理发展"的校园文化氛围，潜移默化地影响师生的心理状态。

2.心理咨询

心理咨询是高校师生心理问题干预机制的核心内容，是专业人士与来访者之间的一种特殊的人际互动关系。咨询师就来访者所提出的心理困惑、心理矛盾、精神痛苦，以及人际关系、工作、学习和生活等问题，进行分析，并通过分析提出解决问题的可能条件和有效方法，与来访者共同协商如何摆脱困境，渡过心理危机，纠正认知偏差，克服情绪障碍，增强自信心，恢复社会环境的协调或更好地适应社会。心理咨询的主要功能，就是让当事人领悟事理，重新获得自知自明，达到"助人自助"的效果。心理咨询一般可以分为个别心理咨询和团体心理咨询，这两种心理咨询具有不同的特点和功能。

个别心理咨询也叫门诊式心理咨询，即来访者直接到医院或心理咨询中心的门诊部与咨询师进行一对一、面对面的咨询。这类咨询的特点是保密性好（没有第三者在场），有利于消除来访者的顾虑，使来访者愿意暴露和讨论自己真实的内心世界。咨询师通过会谈和观察，能比较全面地了解来访者的基本情况，能及时进行各类检查和诊断，及时发现问题，及时妥善处理，因此是心理咨询中最主要、最有效的方法。

团体心理咨询是在团体情境中提供心理帮助与指导的一种心理咨询形式。它是通过团体内人际交互作用，促使个体在交往中通过观察、学习、体验，认识自我、探讨自我、接纳自我，调整和改善与他人的关系，学习新的态度与行为方式，以发展良好的生活。团体心理咨询与个别心理咨询最大的区别在于，求询者对自己问题的认识、解决是在团体中通过成员间的交流，相互作用、相互影响来实现的。也就是说，团体咨询创造了一个类似真实的社会生活情境,增强了实践作用,也拉近了咨询与生活的距离,使得咨询较易出现成果,而成果也较易迁移到日常生活中,其特别适用于人际关系适应不良的人。团体心理咨询的弱点是它只能解决一些共同存在的表面问题,深层次的问题还是需要通过个体咨询单独解决。

3. 心理危机干预

心理危机干预是由专业人员实施的,以心理学等相关学科的理论和原则为指导,综合运用医学、心理学、社会学等不同的手段和技巧,对心理危机发生前、危机发生中以及危机发生后,无法自我处理危机的个人或团体提供一定的援助和支持,使当事人走出心理危机,并能恢复正常生活,从危机中获得成长的一个过程。[①] 就大学生心理危机预防与干预而言,以下四个方面是重要的工作策略:

第一,普及心理健康教育是预防大学生心理危机的有效手段。开展大学生心理健康教育不仅要普及心理危机应对的基本知识,引导大学生树立防范心理危机的意识,帮助大学生提高应对心理危机的能力,还要以提高全体学生的心理素质为最终目标,引导大学生成长成才。大学生心理健康教育要形成课内与课外、教育与指导、咨询与自助紧密结合的心理健康教育的网络和体系,要充分利用大学生修养必修课、心理类公共选修课、心理专题讲座、心理辅导网站、心理热线电话等多途径、多方法去落实教育内容,实现教育目标。同时,在普及大学生心理健康知识中,要注意适量,要根据大学生的实际情况和需要,开展分层次教学。

第二,开展大学生心理普查是建立大学生心理危机预警机制的基础。大多数的心理危机是逐步形成的,有其内在的心理根源。开展大学生心理普查,发现心理素质方面的缺陷,建立学生心理健康档案,识别出心理问题严重的学生,对这些可能发生或正在处于心理危机的学生有针对性地开展干预与援助。

第三,把心理危机预警机制落实到班级是发挥大学生心理危机预警机制作用的关键。心理危机的征兆大多是由同学、班主任、辅导员发现的。因此,

---

① 马建青等著:《大学生心理危机干预的理论与实务》,杭州出版社 2011 年版,第 114 页。

要充分发挥他们的作用,对他们进行预防心理危机的教育,使他们了解什么是心理危机、大学生在哪些方面的问题容易演变成心理危机、哪类个性特点的大学生容易出现心理危机,当发现有学生出现心理危机预兆时,应及时向心理咨询与危机干预机构报告。

第四,把可能产生心理危机的问题与事件处理在萌芽状态是预防大学生产生心理危机的重点。由于大学生心理危机通常是由一些负性事件的产生或出现引起的,因此,我们要针对容易引发大学生危机的负性事件和危机隐患,制定具体的工作指南,指导辅导员、班主任、学生骨干科学、规范、及时地做好工作,把问题解决在萌芽状态。特别是针对学习困难、家庭经济困难、心理问题以及过度使用网络的大学生,制定制度,规范学生工作,预防其心理危机形成。

第三节　师生心理干预机制创新

高校师生的心理危机干预工作也需要随着实践的发展而不断进行创新,本节主要围绕本土化、专业化和信息化三个方向,分析阐述心理危机干预工作的思想理论创新、工作机制创新和管理技术创新。

一、本土化:高校师生心理问题干预的思想理论创新

1.本土化的涵义和必要性

本土化是指将某一事物转换成符合本地特定要求的过程。心理干预理论和技术的本土化是指在心理干预的临床实践和理论研究中,要考虑到来访者的文化背景,在咨询实践中所采用的概念、理论和方法要能切实反映来访者的社会文化背景。

我国高校引入和起用心理咨询以及心理健康教育工作近三十年来,我们在心理咨询方面所做的工作主要是引进和借用西方的理论和经验。这种理论和技术的常规发展过程一方面取得了显著的成就,另一方面也出现了大量的矛盾和问题。无论从理论与其对象的文化适配性角度看,还是从操作技术和操作程序看,都要求高校心理咨询干预逐步实现本土化。例如人本主义心理咨询理论认为,人具有实现的倾向,在心理咨询方法的采用上应该以非指

导性为主要原则,帮助来访者理清其问题的主要症结所在,不提倡提供一些具体的解决问题的方法。如果我国高校心理咨询工作在实际的操作程序与方法上不能做到本土化,无法考虑到中国大学特有的文化性格、社会习俗及独特的生活环境,那么这种咨询的程序与方法必然会产生一些问题。有丰富实践经验的中国心理咨询工作者都有这样的经历,很多来访者都是问题导向的,非指导性的咨询原则和方法往往会让来访者对心理咨询产生失望。因此,心理干预既要在理论指导下进行,又要不断探索和创新。

2.本土化的基本任务

心理干预的本土化有两个方面的任务:理论方面的任务和实践方面的任务。在理论方面至少有三项任务:一是高校心理咨询的基础理论,从中国人的心理、社会文化和生理的特点出发,对中国人心理困惑的原因、发生机制、表现特点进行描述和解释。二是高校心理咨询的一般途径和策略。三是具体技术和方法。要对西方的技术和方法进行文化适应性的检验,同时致力于探索自己独特的方法。在实践方面的任务是摸索出一套在我国可行且实用的专业实践模式,包括高校心理咨询队伍建设、专业人员的培训和资格审查制度、专业人员的职业行为规范、专业组织和学术活动制度等。

3.心理干预本土化的途径

途径一:考察国外的理论、策略和方法在中国人身上的有效性。对国外众多的理论和方法我们只能择其有效者而用之,这就需要再验证。

途径二:对传统文化中蕴涵的心理咨询和心理治疗思想、理论、策略进行研究。从科学的角度来看,中国还没有形成自己的高校心理咨询体系。但中国传统文化具有丰富的有关心理咨询的思想、理论和策略方法,我们应当合理利用,促进其发展。一是以实证方式检验其有效性。比如,中医有关心理治疗的"悲治怒,喜治悲,恐治喜,思治恐,怒治思",就需要对其有效性进行检验。二是对一些传统和民间的治疗理论及实践进行去伪存真的工作。中国传统的心理治疗理论及实践常与现代心理学有很不相同的概念和范畴,甚至有些思想以现代心理学的眼光看显得缺乏科学性甚至近于荒诞,但其中包含的极强感染力和暗示效应值得正视和研究。

途径三:通过直接观察当代中国高校心理咨询对象的心理困惑,在不带有预定理论框架的情况下,实事求是地提炼和概括出新的概念和理论。

上述途径,其目的在于认识中国人的心理困惑,而要认识中国人的心理困惑,必须先认识中国人,要认识中国人又必须先认识中国文化。研究中国人的心理困惑应该有一个基本的定位,就是以当代中国国情为背景,研究当代人的心理困惑,研究的目的是描述解释中国人心理困惑的原因、类别、形成机制、表现特点和改善途径。

二、专业化:高校师生心理问题干预的工作机制创新

心理干预是一项应当具有系统理论指导的教育管理和临床服务工作,从业人员不仅需要有相关的理论技术准备,更应有规范的工作伦理和工作流程。由于我国高校心理干预工作发展历史和理论框架的局限性,高校心理干预工作的专业化职业化发展还很不成熟。推进高校心理干预工作的专业化发展,无疑是当前高校心理干预工作创新的主要方向。

1.高校心理干预工作非专业化的表征

(1)机构设置不规范。目前,我国高校的心理咨询机构的名称大概有"大学生心理咨询中心"、"大学生心理健康教育中心"、"心理咨询室"、"恳谈室"等。隶属关系不统一,一些综合性大学的心理咨询机构是学工部(处)的一个部门,有的是工会、宣传部或团委的一个单位;而有一些有教育系或心理系的高校,则更多地从技术业务上考虑,将心理咨询机构规划系部管理;当然也有部分高校独立设置心理咨询机构,直接由校党政领导分管,学工部(处)和其他职能处室做组织与协调工作。隶属关系的混乱严重制约了心理咨询工作的正常开展。开放的时间也有多有少,多的每天均有人值班,少的隔天甚或一周三次,由于名称、隶属关系的不一致,导致了心理咨询机构管理体制权责不清。

(2)缺乏专职人员。许多高校几乎都没有专职心理咨询人员,有兼职心理咨询人员的学校也只占1/3。一些院校为了应付领导的检查,突击引进1～2名搞心理学的人,或从其他岗位上抽调1～2人,心理咨询并没有真正地开展起来。高校心理咨询师大都是经过短期培训取得资质证书的,在这些心理工作者中不乏仅有短期培训或自学知识背景的人,还有的是思政专业教师、教育研究人员、学生处等管理部门的工作人员或者校医院的保健医生,甚至包括关注学生成长的退休老教师,专职心理咨询教师很少。

（3）职能定位不清晰。很多高校把心理咨询工作与德育工作等同起来，认为心理咨询就是思想政治教育。一部分教育工作者尤其是德育工作者，在实际育人活动中用德育的一些方法去简单地解决学生心理方面出现的问题，用德育去代替心理咨询，忽视心理咨询功能的发挥，使心理咨询德育化。

（4）技术设施不到位。很多高校的心理咨询中心与行政办公室无多大差异，几乎没有专用的技术设施。也有部分高校配置了一些商业机构开发的沙盘、放松椅、发泄室甚至生物反馈仪等设施，却没有相应的专业人员可以合理有效地使用这些设施，技术设施沦为华丽的摆设。

2.高校心理干预工作专业化发展的两个要点

高校心理干预工作的专业化发展，应把心理中心设置为相对独立的业务机构，落实场地经费和技术设施，并着重做好以下两个方面的工作。

第一，建立高校心理干预工作的专职人员队伍。结合我国高校的实际情况，提倡将当前的以兼职教师为主转变为以专职教师为主、专兼职结合的模式。这样一方面可以扩充心理咨询专业队伍，另一方面也可以逐步提高队伍的质量。在国外，心理咨询师必须拥有心理学硕士以上的学位，同时要有两年以上心理咨询的经验。拥有处方权的心理医生还必须同时具有医学教育背景，获得精神科博士学位。当前要直接引入国外心理咨询师的准入制度有一定困难，但为咨询师提供专业督导和定期培训，保证咨询师能够接受长期的职业化的专业指导，却是可行的。

第二，制定专业化的高校心理干预工作制度。高校心理咨询制度建设应从心理咨询档案的建立和咨询师的伦理守则两方面着手，进行完善和专业管理。心理咨询档案内容包括咨询预约、知情同意书、心理测评结果、危机干预过程、咨询合约、咨询录音录像文字记录等。其管理应由心理咨询专业人员专人负责，在保障学生合法权益前提下，向学院有关职能部门及各系（院、部）学生工作提供信息服务。同时，依据心理咨询人员伦理守则的基本要求，结合高校实际，制定属于高校心理咨询师的伦理守则。保证在临床实践、教育培训和研究过程中，都应以来访大学生的最大利益为出发点，而不是把来访者当做实现某种目的的工具。执行心理咨询人员伦理守则也是保护高校咨询人员、避免法律纠纷的有效措施。

三、信息化:高校师生心理问题干预的管理技术创新

信息化是指培养、发展以计算机为主的智能化工具为代表的新生产力,并使之造福于社会的历史过程。高校是社会思想和技术发展的最前沿,应当充分利用信息化技术作好师生心理问题干预的管理技术创新。

1.积极开展网络心理健康教育

网络已经成为高校师生的第二生活空间,因此积极开展网络心理健康教育无疑应当成为高校师生心理问题干预机制的重要组成部分。网络心理健康教育的核心工作是设计、开发和运行心理健康教育网站,通过心理健康教育网站的相关栏目,如"心理百科知识"、"心理案例分析"、"在线心理咨询"、"心理咨询邮箱"、"心理测评系统"等,为广大师生提供一个永远开放的心理援助平台。

2.建立和运用网络心理测评系统

高校师生心理干预工作的目的在于帮助师生了解自己、发挥潜能,在生活、学习、工作和职业规划方面能作最好的考虑和选择。要做好心理干预工作,对师生进行心理测评是一项很重要的工作内容。为便利师生参加心理测评,将一些特定的心理测验量表编写成计算机程序,开发出网络心理测评系统,是高校师生心理干预工作的一个发展方向。

3.建设网络心理咨询预约管理系统

高校师生心理干预工作的专业化发展起步后,对心理咨询的预约登记、案例撰写和档案管理工作也提出了更高的要求。为方便来访师生的预约登记,方便心理中心的业务管理(如相关案例的统计分析、重点个案的动态管理),设计和开发网络心理咨询预约管理系统成为心理中心专业工作的基础工程,也是高校师生心理干预工作发展与创新的必然要求。

综上,心理干预是一个专业性很强的工作领域,很多大学都建立了相应的工作机构,配备了专门的工作力量。在新的时代背景下,这项工作需要进一步深化和细化,特别要结合国情和中国高校实际,在本土化、专业化、信息化等方面推动工作创新,切实提高心理干预的针对性和实效性。

浙江大学实施学生心理危机预防与干预的实践

为贯彻落实《中共中央、国务院关于进一步加强和改进大学生思想政治教育的意见》（中发〔2004〕16 号）精神，根据教育部、卫生部、共青团中央《关于进一步加强和改进大学生心理健康教育的意见》（教社政〔2005〕1 号），进一步加强和改进我校大学生心理健康教育，有效开展大学生心理危机预防与干预工作，特制定本实施方案。

一、心理危机预防与干预的工作目标与工作原则

心理危机预防与干预是指高校通过心理健康教育、心理咨询服务等方式，避免或减少由于内外因素作用所导致的学生个体心理功能失调，并对处在心理危机状态下的个人或群体采取明确有效的心理干预措施，使之最终战胜危机，重新适应生活。

心理危机预防与干预的目的是减少大学生心理障碍的发生，避免由于心理危机引发的伤害行为，提高学校及大学生应对危机的能力。心理危机预防与干预应遵循以下原则："以人为本，珍惜生命；组织健全，职责明确；预防为先，教育普及；预警及时，重在班级；干预专业，尊重科学；支持系统，家校结合。"

二、心理危机预防与干预的工作体系

心理危机预防与干预工作是一项系统工程，需要在学校统一领导下，各个相关部门密切协作，建立学校、学院、学生班级三级预防与干预体系，分工负责，齐抓共管，才能取得实效。根据我校的实际情况，大学生心理危机预防与干预的工作体系可以与学校各级"突发公共事件应急处置机构"结合在一起，依照预案的有关规定开展工作。

1. 校级预防与干预体系

把大学生心理危机预防与干预工作融入学校预防与处置突发公共事件工作体系中，设立浙江大学学生心理危机预防与干预工作小组，研究、规划和制定危机事件处置方案，对学生心理危机进行评估，参与、指导大学生心理危机预防工作。设立浙江大学学生心理健康教育专家组，指导和协助学生心理危机预防与干预工作小组开展工作。浙江大学学生心理健康教育专家组和浙江大学学生心理危机预防与干预工作小组，接受学校心理健康教育指导委员会和学校预防与处置突发公共事件工作指挥中心双重领导。

2. 院级预防与干预体系

学院处置突发公共事件应急处置小组负责学院大学生心理危机预防与干预工作。学院应把学生心理危机预防与干预工作和日常教育管理工作密切结合起来，充分发挥思想政治工作与心理健康教育工作各自的优势和特点，互为补充，共同促进学生的健康、成长和发展。

各学院学生辅导员（含心理健康教育指导教师）、班主任、德育导师等，要以学生发展为工作之本，主动学习心理健康教育知识，了解大学生心理危机预防与干预流程。要爱护学生，关注学生的健康成长，深入学生，及时了解学生的学习、生活、思想及心理状况。在发现或得知学生有异常心理或行为表现时，立即找学生及其周围同学谈话了解相关情况，采取必要的看护措施和妥善的援助措施，以缓解和消除学生心理问题，防止发生意外事件。发现大学生产生心理危机现象，要迅速将有关情况向学院处置突发公共事件工作小组报告，学院应向党办、学工部、研工部报告，需要时可请校学生心理危机预防与干预工作小组协调处理。

3. 班级预防与干预体系

学生行政班级设立 1～2 名心理委员（必须具有大学生朋辈心理辅导员资格）。心理委员在学院心理健康教育指导教师的指导下开展工作，在班集体中进行心理健康理念和心理卫生知识宣传，提供朋辈心理辅导服务，及时掌握和报告学生异常心理信息。同时，要充分发挥班级学生干部、学生党团员的骨干作用，关心同学，加强思想和感情上的联系和沟通。校心理健康教育机构要创造条件对上述学生干部进行心理健康教育理论和技术培训，以使他们能较好地识别常见的心理异常现象，掌握必要的心理援助知识和技能，一旦有异常情况发生,能够做到及时发现、及时援助,并及时向辅导员、班主任、德育导师和学院处置突发公共事件工作小组报告,配合院系开展危机干预,协助院系做好家长的工作。

三、心理危机预防与干预的基本模式和主要环节

心理危机预防与干预的基本模式可以分成危机前、危机中与危机后三个阶段的干预,各阶段有不同的干预方式。

1. 危机前的干预方式

在危机发生之前要普及心理健康教育,培养学生良好的认知方式和健全的人格,提高危机应对心理准备和抗挫折能力,做好预防与预警工作。

大学生心理健康教育和心理素质培养应以课堂教学为主渠道,在《大学生修养》必修课中充实心理健康教育的内容,满足大学生对心理健康知识的基本需求。鼓励专业教师和辅导员等开设充足的全校性心理健康教育选修课程,满足心理健康教育学生骨干和对心理健康知识有兴趣同学更高的需求。

学校和各学院都应根据学生学习生活不同阶段所关注的心理热点问题,组织开展有针对性的心理辅导专题讲座,传播心理卫生知识,解析学生面临的心理困惑,传授心理调适技能,满足学生心理成长需要。

面向学生进行生命教育,引导学生热爱生活,热爱生命,善待人生;进行自我意识教育,引导学生正确认识自我,愉快接纳自我,积极发展自我,树立自信,消除自卑;进行危机应对教育,让学生了解什么是危机,什么情况下会出现危机,哪些言行是自杀的前兆,对出现自杀预兆的同学如何进行帮助和干预等。

积极开展各种形式的心理健康宣传教育活动。坚持开展一年一度的"心理健康宣传月"活动,利用校园宣传媒体,如校园广播、电视、计算机网络、校报、橱窗、板报等,进行多形式、多渠道的正面宣传,普及心理健康知识。通过心理电影赏析、心理剧场、心理沙龙、心理知识竞赛、心理征文、心理漫画大赛、趣味心理测验等活动,营造积极健康的氛围,陶冶学生高尚的情操,提高学生关注心理卫生、自觉参与心理健康教育活动的意识。

心理健康教育中心要深入研究,适时引进符合我国文化背景、具有较高

信度和效度的心理测量工具,科学实施大学生心理测评,规范大学生心理档案的建立。通过集体心理测评,筛查心理异常学生群体,并科学细致地给予心理评估,及早发现学生心理问题,防患于未然。

心理健康教育中心和各学院要认真开展危机重点人群的排查工作,建立心理异常学生情况统计、报告制度,健全从学生骨干、辅导员、班主任、德育导师到院系、部门、学校的快速危机反应机制,对处于危机或潜在危机状态的学生做到及时发现、及时干预。

心理危机预防与干预的重点关注对象是学校日常教育管理和心理健康教育工作中发现以及通过特定的心理测评筛查出来的,有心理障碍、心理疾病或自杀倾向的学生,主要包括以下八类群体:

①受到情感困扰的群体;

②受到学业困扰的群体;

③受到家庭困扰的群体;

④受到行为违规困扰的群体;

⑤受到生理困扰的群体;

⑥人际关系紧张的群体;

⑦心理上抑郁、孤僻、自卑的群体;

⑧其他受重大打击和刺激的群体。

上述多种特征并存的学生,其危险程度更大。

各学院要针对不同情况,充分发挥德育导师、班主任、辅导员、学生骨干和学生家长的作用,按照《做好学习困难学生工作指南》、《浙江大学本科学生困难补助实施细则》、《心理困难(问题)学生工作指南》、《对过度使用计算机、网络学生的预防与干预措施》等制度规范,对遭遇困难与挫折的大学生开展援助与支持性工作,帮助他们克服困难、渡过难关。

2.危机中的干预方式

在危机发生时,要及时开展心理危机干预,对出现严重心理障碍的学生,要及时转介到专业精神卫生机构治疗。

(1)对有严重心理障碍学生的干预措施

①对出现严重心理障碍的学生,学院须报告心理健康教育中心,对学生的心理健康状况进行评估或请专业精神卫生机构会诊。

②经评估认为该学生可以在学院边学习边治疗的,学院须密切注意该生情况,加强管理,及时提供心理辅导,必要时请精神卫生专家会诊治疗。

③经评估认为该学生回家休养并配合药物治疗有利于其心理康复的,学院须派专人监护,确保其人身安全后,通知学生家长将其带回家休养治疗。

④经评估认为该学生住院治疗有利于其心理康复的,学院须及时通知该生家长将其送至专业精神卫生机构治疗。

(2)对有自杀意念学生的干预措施

一旦发现或知晓某生有自杀意念,即该生近期有实施自杀的想法和念头,学院应立即采取以下措施:

①立即将该生转移到安全环境,并成立监护小组对该生实行24小时全程监护,确保该生人身安全,同时通知家长到校。

②由心理危机干预工作小组对该生的心理状况进行评估或请专家会诊,并提供书面意见。

③经评估认为该生住院治疗有利于其心理康复的,学院应立即通知家长将该生送至专业精神卫生机构治疗。

④经评估认为该生回家休养治疗有利于其心理康复的,学院应立即通知家长将该生带回家休养治疗。

(3)对实施自杀行为学生的干预措施

①对刚实施自杀行为的学生,要立即送到最近的医疗机构实施紧急救治。

②及时保护、勘查、处理现场,防止事态扩散和对其他学生的不良刺激,并配合、协调有关部门对事件调查取证。

③对于自杀未遂的学生,经相关部门或专家评估,如住院治疗有利于其心理康复的,通知其家长将该生送至专业精神卫生机构治疗;如回家休养治疗有利于其心理康复的,在其病情稳定后由家长将其带回家休养治疗。

④正确应对新闻媒体,防止不恰当报道引发负面影响。

(4)对有伤害他人意念或行为学生的干预措施

①对于有伤害他人意念或行为的学生,由相关部门立即采取相应措施,保护双方当事人安全。

②学院须报告心理健康教育中心对学生的心理健康状况进行评估或请

专业精神卫生机构会诊，学院根据评估意见进行后续处理。

3.危机后的干预方式

在危机干预后，仍然需要有适当的援助与成长教育，协助经历危机的大学生正确总结和处理危机遗留的心理问题，尽快恢复心理平衡，使大学生能从危机中学习到有效的自我调节方法，尽量减少由于危机造成的负面影响。

（1）学生因心理问题住院治疗或休学再申请复学时，应向学院提供相关治疗的病历证明，经心理健康教育中心、校医院等相关部门并经专业精神卫生机构评估确已康复后，可办理复学手续。

（2）学生因心理问题休学后复学时，学院相关人员应对其定期进行心理访谈，了解其思想、学习、生活等方面的情况。

（3）对于有自杀未遂史的复学学生（有自杀未遂史的人属于自杀高危人群），学院应组织专家进行定期心理访谈及风险评估，密切监护，及时了解其学习、生活和思想状况，确保该生人身安全。

四、心理危机预防与干预的注意事项

学院在开展心理危机干预及自杀预防工作时，应坚持保密原则，维护学生权益，不得随意透露学生的相关信息，并尽可能在自然的环境中实施干预，避免人为地制造特殊的环境给被干预学生造成过重的心理负担，激发或加重其心理问题。

对社会功能严重受损和自制力不完全的学生，学院不得在学生宿舍里实行监护，避免监护不当造成危害，以确保该生安全。

学院在与家长联系过程中，应注意方式方法，作好记录，妥善保存。

干预措施中涉及学生需要休学接受治疗的，按照《浙江大学本科学生学籍管理办法》、《浙江大学研究生学籍管理规定实施细则》办理。

第十章　应急处置机制

随着高等教育大众化的发展,高校已然成为社会稳定与发展的重要组成部分,对于构建和谐社会具有举足轻重的作用。近年来,随着高等教育改革的进一步深入,社会变迁不断加剧,以及由此带来的高校内外部环境的深刻变化,各类突发事件在高校时有发生,并有逐步增加的趋势,社会对于高校突发事件的关注亦越来越高,由突发事件所引发的社会问题一度成为社会公众的讨论焦点。为此,加强高校对各类突发事件的应急处理能力,建立系统的应急处置机制,实现应急管理工作的常规化、科学化是当前高校的一项重要任务。

第一节　高校突发事件的概念与分类

一、高校突发事件的概念

突发事件也称危机事件,按照国际上的一般看法,是指社会生活中事前难以预测、作用范围广泛且对社会造成严重威胁和危害的公共事件。突发事件一般具有突发性、公共性、严重的社会危害性、连锁性、多样性和难以预测性等特征。[①] 2007 年 8 月颁布的《中华人民共和国突发事件应对法》,明确指出突发事件是指"突然发生,造成或者可能造成严重社会危害,需要采取应急处置措施予以应对的自然灾害、事故灾难、公共卫生事件和社会安全事件"。

高校是人群密集的地方,以青年大学生为主体,他们具有思想活跃、爱国、民主意识强、易冲动等特点,这使得高校的突发事件类型和表现形式多种多样。高校突发事件是指由自然的、人为的或社会政治等原因引发的,在高校内部突然发生的,或虽未发生在高校、却与高校中的人或事有相当联系,事

---

① 吴建勋:《高校突发事件与应急管理》,载于《科技进步与对策》2004 年第 7 期。

前难以预测,对学校的教学、工作、生活秩序造成一定影响、冲击乃至危及社会安定和政治稳定的公共事件。[①]　其中,突发性和危害性是构成高校突发事件的两个重要因素。

二、高校突发事件的分类

关于高校突发事件的分类,不同的标准有不同的划分类型。有学者根据突发事件发生的主体不同,将突发事件分为个体性突发事件和群体性突发事件,由于网络信息技术的迅速发展,部分个体性突发事件往往极易演变升级为群体性突发事件。有些学者根据突发事件发生的源头不同,将其划分为高校源发性危机和非源发性危机,前者主要是发生于高校内部的突发事件,后者主要指由校外或与学校内部有关人士引发的紧急事件。根据国家有关法律和相关部门的有关规定,笔者认为,按突发事件的性质、原因及其发生过程,可将其分为如下几种类型:

1.自然灾害类突发事件

这类事件主要包括水旱灾害、气象灾害、地震灾害、地质灾害、森林火灾、海洋灾害及生物灾害等。

2.安全事故类突发事件

这类事件主要包括公寓火灾、建筑物倒坍、拥挤踩踏等重大安全事故;校园重大交通安全事故;大型群体活动期间发生的公共安全事故;造成重大影响和损失的后勤供水、电、气、热、油等事故;重大环境污染和生态破坏事故;以及由于其他原因造成的师生员工非正常死亡和失踪事件等。

3.公共卫生类突发事件

这类事件主要包括突发的重大传染病疫情、食品卫生和食物中毒、群体性不明原因疾病、生活饮用水污染,以及其他严重影响学校师生员工健康与生命安全的事件。

4.社会安全事件

这类事件主要指校园内外及师生的各种非法集会、游行、示威、请愿以及

---

① 高福廷:《网络视域下的高校突发群体性事件应急管理》,《中国高等教育》2011年第3期。

集体罢餐、罢课、上访和群众闹事等群体性事件；各种非法传教活动、政治性活动，针对师生的各类恐怖性事件；师生非正常死亡、失踪等可能引发、影响校园和社会稳定的社会安全类突发事件。

5.网络与信息安全事件

主要包括利用校园网络发送有害信息，大肆进行反动、色情、迷信、煽动等宣传活动；窃取学校保密信息，可能造成严重后果的事件；各种破坏校园网络安全运行的事件。

6.教育考试安全事件

由教育系统组织的国家和省级教育统一考试中，在命题管理、试卷印刷、运送和保管等环节出现的泄密事件，以及在考试实施、评卷组织管理过程中发生的违规事件。

上述的各类突发事件并非截然划分，有些突发事件是同时发生或交叉和关联的，有些突发事件有可能会引发其他类型的突发事件。

三、高校突发事件的分级

高校突发事件根据其性质、紧急程度、社会危害程度、可控性及影响范围等，一般分为四级：特别重大事件（Ⅰ级）、重大事件（Ⅱ）、较大事件（Ⅲ）、一般事件（Ⅳ）；也可以划分为红色、橙色、黄色和蓝色预警等四个等级。

第二节　高校突发事件的应急处置原则

当前，高校突发事件的发生呈上升趋势，高校在处置突发事件上的成本也不断增加。加强对突发事件的预防，提高高校应急处置能力，建立完善的应急处置工作机制必须遵循如下原则：

一、坚持"以人为本"的原则

高校突发事件的处置必须坚持将广大师生员工的健康和生命财产安全放在首位，最大程度地减少突发事件及其造成的人员伤亡与伤害。要坚持正面宣传教育，耐心说服引导，防止事态扩大。要树立法制观念，在疏导教育前提下，正确运用法律法规，处置准确得当。

二、坚持"预防为主"的原则

高校突发事件的发生具有突然性及不可预知性等特征，必须做到"以防为主"，定期开展安全稳定隐患排查工作，对于易引发矛盾的"火苗"早发现、早报告、早处置，力争把突发事件的隐患消除在萌芽状态或控制在初始阶段，缩小波及面和影响面，避免发生次生、衍生类事件。

三、坚持"统筹协调"的原则

高校突发事件的处置要坚持党委统一领导，学校、学校各部门、各学院（系）、各校区分类管理、分级负责、协调联动的原则，要建立学校统筹安排与属地管理有机结合、分层负责、协同应对的应急管理体制和指挥科学、协调有序、运转高效的应急运作体制。

四、坚持"快速反应"的原则

高校突发事件通过新闻媒体及网络媒介的传播，很容易成为社会关注的焦点。因此，学校在信息反应上必须高效、迅速。要做好同政府主管部门的沟通工作，以便上级主管部门及时、准确地掌握高校突发事件的具体情况，帮助和指导高校处置学生突发事件。同时，要加强与新闻媒体的沟通，发挥媒体的舆论导向作用，使突发事件的处置朝着有利方面发展，及时发布事件的处置结果，尽快平息社会上各种不实传言。

五、坚持"依法处置"的原则

高校突发事件的处置必须依据有关法律法规，维护师生员工的合法权益，维护学校的声誉，同时，要进一步提高师生员工的法律保护意识，使得突发事件的应急处置进一步规范化、制度化和法制化。

第三节　高校突发事件应急处置的工作体系与工作职责

高校突发事件"突然发生"、"造成或者可能造成严重社会危害"、"需要采取应急处置措施予以应对"等特点,决定了高校必须未雨绸缪、事先规划和安排,即在事件发生之前建立应急处置的工作体系,并明确工作体系中各个工作机构的职责。只有这样,才能在危机事件发生时,及时有效地启动相应的应急预案,使突发事件得到正确有效的处理,避免或减少高校师生生命财产的损失。

高校突发公共事件应急处置的工作体系及其相应职责包括以下几个方面。

一、学校处置突发公共事件指挥中心

学校党委和行政是突发公共事件预测预警、应急处置和善后恢复的最高领导机构。学校一般应成立"处置突发公共事件指挥中心",由学校党委书记、校长担任总指挥,学校党委常务副书记、常务副校长以及分管安全保卫工作的副职担任副总指挥,学校党政领导班子的其他成员担任委员。

学校处置突发公共事件指挥中心下设应急处置工作组、分指挥中心、院(系)级单位应急处置工作小组、应急处置专家组和办公室等。

学校处置突发公共事件指挥中心的主要职责:负责决策、组织、指挥全校的应急处置行动,承担各类Ⅰ级突发公共事件的应急处置工作,重大问题及时向教育部和浙江省委、省政府报告或请示。

二、应急处置工作组

根据不同类型高校突发事件的特征,为适应不同类别突发公共事件处置工作的规律和要求,简化工作机构,提高工作效率,学校方面可以成立四方面应急处置工作分支,其构成和工作职责分别如下:

1. 校园安全稳定类突发事件应急处置工作机构

组织构成:由学校党委常务副书记、常务副校长担任组长,由分管宣传工作、学生工作的学校党委副书记以及分管安全保卫、学生工作和外事工作的

副校长担任副组长,党委(校长)办公室、宣传部、学工部、研工部、安全保卫处、人事处、计财处、后勤处、监察处、网络与信息中心、继续教育学院、机关党委、工会、团委、后勤集团等部门、单位和各分指挥中心的负责人为成员。

工作职责:在学校处置突发公共事件指挥中心领导下,负责决策、组织、指挥Ⅱ级校园安全稳定类突发事件的应急响应行动;研究确定事件性质、类型,提出处置意见;对Ⅲ级、Ⅳ级校园稳定类突发事件的处置工作予以指导;传达校指挥中心的应急处置任务;必要时决定成立调查组,及时前往事发地现场指挥、教促或开展调查工作等事项;决定信息报送事项,请求上级部门的指示、援助等事项;决定对外公布、公开的口径及发布时间、方式等,并报请校指挥中心统一发布;督查事发院系、校区和相关部门的处置工作。

2.事故灾害类突发事件应急处置工作机构

组织构成:由常务副校长担任组长,由分管学生工作的学校党委副书记以及分管安全保卫、科研、后勤工作的副校长担任副组长,党委(校长)办公室、学工部、研工部、安全保卫处、外事处、科技处、研究生院、本科生院、教务处、设备处、后勤管理处、基建处、计财处、监察处、工会、团委、继续教育学院、医院等部门、单位和各分指挥中心负责人为成员。

工作职责:指导各学院(系)、各校区和有关部门建立事故灾害类突发事件的预防、监测和预警机制;对全校事故灾害类突发事件工作防范和处理进行督察和指导;收集信息,并适时向全校通报,提出有关对策和措施;负责对Ⅱ级事故灾害类突发事件的处置工作,对Ⅲ级、Ⅳ级事故灾害类突发事件的处置工作予以指导;传达校指挥中心的应急处置任务;在政府自然灾害应急指挥部门的指导下,积极配合省相关部门进行应急工作;根据灾害的情况,认真分析对学校所产生的影响,及时作出决策,控制事态发展;对师生伤亡情况进行年度分类统计。

3.公共卫生类突发事件应急处置工作机构

组织构成:由分管校医院、后勤工作的副校长担任组长,由分管实验室工作的副校长担任副组长,党委(校长)办公室、校医院、后勤管理处、设备处、安全保卫处、学工部、研工部、研究生院、本科生院、继续教育学院、外事处、监察处、计财处、后勤集团、医学院等部门、单位和分指挥中心负责人为成员。

工作职责:在上级政府和卫生行政部门的指导下,负责对全校Ⅱ级突发公共卫生事件的紧急处置工作,对Ⅲ级、Ⅳ级突发公共卫生事件的处置工作予以指导;及时收集校内突发公共卫生事件的相关信息,适时向全校通报有关情况,提出紧急应对突发公共卫生事件的政策、措施;传达校指挥中心的应急处置任务;督促落实突发公共卫生事件紧急应对措施;根据事件的性质负责对有关责任人员进行责任追究。

4.网络、信息安全类突发事件应急处置工作机构

组织构成:由常务副校长担任组长,由分管宣传工作的校党委副书记担任副组长,党委(校长)办公室、宣传部、网络与信息中心、学工部、研工部、安全保卫处、外事处、团委、新宇集团、信息学院、计算机学院等部门、单位和分指挥中心负责人为成员。

工作职责:负责对全校Ⅱ级网络、信息安全类突发事件的紧急处置工作;对Ⅲ级、Ⅳ级网络、信息安全类突发事件的处置工作予以指导;传达校指挥中心的应急处置任务;通过技术手段对校园网有害信息实施24小时监控;及时处置重大有害信息在校园网上大面积传播,或校园网系统遭受大范围黑客攻击和计算机病毒扩散事件;及时处置和报告校园网遭受境内外严重攻击,以及其他影响校园网安全的事件。

三、校区分指挥中心

目前一般高校都有多校区,各校区应按应急处置属地指挥为主的原则,建立相应机构。

组织构成:由联系校区的校领导任总指挥,校区主要负责人任副总指挥,校区各学院(系)党政主要负责人为本中心成员。

工作职责:负责本校区内突发公共事件的应急处置工作;接受校指挥中心的领导,完成校指挥中心下达的任务;接受校相关应急处置工作组的指导。

四、学院(系)处置突发公共事件工作小组

组织构成:院(系)级单位党政主要负责人担任组长,其他党政干部为本小组成员。

工作职责:负责本单位内突发公共事件的应急处置工作,接受学校指挥

中心的领导和相关应急处置工作组、分指挥中心的指导，完成校指挥中心、校相关应急处置工作组、分指挥中心下达的任务。

五、应急处置专家组

应急处理专家组由有关院（系）学科专家和党政骨干组成，主要负责应急预测、预警和处置中的咨询工作，向校指挥中心、应急处置工作组、分指挥中心等提供应急决策依据等。

六、校指挥中心办公室

校指挥中心办公室设在校党委（校长）办公室。在预警和预案启动后，承担校指挥中心办事机构的职能，传达校指挥中心的指令，接受和整理向校指挥中心报告的情况，并立即报校指挥中心；保持与上级部门和地方的联系；统一归口管理各类突发公共事件的信息报送工作，及时编辑《信息专报》；向校指挥中心准确转达上级部门和领导的指示；根据需要，随同正、副总指挥和应急处置工作组负责人赴事发现场，协助处理问题；督促、检查各学院（系）、单位、校区落实突发公共事件应急处理工作的情况；承担校指挥中心交办的其他事项。

第四节　突发事件处置工作的流程

突发事件处置工作概括来讲可粗略分为三部分，即"预防预警"、"应急处置"和"事后恢复"。突发事件处置工作的一般流程可参见图 10.1：

一、预防预警

处置突发事件，一定要坚持预防为主，危机预防预警比危机处理更为重要。源头维稳，不是等事情发生了再被动地去处置。要在突发事件尚未发生时，获知和处理预警信息，采取有效措施，把可能发生的突发事件消除在萌芽状态，从源头上维护高校稳定。

1.预防

建立健全日常安全管理制度是预防突发事件发生的基础。高校和各

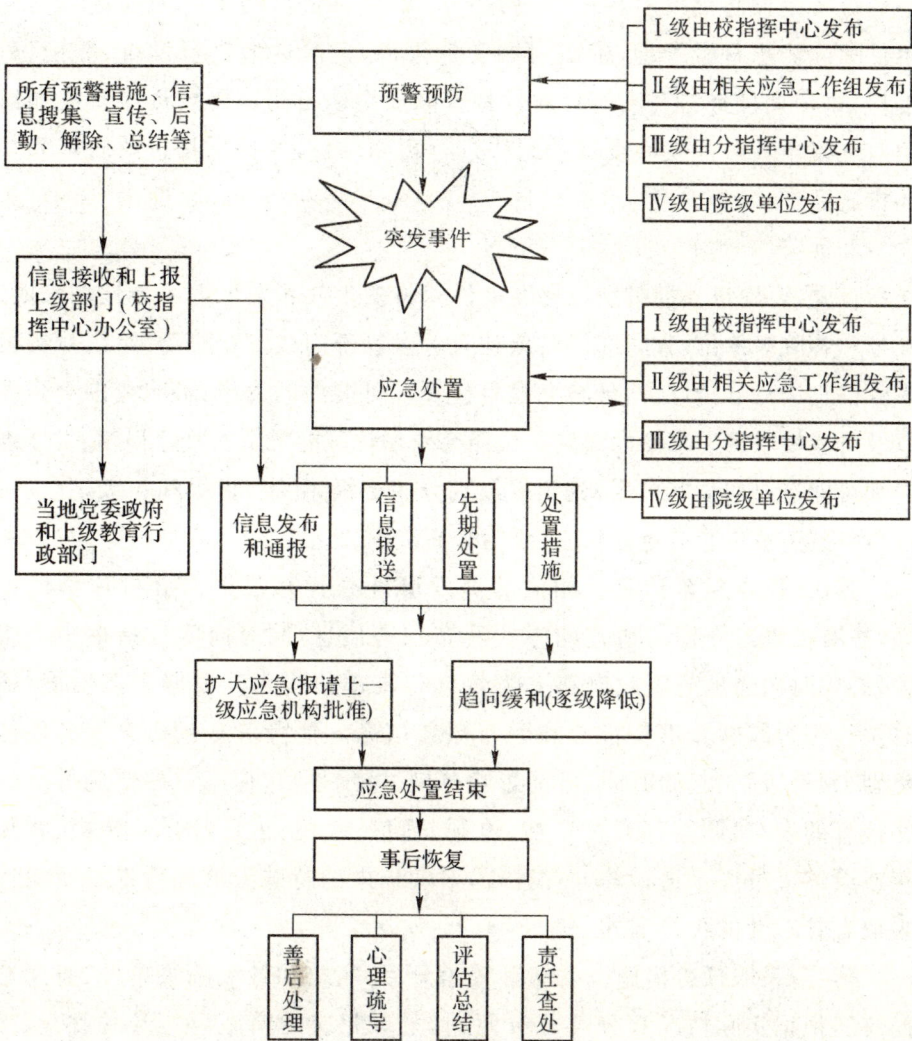

图 10.1　突发事情处置工作流程

院级单位、直属部门应当定期检查所属范围各项安全防范措施的落实情
况。对排查出的每一个隐患,都要明确整改措施,落实责任人,限期整改,
同时做好防范、监控和应急准备工作。对重大隐患和一些影响大、师生反
映强烈的普遍性、倾向性问题,应立即研究采取治本措施,力求从根源上及
时解决。

　　建立突发事件风险评估机制,对可能发生的突发事件进行综合评估和

趋势分析是预防突发事件的关键举措。风险评估机制重在加强各类突发事件风险隐患日常管理,依法对各类危险源、危险区域进行调查、登记、风险评估,定期检查、监控,有针对性地采取安全防范措施。要逐年或定期组织对突发事件可能发生发展的趋势进行预测分析,并提出相应的防范和整改措施。

2.预警

首先,要确定预警级别。突发事件即将发生或者发生的可能性增大时,高校和各院级单位、直属部门要依托有关主管部门或专业机构,组织对突发事件信息进行分析评估,预测突发事件发生可能性的大小、影响范围和强度以及可能发生突发事件的级别。按照突发事件可能发生的紧急程度、发展态势和可能造成的危害程度,其预警级别分为Ⅰ级、Ⅱ级、Ⅲ级和Ⅳ级,分别用红色、橙色、黄色和蓝色标示,Ⅰ级为最高级别。

其次,发布预警信息。相应的突发事件处置部门根据分析评估的结果,按有关规定立即以适宜的方式发布预警信息,同时向学校指挥中心报告,必要时向当地党委政府和上级教育行政部门报告。根据事态发展,适时调整预警级别并重新报告和发布预警信息。预警信息包括突发事件的类别、预警级别、起始时间、可能影响范围、警示事项、应采取的措施等。预警信息的发布、调查可通过广播、电视、通信、手机、信息、网络、警报、宣传车或组织人员逐个通知等方式进行,对学校内的特殊人群和特殊场所应当采取有针对性的公告方式。

第三,采取预警措施。发布预警信息后,高校和各级院级单位、直属部门应当根据实际情况和分类分级原则,采取相应的措施,如:及时收集、报告有关信息,宣传避免或减轻危害的建议和常识,公布咨询电话,组织应急救援队伍,调集应急所需物资、设备和工具,加强对重点单位、重要部门和重要基础设施的安全保卫,转移、疏散或者撤离易受突发事件危害或波及的人员财产并予以妥善安置,关闭或者限制使用易受突发事件危害的场所,控制或者限制容易导致危害扩大的公共场所的活动,防止发生次生、衍生危害等。

第四,结束预警警报。有事实证明,不可能发生突发事件或者危险已经解除,高校和各级院级单位、直属部门应当按有关规定立即宣布解除警报,终止预警期,并解除已经采取的有关措施,尽快恢复正常秩序。

二、应急处置

突发事件的处置流程主要包括信息报送、先期处置、组织指挥、处置措施、信息发布与应急结束六个主要步骤,具体来说:

1.信息报送

突发事件发生后的信息报送包括两个方面:一是部门、院系等事发部门要根据预案及时、准确、连续、完整地向校指挥中心报送信息;二是凡需要报上级有关部门的信息,统一由校突发事件指挥中心办公室根据校指挥中心指令统一报送。信息报送要根据事态的进展,及时续报有关情况。信息报告内容主要包括时间、地点、信息来源、事件性质、影响范围、事件发展态势和已经采取的措施等。信息内容要客观翔实,不得迟报、谎报、瞒报和漏报。

2.先期处理

突发事件发生时,校指挥中心、相关应急处置工作组、分指挥中心、院级单位应急处置工作小组应当立即启动应急预案,根据各自职责,尽力采取针对性措施,控制事态发展,组织开展前期应急救援工作,控制事态发展。

3.组织指挥

突发事件发生时,校指挥中心、相关应急处置工作组、分指挥中心、院级单位应急处置工作小组根据应急预案立即进入应急响应状态,第一时间进入岗位,各司其职,执行应急预案。按照"谁处置,谁负责"的原则,严格实行责任制,并保障处置突发事件的责任单位、责任人按照应急预案及有关法律、法规和规章制度行使权利。在职权范围内,处置突发事件的负责人有现场应急决断的权利,但事后应及时向校指挥中心或上级部门报告。

4.处置措施

突发事件发生后,要根据突发事件的类别、等级,按照专项应急预案,及时采取分级响应、按类处置。

分级响应是指根据高校校园突发事件应急处置预案实行分级响应:一般突发事件(IV级),事件发生在同一学院、单位,则由事发院级单位处置突发事件工作小组负责研究启动该级别预案,并迅速开展处置工作;较大突发事件（III级），由事发校区分指挥中心负责研究启动该级预案，并迅速开展处置工作；重大突发事件（II级），由校相关应急处置工作组负责研究启动该级预案，必要时报告当地党委政府和上级教育行政部门给予指导、支持；特别重大突发公共事件（I级），由校指挥中心研究启动该级预案，统一领导和指挥全校应急处置工作，必要时报告当地党委政府和上级教育行政部门给予指导、支持。

分类处置则是指高校可根据"自然灾害、事故灾难或公共卫生事件"、"社会安全事件"、"网络信息安全事件"、"教育考试突发事件"等突发事件的类别，启动相应的专项突发事件处置预案进行处置。以"社会安全事件"发生时的处置为例，事发高校和院系单位应在第一时间向当地公安机关报案，并在当地党委政府的领导下，结合相应的专项应急预案，帮助或协助公安机关等专业部门采取下列一项或者多项应急处置措施：

（1）对可能影响师生情绪并引发群体性事件的矛盾和问题，相关负责人要第一时间到场，立即动员组织党员、班团干部、班主任、骨干教师和学生工作人员深入师生，开展教育引导和必要的心理咨询工作，化解矛盾，稳定和疏导师生情绪。

（2）对师生参与社会群体性事件的，要立即组织力量进行劝阻和带离现场。

（3）对严重危害师生员工生命安全的突发事件，要全力配合有关部门第一时间援救和保障师生员工的生命与财产安全。

（4）加强对遭受冲击的重点单位、重要场所的警卫，在校园通道、广播、有线电视、涉外区域等校园重要部门附近设置临时禁戒线。封闭有关场所，对有关道路实施交通管制，限制相关校园或工作场所内的人员行为。

（5）对指定区域内的违建物、交通工具、设备、设施以及水电热气的供应进行控制，必要时依法报请有关部门对网络、通信等进行监控。

（6）维护现场治安秩序，妥善解决现场纠纷和争端，控制事态发展。严重危害校园和社会治安秩序的事件发生时，应报请公安机关立即依法出动警力，根据现场情况依法采取相应的强制性措施，尽快使校园或社会秩序恢复正常。

5.信息发布

突发事件信息发布要秉承"公开透明,开放有序"的原则,要坚持统筹协调,把应急信息发布和新闻报道工作纳入突发公共事件处置总体部署,做到事件处置与应急信息发布和新闻报道同步安排、同步推进。

(1)发布职责与纪律。事件处置小组是提供信息的第一责任人,提供信息和材料必须准确、及时。新闻报道组负责安排相关发布和采访事宜。由新闻报道组提出具体建议,指挥中心研究决定信息发布方式,特殊情况由书记、校长直接决定。信息发布人员由新闻报道组确定,其他人员不得擅自接受媒体采访。

(2)发布方式与策略。根据事件的不同性质确定新闻发布方式,包括:在事件处理过程中,通过校园网、社会媒体同步发布新闻通稿;邀请主流媒体记者采访事件处理部门负责人或新闻发言人;安排召开新闻发布会或通气会等。发布策略概括来讲就是:善待记者,公开诚信;速报事实,慎报原因;针对困惑,加强引导;跟踪报道,连续引导;网络先行,多管齐下。

(3)信息发布程序。①学校新闻发言人在接到公共突发事件信息后,立即与事件涉及部门的分管校领导商议是否召开舆情研判会。②涉事部门的分管校领导向学校主要领导报告事件调查处理情况和有可能引发公共新闻事件的信息掌握情况。宣传新闻部门负责收集舆情与媒体反应,为研判提供参考。③学校指挥中心决定是否启动信息发布应急预案。启动预案后则启动相关程序,如:召开媒体工作方案制定的研判会,研究决定不同阶段新闻发布时间、发布方式、面向媒体的范围、媒体采访对象、新闻发布口径等。学校分管领导负责向主要领导报告会议决议并接受、传达指示。④新闻发言人负责媒体方案的实施及舆情跟踪,与负责事件调查处理工作的分管领导及时互通事件调查处理进展与舆情动态。

6.应急结束

当突发事件事态平息、危险因素消除后,组织处置突发事件的单位部门应当发布停止执行应急处置措施,在相应范围及时传达,并协调恢复正常秩序(如图10.2)。

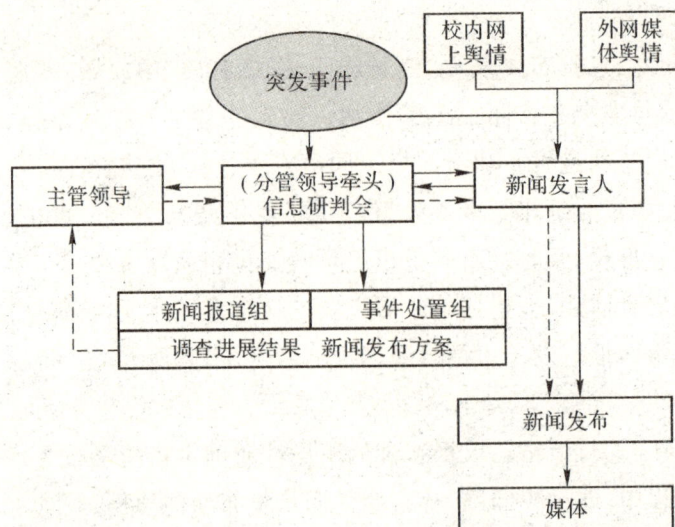

图 10.2　突发事件信息发布流程

三、事后恢复

　　突发公共事件平息后,按照应急处置等级,由相关应急处置机构妥善处理善后工作,恢复正常的教育教学秩序,落实相关后期救治、补偿、重建等措施;进一步加强对师生的思想工作和有针对性的心理疏导,加强跟踪和督查,建立健全相关制度,防止事件反复和重复发生;相关应急处置机构对突发事件进行调查评估,对事件起因、性质、影响、责任、经验教训和善后工作作出客观评估,形成完整的总结材料并归档;组织纪委、监察等有关部门对导致事件发生的有关责任人和责任单位进行调查,形成调查报告,并依法追究其责任。

　　综上,应急处置机制具有很强的实战性,既要遵循通行的规章制度,又要符合各个高校的实际,应当在实践中不断丰富和完善,形成明确的预案和操作流程,不断提高应急处危的能力和水平。

第四篇

高校稳定工作的文化与制度

安全稳定观的实质是一种价值观，其核心是生命观和法制观。这种对生命价值和法律制度的尊重与维护，是高等学校理应承担的教育任务。这种价值观不仅应体现在高校的管理组织制度安排中，还应融入高等教育过程，成为大学通识教育的内涵，从而使高校的安全稳定建立在共同认识的基础上。这种价值观更应成为师生的行为准则，通过文化和法制的建设，为安全稳定提供引导动力和发展土壤。本篇专门探讨安全文化和依法治校两个方面的问题。

第十一章　安全文化

伴随高等教育开放办学理念的实践,高校的文化与社会文化相互激荡、相互影响、相互渗透,对高校稳定工作发生着重大而深刻的影响。营造良好的安全文化是高校稳定工作科学化的重要标志之一。安全管理的实践不断证明,传统的高校稳定工作是一种被动型、经验型的作业驱动型管理,[①]以维稳的狭隘观念时时、处处管控校园人群的行为,可操作性极低,且必然导致高校管理漏洞和安全隐患。只有导入文化安全理念,构建良好的安全文化环境,提高师生员工的安全素养,才能从基础上抓好安全管理。高校应加强安全文化建设与高校稳定工作的融合,用文化塑造安全价值观,用文化完善安全管理,用文化提升安全素质,达到以文化促管理、以管理保安全、以安全保稳定的目的,推动高校持续稳定发展。

第一节　高校安全文化建设的内涵与意义

一、高校安全文化的内涵

建设高校安全文化,首先需要明晰安全文化的概念。"安全文化"这一概念是 1986 年国际原子能机构在总结苏联切尔诺贝利核电站泄漏事故中的人为因素的基础上正式提出的。[②]

事实上,安全文化一直存在于人类生产生活的各项活动中,它伴随着人类的生产生活实践而产生并发展。安全文化是一种价值观,是人类在征服世界、改造世界及享受生活的过程中,为维护自身生命安全、身心健康以及财产免受意外损失而创造的安全理念、安全生产生活的精神、安全行为与物态、安

---

① 刘金星,王永福:《校园安全文化建设刍议》,《赣南师范学院学报》2005 年 2 期。
② 韦庆辛:《关于高校安全文化建设的思考》,《中国公共安全》(学术版)2005 年第 3 期。

全意识形态、安全行为准则等的总和。如今，安全文化的覆盖面和影响力已经超出了一般工业文化的范围，逐步衍生拓展为企业安全文化、城市安全文化、校园安全文化、社区安全文化等。

安全文化应用到高校就称之为高校安全文化或高校校园安全文化。它是指高校为维护广大师生的正当利益和保障学校的改革、发展、稳定，通过安全宣传教育、完善校园安全设施和安全监管制度，提高师生员工安全意识，以预防和消除在教学、科研、生产、生活和各种活动中发生的安全事故，进而营造稳定、和谐、安全校园环境的一种文化现象。它既是高校安全管理实践活动所创造的安全物质和精神成果的总和，也是为实现高校办学目标积累起来的一种安全价值观，是高校稳定的重要保障。

高校安全文化内涵在文化形态上表现为物质、制度、精神三个层次。物质层是最表层部分，折射出高校的安全理念、思想和意识，如：安全设备、装置及报警系统等。制度层是中间层，主要是规定学校成员在共同的教学、管理、服务活动中应遵循的安全行为准则，如：校园安全责任制度、检查制度等。精神层是指高校领导和师生员工共同信守的安全理念、安全价值和标准等，如：危险防范意识、安全伦理道德等。这三个层次是辩证统一、不可分割的整体，精神层是制度层和物质层的思想内涵，是高校安全文化的核心和灵魂；制度层制约和规范着物质层和精神层的建设，是高校安全文化的骨架；物质层是高校安全文化的外在表现，是精神层和制度层的物质载体。[①]

二、高校安全文化的功能

高校安全文化是以安全需要为基础、从属于社会安全文化的一种具有自身特色的亚文化形态，是社会安全文化的重要组成部分，具有社会安全文化的共性作用，如保护作用、导向作用、约束作用等。但是，由于高校是培养高层次人员的场所，在国家的经济建设与社会发展中具有特殊的地位与作用，因此，高校安全文化也具有一些独特的作用。

---

① 张洪杰：《高校安全文化建设的探索与实践——以河北农业大学为例》，《河北农业大学学报》（农林教育版）2011年第2期。

1.保护作用

师生员工受安全文化浸润,增强了安全意识,提高了安全素质,提升了安全防范水平,就能够自觉地遵守安全方面的法律法规及规章制度,平安地工作、学习、生活,从而卫护师生员工的生命安全以及个人财产和学校财产的安全,使学校处于安全稳定的良好状态。

2.导向作用

高校安全文化是一种精神环境和文化氛围,师生员工在这种环境中树立良好的安全意识和理念,主动地按照安全科学管理原则采取行动。这种导向功能主要体现在安全思想的修养、安全心理素质的引导、安全情感的培育、安全规范行为的映射等方面。同时,还体现在向社会输送具备良好安全素质的优秀人才,从而对社会公民的安全意识、观念、态度、行为起到正面积极的引导作用,促进整个社会的安全文化建设。

3.约束作用

高校安全文化对每一个师生员工的思想和行为具有约束和规范作用。通过强化各级领导的安全责任意识,约束其决策权;通过安全文化教育,提高决策者的安全管理能力;通过安全制度文化建设,约束师生员工的安全行为,消除安全隐患,使其安全地工作、学习和生活。更重要的是,通过文化的功能使信念在师生员工心理深层形成一种定势,构造出一种响应机制,只要有诱导信号发生,即可得到积极响应,并迅速转化为预期行为。这种约束能够有效地缓解师生员工自治心理与被治现实形成的冲突,削弱由其引起的心理抵抗力,从而产生更强大、深刻、持久的约束效果。

4.能力作用

高校安全文化的能力作用体现在对大学生社会化过程的影响上。学校的教育、校园安全文化的影响,是促进大学生社会化的关键。校园安全文化将社会对安全的要求和安全对社会的影响通过各种方式作用于大学生,促进他们学习与社会相适应的各种安全规范、安全知识、安全技能和安全生活方式,提升他们的综合安全能力。能力作用最终体现在安全技能社会化、行为安全规范社会化、人生安全责任社会化等方面。

5.创新作用

高校安全文化的创新作用是由校园安全文化主体的高层次性所决定的。

作为高层次人员，他们不会满足于简单的、传统的知识重复，更企盼从事创造性的思维活动，创造出更多更新的物质财富和精神财富，以适应时代发展的需要。他们能够孕育出新的安全思想、新的安全理念和新的安全科技成果。特别是现代高校教学、科研、服务三位一体机制的形成，将有力地促进校园安全文化主体创新作用的发挥，使校园安全文化真正成为安全文化的先导。

6.辐射作用

高校安全文化的辐射作用表现在两个方面。一方面，高校安全文化通过活动载体将文化因素直接辐射到校园中所有的成员，使每一名成员都增强安全意识，提高安全素质，从而促进学校整体安全水平的提高。另一方面，高校安全文化主体创造出的新的安全思想、安全理念和安全科技成果，将会推动全社会的安全文化建设。更为重要的是，经过安全文化氛围陶冶过的大学生走向工作岗位后，自觉或无意识地会对身边的社会成员产生影响，促进他们安全文化素质的提高。

三、高校安全文化建设对稳定工作的意义

在世情国情社情发生深刻变化的新时期，加强安全文化建设，构建和谐的校园环境，对于学生和高校的全面发展显得尤为重要。高校安全文化建设是响应国家文化战略的必然要求，是扎实推进社会主义文化强国建设、推动我国文化大发展大繁荣的题中之义。同时，高校安全文化建设也是推动全社会安全文化建设的强大动力。高校毕业生们走向社会后，不仅是经济建设的主力军，也必将成为社会安全文化的建设者。此外，高校安全文化建设还是确保高校安全稳定的现实需求，通过文化的战略性、基础性的作用，从根本上预防校园事故的发生，保护师生员工的安全，营造舒适稳定的环境，实现大学校园的和谐稳定。

第二节　高校安全文化建设的主要内容

如何让师生员工认同高校安全文化，并转化为自己的日常行为，是安全文化建设中的关键。高校安全文化是校园文化的重要组成部分，要利用高校自身的文化积淀，坚持立足实际，突出特色，以品牌和实效作为校园安全文化建设的重点。同时,还要把安全文化建设与学校的教学、管理、服务等实践活动结合起来,把安全文化融入到学校的发展规划、教学科研、思想政治工作、管理服务工作中,使师生员工逐步形成正确的安全思维习惯和行为方式,营造出良好的安全文化氛围。

一、不断深化安全教育,强化安全防范能力

安全教育是安全文化的重要组成部分,对于不断形成和发展校园安全文化具有十分重要的作用。尤其在安全事故发生率居高不下的严峻形势下,加大安全教育力度,成为安全文化建设获得实效的重要内容。

1.强化科学发展安全理念,普及安全教育,不断增强师生安全素质及防范意识

(1)安全教育进教材、进活动、进课堂(实验室)、进宿舍。强调大学生安全教育在高校教育教学工作中的重要地位,将大学生的安全教育作为一门必修课纳入学生培养计划中,编写大学生安全教育教材,由教师授课,统一考核,并将考核结果纳入到学生综合素质测评体系中。同时结合新生入学教育、班级活动、文明宿舍创建等机会进行讲解、点评和剖析,以增强安全知识传授的系统性,强化学生的理论认识。在学校举办的各类集体活动中(包括学术活动),也要进行安全教育,使之成为活动的有机组成部分。

实行实验室安全准入考试,严格控制考试不合格学生进入实验室。考试系统设置"在线学习"、"自我测试"、"规章制度"、"考前承诺"等模块,学生进入考试前必须阅读列于其中的法律法规和学校实验室管理的规章制度,并作"已经学习"的承诺。公寓管理中心向每位入住学生发放《学生宿舍安全常识》,每学期开展安全案例宣传教育、逃生演练,每幢宿舍楼设置安全检查实时公示栏与安全知识宣传栏。

(2)安全教育多形式、多平台、多途径。广泛地开展认同性活动、娱乐活动、激励性活动、教育活动;举办安全论文研讨、安全知识竞赛、安全标志设计大赛、安全演讲、事故安全展览;建立光荣榜、违章人员曝光台;评选平安校园最佳班集体、先进个人;开展安全竞赛活动,实行安全考核,签订安全承诺书。通过各种活动方式向师生员工灌输和渗透高校安全观,取得广大师生员工的认同。通过电视台播放安全教育片、广播播放安全警示提醒、网

站开设安全防范专栏、短信平台发送预警信息等一系列安全常识和安全现场实录画面,使广大师生员工直观地领略到安全事故所带来的惨痛教训,达到安全教育和警示作用。充分发挥工会号召作用和学生会组织纽带作用,通过党团支部、学生社团等组织,开展丰富多彩的学生安全自我教育活动,使安全文化充分发挥其渗透、感染作用。

2.推动典型示范工程,通过典型的带动和辐射效应,不断强化学校安全基础工作

要将高校安全文化水平的提升作为长远目标,充分发挥高校领导和教师的带头作用,充分利用各级组织的成功经验和有力举措,塑造校园典范的榜样形象。高校安全文化建设要注重抓典型、重典型,把树立典型的工作落到实处,及时发掘典型、精心培育典型、全面总结典型、有力推广典型,树立典型的重点推广形象,以典型作为模范和路标,发挥典型事例对师生员工的宣传示范性、群体效应性,传播安全文化建设取得突出成效单位的经验,大力推广,倡导其他单位学习借鉴。

(1)推介安全文明实验室和寝室。评选在实验寝室安全文化建设工作上表现突出的安全文明实验室,并将其事迹汇编成展板在校内展出;举办安全文明实验室报告会,邀请安全文明实验室主任介绍如何营造科研安全文化;建立安全文明实验室建设机制,用安全文明实验室好典型引导、监督、帮助整个院系科研活动,形成良好安全文化。

在学生中开展安全文明寝室事迹的推介,一是要让每位舍员都能享受创建安全文明寝室带来的实实在在的好处;二是把安全文明寝室创建与自身建设高度结合起来,使每位舍员都能在安全的寝室环境中静心学习;三是以点带面,以寝室安全文化建设带动楼层安全文化建设,以楼层安全文化辐射生活园区安全文化。

(2)推介安全文化建设标兵。推介安全文化建设标兵事迹,一来能激励安全文化建设标兵保持先进,树立典范,继续做好安全文化建设工作;二来能形成"人人学习标兵,人人争做标兵"的良好氛围。高校中各院系、班级、支部、学生组织要做好安全文化建设标兵的培养与发掘工作,及时表彰标兵,通过表彰会、事迹报告会、交流座谈会、"榜样在我身边"标兵风采展等形式,推介安全文化建设事迹,更要结合当代大学生信息化水平高的特点,利用网络

平台开设学风建设标兵专题网站或增设安全文化建设标兵展示版块,通过开通博客、微博、个人空间等方式推介其先进事迹。

(3)推介其他有效举措。在高校安全文化建设中,高校管理层要密切关注各院系安全文化动态,及时发现各单位行之有效的安全文化建设举措,以同类型单位为试点,在小范围推广有效举措,经过试点、总结与改善后,将有效举措推广到整个学校,并将该项举措纳入安全文化建设的相关标准中。

3.培育安全文化活动品牌,增强师生员工参与度和关注度,提高安全文化的校园影响力

培育安全文化活动品牌,其目的在于进一步营造良好的育人环境,并反过来推进环境育人。[①] 校园安全文化品牌要体现社会主义核心价值观,体现大学精神,从学校传统文化中吸取营养,与学校特色相结合,与学校稳定目标相结合,体现核心价值观,最终服务于社会。当前,在党中央文件精神的指引下,高校的校园文化建设不断推进,科学化水平不断提高。然而,高校安全文化作为校园文化的亚文化,却鲜有精品涌现,应当受到进一步的重视,花力气培育安全文化的活动品牌。

(1)加强品牌科学规划,促使高校安全文化活动品牌优质化。在品牌调研的基础上,制订高校校园文化品牌发展规划。高校安全文化品牌发展规划要与大学的发展战略规划、校园维稳规划、学科专业建设规划、师资队伍建设规划等规划紧密结合,统筹考虑,科学规划。品牌建设还要取得政府、社会和学生与家长的支持,并以此为基础推动学校教育教学质量的提高和品牌价值的提升。

(2)加强优势项目挖掘,促使高校安全文化活动品牌多样化。着力于挖掘定位准确、发展态势良好、影响力逐渐扩大的各种形式安全文化活动,鼓励各部门、学院、学生组织推荐与自荐,实行"校园安全文化品牌项目申报机制",为其提供展示与培训平台,提供一定的资金支持与指导力量。

(3)加强品牌活动保障,促使高校安全文化活动品牌常态化。拓宽安全文化建设投入渠道,形成政府、高校、企业和社会共同支持的多元化投入机制,为高校安全文化活动提供必要的经费保障,确保安全文化研究、教育、传

---

① 夏军英:《试论校园文化品牌培育的意义与对策》,《成人教育》2012 年第 9 期。

播活动有效进行。抓好安全文化阵地和队伍建设,整合优化安全文化资源,在学生中加强部门、年级、班级、寝室四级阵地,在院系加强院系、研究所、实验室三级安全文化阵地建设,形成系统完善的安全文化工作格局。加强国际国内院校交流,引导改进安全文化建设方式、方法,提高建设质量和水平。

二、不断完善安全制度,夯实安全保障基础

高校安全文化是指导和约束高校整体行为以及师生员工行为的价值理念,也指导着高校安全制度的制定和执行。安全管理制度反过来又提升丰富安全文化的内涵,体现高校安全核心理念的安全管理制度可以强化安全文化,经过长期反复的实践与完善,最终使安全文化成为员工共同认可的思想;相反,不适宜的安全管理制度则会使安全管理偏离其核心,与安全文化建设方向背道而驰。安全制度既是高校师生安全行为的守则,也是校园安全文化的物质载体,高校要通过完善物质载体,提炼校园安全文化,引导广大师生以安全制度为准绳,严格规范自己的安全行为。同时,安全制度文化是高校管理文化的重要组成部分,高校只有不断加强校园安全制度建设,才能有效提升校园安全管理的层次和水平。

1.保证安全制度的合理性

要在保证安全制度程序合理的前提下确保安全制度的可执行性,要立足长远,注重科学性和人性化需求,在拟定、修改、施行安全制度前做好科学调研与试点工作,充分考察社会的客观要求、学校的客观基础、办学的客观条件和安全的客观规律,进一步明确安全制度的约束定位、受众定位,保证安全制度的有效性与适用性。

2.提升安全制度的前瞻性

随着高等教育事业的发展与开放式办学进程,校园安全工作将会出现许多新情况新问题,高校必须与时俱进,随时根据新的安全形势及时修订完善安全制度。要多听取师生员工关于安全管理的信息反馈,积极采纳和借鉴好的建议和意见,加大合理化建议奖励力度,不断对既存的管理制度和办法进行总结、检验、改进和完善。要多从文化的层面进行多维思考,注重对师生员工观念、道德、态度、情感、品行等深层次的人文因素分析,着力构筑长效性安全制度机制。

3.增强安全制度的执行力

科学合理的安全制度在实践过程中能否被严格遵守,将是高校安全制度文化建设水平的重要体现。高校要抓好安全制度建设,关键要着力增强制度的执行力,真正有效规范安全行为。特别是要建立起横向到边、纵向到底的安全管理网络,层层落实责任制,把安全制度真正落实到人。高校安全主管部门要切实履行监督职能,依据有关的各项规章制度,规范师生的安全行为。高校有关职能部门要对各项安全制度贯彻情况进行抽查,督促各项安全制度落到实处。要加强安全制度文化的宣传,不断增强师生遵守安全制度的自觉性;也要为广大师生员工提供多层面的话语渠道,激发其参与安全管理的积极性,使安全制度执行合力得到增强。

三、构建安全标志系统,增强安全文化的引导力

高校校园进一步的对外开放,学校已从单纯的教学场所发展到集教学、学术、交流、生活、旅游、休闲等功能日益复杂的社区[1],实现了教育资源的社会共享,优化了教育资源的使用,但另一方面却给高校的安全管理工作带来了不小的压力和困难。当前一个突出的表现就是外来人员、车辆的大量增加,与高校安全管理力量的不对称形成强大反差。校园安全标志系统作为高校安全文化的直观形象表现,成为高校规范校园内各类人员行为、警示危险信息、提供安全指引的有效载体。

1.构建校园安全标志系统的意义

(1)构建校园安全标志系统是提升安全文化渗透力的有效载体。在公共场所中,人对安全(或不安全)行为的选择受到诸多因素的制约和影响。安全标志作为安全文化的构成要素,具有调动人们自身心理状态和生理技能响应的作用。它能直接警示人们自觉或本能地警惕存在的不安全因素,促使人们对威胁安全与健康的物体和环境尽快作出反应,从而减少或避免事故发生。[2] 同时,安全标志是长期的、稳定的实体,具备可重复使用的性质,覆盖整个校园的安全标志系统持续发出既定的信息,形成安全预警信息链,通过

---

① 陶海峰:《大学校园标识系统分析》,《艺术与设计》(理论)2009 年第 2 期。

② 袁京鹏:《安全标志有效性影响因素实证研究》,《浙江大学博士学位论文》2009 年。

长期渗透在人脑中树立起安全意识,并有助于入校人群良好安全习惯的养成。

(2)构建校园安全标志系统是保证安全工作主动性的重要途径。进入开放式校园的人群有许多种类型,年龄、职业、语言、知识结构、文化背景和对校园的熟悉程度各不相同,安全标志的设计应以识图为主,能用最低限的文字说清一件较复杂的事情。对它的识读能力不主要取决于读者的教育程度和书本知识的多少,也不必借助传统的教育渠道而获得,它不对位于任何已有的文本知识,而直接对位于真实的生活逻辑和事物本身,从某种意义上讲是超越现有知识结构和地域文化的。这些特质使得高校对校园安全管理的"令行禁止"能通过视觉语言传递至校园内各类人群,使安全工作处于主动,有助于安全管理工作的顺利开展。

(3)构建校园安全标志系统是丰富高校文化内涵的必要元素。校园标志承载着形象代言的重要角色,也代表着高校特定文化的品位与功能,一般都积淀着学校的历史、传统、文化和社会的价值,通过一定的视觉载体显示在学校和社会的时空之中,反映一定师生群体的精神风貌和价值取向,蕴含着巨大的潜在育人功能。形意结合、简明规范、风格统一、凸显高校特色的安全标志作为高校形象系统的重要组成部分,能强化高校的安全形象,既可丰富校园文化的内容,又可展示校园文化的内涵物质,对学校校园文化的发掘、创建和学校人文内涵的积淀、提高有着十分重要的意义。

2.安全标志系统的分类与应用

安全标志系统按功能可分为禁止标志系统、警告标志系统、指令标志系统和提示标志系统四种类型。禁止标志用于禁止人们不安全行为。例如:禁止吸烟、禁止游泳。警告标志用于提醒人们注意周围环境,避免可能发生的危险。例如:小心地滑、事故易发地段。指令标志用于强制人们必须做出某种动作或采用某种防范措施。例如:停车先取卡、必须带防护眼镜。提示标志用于向人们提供某一信息。例如:标明安全设施或安全场所、安全通道、紧急出口。①

安全标志系统按区域划分可分为教学区安全标志系统、实验区安全标志

---

① 袁京鹏:《安全标志有效性影响因素实证研究》,《浙江大学博士学位论文》,2009年。

系统、办公区安全标志系统、生活区安全标志系统、公共活动区安全标志系统。以上每个标识系统都包含禁止标志、警告标志、指令标志和提示标志,其中教学区和办公区以指令标志和提示标志为主;实验区以禁止标识和警告标识为主;公共活动区是外来人员人次较多的区域,安全标识的设立数量较多、类型较全面。校园区域标识应根据区域功能的不同,在形象上具有不同的特色,各区域的标识作为校园安全标识系统的子系统在风格在又要保持和谐统一。

3.以安全标识系统的构建,丰富高校安全文化内涵

在知识经济占据主导地位的今天,对安全标识设计的知识性、前瞻性都提出了更多的要求。高校是思维碰撞和知识流动十分密集的场所,应利用专业优势构建并完善安全标识系统,成为安全文化的引领者。

(1)专业地规划、设计、制作校园安全标识系统。一个学校应有一个形象标识,而校园内的所有标识形象都应依托这一形象进行延展,按国家有关要求和相关标准,结合学校校园实际情况,设置具体位置和内容,营造出个性鲜明的校园文化氛围。标识牌的制作材料要经久耐用,安装牢固、美观。要考虑校园整体的建筑风格与色调,标识的字体要统一,颜色要和谐。标识牌的安装位置要准确、合适。要成立专门的工作委员会,邀请文化建设领域的专家学者参与其中,为校园标志进行整体规划与设计;学校有关部门要把校园安全标识和视觉工作作为一项系统性工程来考虑,通过调研、征求意见等形式,设计切实可行的实施方案。

(2)及时科学地管理、维护校园安全标识系统。为了有效地发挥标志的作用,应进一步完善安全标志管理体系,健全运行机制和制约保障机制,促进安全标志管理体系中各组成单元的联动、互动。制定《校园标识管理办法》,规范校园标识的设计、制作、使用、维护。定期检查,定期清洗,发现有变形、损坏、变色、图形符号脱落、亮度老化等现象存在时,应立即更换或修理,从而使之保持良好状况。安全管理部门应做好监督检查工作,发现问题,及时纠正。纸质的安全标识要定期修订、更换,确保与时俱进。

(3)以创意创新提高校园安全标识系统有效性。标识的灵魂在于创意,创意的内涵在于文化。由于人们视觉疲劳和抵触心理,以"不准××××"、"严禁××××"等描述的标识的有效性日渐降低。校园安全标识应结合现

代人生活压力增大、生活节奏加快的实际，不生硬、不说教，通过创意创新逐渐向口语化、人性化、易接受、生活化、诙谐幽默等方向改进，提高安全标识的有效性。

首先，并不一定每一个标牌都要板起严肃的面孔，在易读的基础上，文字尚有很多种形式可变。例如，某公安局交通警察大队的一则交通警示牌用"最讨厌驾驶无牌套牌、遮挡挪用号牌的车辆，一点品位也没有"代替"禁止无牌驾驶"、"禁止无牌套牌驾车"这样的标语性的警告，此用语及语气与"传统"警示牌内容形成巨大反差，引起数万网民围观。

其次，图形通常比文字更具体。图形能直观形象地表达大量的信息，图文结合的标识比纯文字标识更能吸引人们的注意。例如，将学生寝室中常见安全标志"人离寝室随手关门"、"人离寝室切断电源"等转换为图标再配上提示性语言，如图 11.1 中的电源插头、关机键、照明工具、门锁的标识组合，图像简单、色彩鲜明，相比较于纯文字标识更能吸引人们注意，并能在极短的时间内给出信号，使人们迅速作出反应，落实于行动中，提高安全标识的有效性。

综上，安全文化对维护高校稳定具有潜移默化的推动作用，已经渗透到师生日常生活的方方面面，是一个全新的研究领域。要将安全文化建设进一步体现到扎实有效的安全教育、安全制度和安全标志系统的建设中，在点滴细节中彰显以人为本的办学理念和大学安全观。

人行横道

停车场

禁止驶入

限高4.5米

液体废弃物

关闭水电气

禁止饮食

洗眼区域

禁止堵塞

禁止挪用
消防器材

禁止锁闭

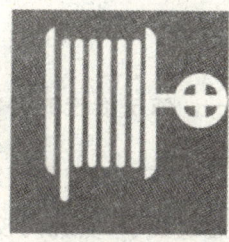
消防水带

人离寝室切断电源

关闭电器开关

随手关灯

人离寝室锁好门窗

图11.1 校园安全标识示例

第十二章　依法治校

　　我国高校在运行和管理过程中,必须有效兼顾好政治权力、行政权力、学术权力、民主权力等四个方面的关系,即不断探索完善以"党委领导、校长负责、教授治学、民主管理"为核心的中国特色现代大学制度。四种权力的有效运行是确保校园和谐稳定的基础和前提,也是从源头上化解各类矛盾的必然要求。加快依法治校进程,就是要为各类权力的有效运行奠定制度基础,进一步规范各类主体的权利和义务,为营造"心齐、气顺、劲足、实干"的良好氛围提供有力保障。

第一节　依法治校与高校稳定的关系

一、依法治校的科学内涵

　　依法治校是依法治国基本方略的重要组成部分,是为贯彻落实法治国家建设要求,实现高校管理法治化目标,以法治要求规范高校管理的过程。因此,确立依法治校的办学理念,正确理解依法治校的科学内涵,就应当以法治精神为指导,将依法治国的原则贯彻落实到依法治校的过程中去,建立起一个法治化的校园。对照依法治国的解释,法治国家应当包括以下基本原则:(1)善法之治、良法之治,法治状态下的法一定是善法、良法;(2)法治国家奉行法律至上的观念;(3)充分保障公民的权利。对照法治国家的基本原则,我们认为依法治校的科学内涵应当包括以下内容:(1)治理高校的法律法规以及高校自身制定的章程、制度应当既善且良;(2)以法律至上的精神来治理高校;(3)高校教师、学生等主体的权利能得到充分的尊重和切实的保障。

　　围绕上述理解,具体而言依法治校的目标任务应当包括以下内容:学校章程和管理制度完善健全,内容合法、公正、公开,并得到有效执行;校内管理体制完善,各级管理和学术组织健全,职责明确,依法发挥作用;学校建立依法决策、民主参与、自我管理、自主办学的工作机制和现代大学制度；实行信息公开，校内师生和社会公众对学校的监督机制完备；法制宣传教育成效明显，师生员工法制观念增强，法律素质明显提高；建立完善的权益保障渠道，师生员工的合法权益得到充分尊重和切实保障；学校依法治校工作格局明确，工作机制健全，法治环境和育人环境良好。

二、依法治校对高校稳定工作的保障作用

1. 依法治校能够强化师生对制度规范的遵守和执行，预防失范行为的发生

高校实现法治化管理，可以通过制度规范的约束和指引，引导师生稳步实现对利益的追求，从而增加师生对高校的满意度和认同感。在相反的情况下，师生的发展受阻或者陷入困境，或者对政策举措和管理行为的不满，则容易演变为对高校管理的质疑和否定，从而带来师生心理状态上的压抑感、不公平感和相对受剥夺感，大大降低师生与学校的紧密程度，削弱原有稳定机制的联系功能，松动学校与师生之间的固有平衡。而且，这种不良心理状态和行为倾向容易向规模群体扩散，使原有稳定模式受到强烈的冲击。例如没有按依法治校要求，在出台涉及师生重大利益的制度时没有给予师生应有的参与权，就可能引发师生的强烈不满，从而引发稳定问题。

2. 依法治校能够维护师生权利，确认师生义务，客观上消除影响高校稳定的各种潜在因素

高校实现法治化管理，可以通过制度规范明确师生的权利义务，进一步彰显以人为本、保障师生权利的理念，提供包容和激励师生发展的各种权利实现空间和权利保障机制，从而及时回应师生在收入、发展空间获取、民主管理参与、受教育权等方面的期待。同时通过制度规范确认师生的行为界限，使师生充分了解哪些行为是制度规范倡导鼓励的行为，哪些行为是制度规范限制或禁止的行为。师生的权益得到实现和保障，关注的事项得到认可和反馈，从而客观上消除了影响高校稳定的各种潜在因素。

3. 依法治校能够为高校管理行为提供正确的制度依据，消除或减少制度不公、滥用权力或不尽职责行为

高校实现法治化管理，可以通过制度规范合理设定高校管理行为的内

容、依据、行使程序及行为后果，使高校的管理行为具备"合法性"基础，进而防止高校管理的随意性，特别是一定程度上减少高校管理人员滥用权力或不尽职责的行为。高校的管理行为合法合理，就不会滋生影响高校稳定的问题。

4.依法治校能够提供合理的争议解决机制，预防或解决学校与师生之间的冲突

高校实现法治化管理，可以提供合理的争议解决机制，引导师生通过校内外申诉、听证、诉讼等途径主张权利、发表观点，从而使高校与师生或师生之间的争议始终在合理、理性的限度内解决。很多高校稳定事件的发生往往是因为师生的诉求得不到满足而产生争议，而当出现争议时，高校又无合理的争议解决机制，从而使争议走向高校与师生之间的冲突甚至是极端事件的发生。若争议能在公开的规则、公平的参与方式、公正的程序中得到解决，也就不会引发高校稳定问题。

第二节　当前依法治校工作存在的主要问题

近年来，教育行政部门和许多高等院校进一步加深了对依法治校工作重要性的认识，并在实践中不断推进依法治校工作，取得了长足进步。然而，依法治校工作在我国高等院校落实不平衡，实践中还存在诸多问题，主要表现在：

一、依法治校重要性认识的深化

"法治国家的目标要求必须主要通过法律实现对社会控制，其他手段服从法律，社会整合主要通过法律实施和实现。"①依法治校也同样要求以法律至上的精神来治理高校。然而中国两千多年封建社会的"人治"传统，已经成为一种社会文化传袭下来，深刻地影射在人们的思想意识之中，尤其表现为法律至上的地位未得到社会大众的普遍认同。法律至上原则的核心思想与

---

① 孙笑侠：《法律对行政的控制——现代行政法的法理解释》，山东人民出版社 1999 年第 1 版，第 21 页。

基本精神是反对少数领导者个人权威至上,反对权大于法。[①] 高校作为社会的一个子系统,整个国家法治的实现程度,同样会映射到高校内部的法治现状中,即高校同样不可避免地会受到长期以来"人治"思想的影响,导致依法治校在许多高校并没有得到足够的重视。

二、高校依法管理意识的加强

当前,许多高校管理者依法管理的意识薄弱,仍然停留在依靠行政手段管理的工作方式。表现在:(1)高校法制工作机构不健全,专职法律事务工作人员少。由于缺少法制工作机构和法律工作人员,许多高校在具体的管理工作举措以及规范性文件出台之前,都没有经过必要的合法性审查。(2)一些高校管理者在日常管理工作中不重视遵循法律法规和校内规章制度,导致诸多违规、失误现象。(3)一些高校在出台管理措施时,存在不合法的现象。如因毕业生没有按时还贷款而扣发学生毕业证或学位证,没有法律依据设立众多乱收费项目等。(4)高校管理工作秩序混乱。

三、高校内部章程、制度建设的健全

高校内部的章程、制度是高校管理的直接依据,对高校内部机构的运作有明确的规范性。但是,目前我国很多高校都没有建立起健全、完善的规章制度,表现在:(1)很多高校没有大学章程;(2)高校规章制度的某些规定与国家法律法规相抵触;(3)制定制度的程序不正当;(4)不同规章制度出现不一致,甚至是相互矛盾的规定;(5)规章制度变动性很大,具有不稳定性;(6)欠缺与依法治校直接相关的制度,如没有建立重大决策法律咨询和论证制度、重大项目法律风险分析与预测制度、规范性文件出台前法律审查制度。

四、教师、学生权利的尊重和保障

"在一所法治的校园里,教师和学生的权利应该得到充分的尊重和保障,这也是依法治校的根本目的。"[②]当前,一些高校对于教师、学生的权利没有

---

① 李步云:《法治国家的十条标准》,《中共中央党校学报》2008 年第 1 期。
② 徐显明:《确立依法治校理念 提升依法治校水平》,《中国高等教育》2006 年第 5 期。

给予充分重视、尊重与保障，主要表现在：(1)在重大制度制定出台时，没有给予师生应有的参与权；(2)涉及师生重大利益的信息，没有及时对外公开，师生的知情权没有得到保障；(3)在管理过程中侵犯教师、学生的私权利；(4)处分有关教师、学生时，没有尽到应有的告知义务，保障被处分人申辩等程序性权利；(5)师生受处分后，法律援助制度不完善；等等。

第三节　依法治校在高校稳定工作中的应用

一、明确依法治校办学理念，健全法制工作体制机制

1.全面推进依法治校的指导思想

为全面保障高校稳定，就要正确树立依法治校的指导思想，即以中国特色社会主义理论为指导，坚持社会主义办学方向，弘扬和践行社会主义核心价值体系，将坚持和改善党的领导与依法治校理念紧密结合起来。充分认识到依法治校是认真贯彻《中华人民共和国高等教育法》，把学校管理和办学活动纳入法治轨道，深化教育改革，推动事业发展，推进学校法制建设的重要内容。随着学校教学、科研、管理体制机制改革的深化和学校参与社会经济文化活动的深入，学校面对的社会法律关系日益复杂，对自身开展活动的合法性、规范性要求越来越高。理顺学校内部关系，运用法律手段调整、规范和解决学校办学和教育活动中出现的新情况、新问题日显迫切。因此，进一步加强依法治校工作，形成符合法治精神的育人环境，提高学校依法处理管理事务的能力，是推进学校改革与发展、实现学校教育宗旨和办学目标的重要任务。

2.加强法制队伍，成立法律事务归口管理部门

根据依法治校工作新的形势与任务，许多高校设立了日常法律事务的归口管理部门，如法律事务办公室等。这些部门配备了专职编制，由专兼职法律专业人员组成，负责处理以学校为诉讼方的诉讼事务与各类非诉讼法律事务，为学校重大决策、重要项目安排、大额资金使用提供法律咨询，为各单位、部门提供法律服务，参与审定学校规范性文件、各类管理规章制度和学校各类合同、协议，组织法律教育培训等。

二、健全规章制度,完善内部治理结构

1.组织制订高校章程,推进现代大学制度建设

章程不健全的高校要成立章程起草工作小组,从多学科、多角度对大学章程内容进行论证和分析,保证章程内容既符合法律法规的一般规定,又体现高校自身的鲜明特色,以进一步明确高校办学性质、发展目标、组织机构、管理体制与决策程序等重大问题,使高校章程作为高校办学活动的重要依据。同时,高校还要建立涵盖教育教学、科学研究、社会服务、文化传承、国际合作等各个办学领域全方位的规范、系统的规章制度体系,使高校各项工作有章可依、有例可循。

2.科学划分管理机构权限和职责,完善高校内部治理结构

高校要坚持和完善党委领导下的校长负责制,党委依法统一领导高校工作,支持校长独立负责地行使职权。明确党委全委会、常委会、校长办公会等决策机构及其他组织机构的职责权限和议事规则。进一步明确高校学术委员会、学位委员会以及其他学术组织的职责,保障学术组织在高校学科建设、学术评价等重要方面充分发挥咨询、审议作用,维护学术活动的独立性。进一步规范高校内部各管理层级、系统之间的职责,实现高校管理权限的合理配置。规范高校会议组织、文件制订、公文流转、权利保障等工作渠道和程序,建立规范高效的决策和处理机制,提高管理效率。

3.遵循法制统一原则,制定好各类规范性文件

高校要在法制统一原则的指导下,不定期地开展规范性文件清理工作,切实解决高校管理制度和文件中存在的明显不适应、不一致、不协调的突出问题。清理工作的主体以"谁制定,谁清理,谁执行,谁负责"为标准,对主要内容违反现行法律、法规、规章和上级规范性文件,明显不适应经济社会发展需要的制度与文件予以废止;对相关内容显失公平,个别条款与现行法律、法规、规章和上级规范性文件不一致的制度与文件予以修改。尤其是涉及教职工和学生切身权益的规范性文件,要把这项工作放在重要位置上。

三、坚持以人为本，保障师生合法权益

1. 建立听证制度，加强程序公正

高校要成立听证委员会，制定听证规范性文件。对制定有关师生员工权益的重要规范性文件，给予教职工开除留用察看以上、给予学生留校察看以上处分等事项，进行听证。听证制度的实施，可以使高校在制定有关规定或作出对师生的重大不利处分时，充分听取利害关系人的意见，保障其陈述意见、质证和申辩的权利。2001 年，北京师范大学举行招生计划与专业建设专家委员会听证会，开启了在高校管理中适用听证制度的先河；2003 年，中山大学召开全国首次学生食堂价格听证会；2006 年，浙江大学将听证制度引入学生开除处分；2009 年，浙江工商大学建立了国内高校第一个听证大厅。由此可见，高校管理领域中关于听证制度的创新实践正在广泛展开。

2. 严格依法管理，维护师生权益

加强师资队伍建设与管理，完善劳动人事合同管理机制，严格履行聘任合同，尊重教师权利。建立教职工申诉制度，依法处理和调解教职工与学校的争议，维护和保障教职工合法权益。关心爱护学生，尊重并维护他们的参与权、知情权、选择权及其他合法权益。认真贯彻有关校园安全的法律与规定，落实安全防范措施，保护师生人身和财产安全。建立健全学生伤害事故的报告制度和处理程序，增强预防和妥善处理事故的能力。严格学籍管理，规范学生违纪处分程序，完善学生申诉制度，保障学生申诉和辩护权利。成立学生权益服务机构，推进学生权益维护和法律援助服务工作的开展。

3. 完善教职工代表大会和学生代表大会制度，保障师生参与权

校院两级要定期召开"双代会"，听取行政主要负责人工作报告和有关职能部门情况通报，征求意见建议，讨论通过学校重大改革方案和涉及职工切身利益的重要政策和制度，切实保障教职工对学校重大事项决策的知情权和参与权。认真抓好教代会代表提案工作，层层分解，明确责任，定期开展提案工作的研究和交流，督促提案的回复和落实。进一步健全学生代表大会制度，定期召开学代会、研代会，落实学生的民主选举权和自主决策权，充分激

发学生自我教育、自我管理和自我服务的动力和活力,以主人翁精神为学校的改革发展贡献力量。

四、加强"阳光治校",健全民主管理机制

1. 全面深化信息公开工作

高校要全面深化信息公开工作,设置信息公开专栏,详细包括"公开制度"、"公开目录"、"公开指南"、"教师手册"、"学生手册"、"公开意见箱"等子栏目,为师生和社会公众提供更加便捷的信息公开服务,重点公开学校改革与发展的重大决策和涉及师生权益的重要制度,注重公开职能部门的管理职责、规章制度、办事程序和监督投诉渠道等。要依法受理、公开并做好答复工作,不断增强高校政策和工作的透明度,自觉接受师生和社会监督,从而避免师生因不了解有关信息而引发的稳定事件。

2. 坚持招生"阳光工程"

要把"阳光工程"的精神、要求落实到高校招生日常管理和运作中,切实维护国家教育考试的公平、公正、公开,维护广大考生的合法利益。如在本科生招生中,要实行招生计划公开,政策规定公开,录取程序公开,录取信息公开,考生咨询及申诉渠道公开,招生纪律公开,违规事件处理结果公开,自觉接受监察部门和社会的监督。

3. 合理设置采购工作环节

采购工作是广大师生比较关注的领域,易引发腐败等问题,从而导致师生的不满。各高校要设置合理的工作环节,保证组织实施、决策和监督相分离,招投标内部工作流程三个阶段——标前、评标、履约相分离。采购部门作为采购项目的组织实施单位,在采购招投标中不作为专家成员参与打分和投票。做到各阶段工作人员相互分离,保证能够相互监督、相互制约,及时公开采购信息和采购过程,做到"管采分离",实现"阳光采购"。

4. 强化审计监督,创新审计方法

要强化审计的咨询和评价职能,使监督关口前移,实现内部审计工作的事先指导、事中服务和事后监督职能。如通过审计咨询建议函、审计关注函和审计整改函等,创新审计方法。建立审计跟踪制度和审计结果公告制度,使高校的审计工作公开透明,促进审计意见和建议的有效落实。

综上，依法治校是建立健全中国特色现代大学制度的必然要求，也是高校治理体系和治理能力现代化建设的迫切需要，一定要从思想上高度重视。要在理顺内部治理结构、保障师生权益、健全民主管理等方面进一步加大工作力度，真正建立公开公平公正的办学环境，切实增强师生对学校的归属感和荣誉感。

参考文献

[1] 蔡茂华,吴善添,林佩云.高校防范宗教渗透的制度体系反思与重构.思想教育研究,2010(7).

[2] 蔡晓星,司晓博,许斌.维护高校安全稳定综合防控体系建设研究——基于高校突发事件的应对与处置研究.法制与社会,2009.

[3] 常涛.新时期维护高校稳定工作体系研究.北京人民警察学院学报,2008.

[4] 陈建民.高校要着力培养青年马克思主义者.中国高教研究,2003(3).

[5] 陈于后等.高校安全稳定法律适用问题研究.成都:巴蜀书社,2009.

[6] 程碧海,方江海.影响高校青年教师稳定发展的因素分析.校园之声,2008(4).

[7] 崔永日等.浅谈来华留学生教育管理中的思想教育.中国高教研究,1998(6).

[8] 丁烈云,杨新起等.校园突发事件应急管理.武汉:华中师范大学出版社,2009.

[9] 东升.应对公共危机的政府理念重塑与管理创新.重庆大学学报,2004(4).

[10] 都基辉,赵萌,于成文.关于加强高校信访工作建设的思考.北京科技大学学报(社会科学版),2010(3).

[11] 杜兰晓,吕媛媛.高校"青年马克思主义者培养工程调查报告".中国青年研究,2008(12).

[12] 范宝祥,孔庆来,王淑颖.当前高校信访工作特点及接访对策思考.北京联合大学学报(人文社会科学版),2012(3).

[13] 封福霖.高校信访工作:和谐校园构建的重要维度.老区建设,2012(14).

[14] "高校稳定工作协同机制研究"课题组.构建高校稳定工作的协同机制.学校党建与思想教育,2008.

[15] 管曙光,程俊卫.健全和完善新时期高校稳定工作体系和机制研究.铁道警官高等专科学校学报,2009(5).

[16] 郭超,李廷宪.系统思维:"推进实施青马工程"的思维方式.思想政治教育研究,2009(6).

[17] 何传亮.论高校凝聚力的构造.河南大学学报,2002(1).

[18] 闵维方.高等教育运行机制研究.北京:人民教育出版社,2002.

[19] 贺建邺,金本能.新时期维护高校稳定的工作机制构建研究.当代教育论坛,2010(9).

[20] 胡百精.危机传播管理.北京:中国传媒大学出版社,2005.

[21] 花长友.高校内部管理体制创新的理论与模式.河海大学博士学位论文,2001.

[22] 江秀乐,张红霞.新时期维护高校稳定视域中的党的执政能力建设.中国高等教育,2007(8).

[23] 蒋冀骋.影响高校稳定的几个因素及其对策.湖南社会科学,2002(1).

[24] 金劲彪,刘斌.合并高校教职工权益保护的若干法律问题研究.黑龙江高教研究,2007(12).

[25] 李福华.大学治理的理论基础与组织架构.北京:教育科学出版社,2008.

[26] 李琼瑶.网络舆论的现状及引导.湖南行政学院学报(双月刊),2006(2).

[27] 李岩民."以人为本"理念在高校学生管理工作中的运用.湖北财经高等专科学校学报,2009(6).

[28] 吕晨飞,余前广.高校稳定工作体系构建初探.思想教育研究,2008.

[29] 马抗美.新时期维护高校稳定工作体系及机制研究.北京:中国政法大学出版社,2007.

[30] 马振家.浅谈新时期高校信访工作的成因、特点及对策.高教研究与实

践,2010(1).

[31] [美]泰普思科.泰普思科预言:21世纪人类生活新模式.北京:时事出版社,1998.

[32] 漆小萍.中外大学生危机事件管理的比较.思想政治教育研究,2008.

[33] 孙小平.对网上信访的理性认识和正确引导.秘书之友,2011(11).

[34] 汤永华.要认真做好高校信访工作.中国高教研究,1999(1).

[35] 王若阳.新时期维护高校稳定工作体系及机制研究.北京:中国人民公安大学出版社,2007.

[36] 王向华,颜丙峰.高等教育的生成与变革.济南:山东教育出版社,2008.

[37] 王银梅.社会稳定及预警机制研究.北京:法律出版社,2009.

[38] 王兆国.努力为党的事业培养一批又一批坚定的青年马克思主义者.求是,2011(2).

[39] 韦庆辛.新时期维护高校稳定工作体系及运行机制建设研究.宿州教育学院学报,2007.

[40] 韦庆辛.新时期中国高校稳定问题研究.苏州大学硕士学位论文,2007.

[41] 项硕等.对来华留学生试行"趋同管理"的初步尝试.广西高教研究,1998(4).

[42] 许辉,方鹏骞,陈萍,李晶.新医改背景下武汉市医学院大学生医疗保障认知和评价状况分析.医学与社会,2012(1).

[43] 杨松.宗教对大学生群体的渗透影响及对策研究.理论界,2010(11).

[44] 杨忠学.探索新时期高校培养青年马克思主义者之路.思想政治教育研究,2008(5).

[45] 姚亚萍.关于高校信访工作的几点思考.三峡大学学报(人文社会科学版),2012(6).

[46] 伊恩·I.米特若夫,格斯·阿纳戈诺斯.危机!!! 防范与对策.北京:电子工业出版社,2004.

[47] 游建军.高校安全稳定法律适用问题研究.成都:巴蜀书社,2009.

[48] 余潇枫.非传统安全与公共危机治理.杭州:浙江大学出版社,2007.

[49] 余应坤.对当前高校信访工作的思考.学理论,2012(5).

[50] 袁贵仁.新形势下的高校稳定工作.中国高等教育,2002(1).

[51] 张德秀.国际涉华事件对高校维稳工作的影响及对策.南昌大学高校教师硕士研究生学位论文,2011.

[52] 张鹏程.高校网络舆情工作初探.宜春学院学报,2009(6).

[53] 张彦,缪劲翔,霍晓丹,严敏杰,孙华.新时期高校维护稳定工作研究.高教发展研究,2008(10).

[54] 钟俊生,赵洪伟.维护社会稳定理论与实践研究.沈阳:东北大学出版社,2011.

[55] 左鹏.大学校园中的基督教聚会点——来自北京某高校的调查.北京科技大学学报(社会科学版),2009(1).

图书在版编目（CIP）数据

高校稳定工作：理论与实务／任少波主编．—杭州：
浙江大学出版社，2014.7
ISBN 978-7-308-11032-7

Ⅰ.①高… Ⅱ.①任… Ⅲ.①高等学校－社会稳定－
研究 Ⅳ.①G647

中国版本图书馆CIP数据核字（2013）第 006377 号

高校稳定工作：理论与实务

任少波 主编

责任编辑		曲　静（wikijing@163.com）
出版发行		浙江大学出版社
		（杭州市天目山路 148 号　邮政编码310007）
		（网址：http://www.zjupress.com）
排　　版		杭州中大图文设计有限公司
印　　刷		富阳市育才印刷有限公司
开　　本		710mm×1000mm　1/16
印　　张		15
字　　数		231 千
版 印 次		2014 年 7 月第 1 版　2014 年 7 月第 1 次印刷
书　　号		ISBN 978-7-308-11032-7
定　　价		38.00 元